ENCUENTROS CON EL
ESPÍRITU SANTO

ENCUENTROS CON EL
ESPÍRITU SANTO

Un devocionario de 365 días

A. W. TOZER

Unilit

Publicado por
UNILIT
Medley, FL 33166

Primera edición 2023

© 2020 por *The Moody Bible Institute of Chicago*
Título del original en inglés:
Tozer on the Holy Spirit: A 365 – Day Devotional
Publicado por *Moody Publishers*
(*This book was first published in the United States by Moody Publishers, 820 N. LaSalle Blvd., Chicago, IL 60610 with the title* Tozer on the Holy Spirit, *copyright* © *2000, 2020 by The Moody bible Institute of Chicago. Translated by permission. All rights reserved.*)

Compilación del original: *Marilynne E. Foster*
Traducción: *Nancy Pineda*
Diseño de cubierta y maquetación: *producioneditorial.com*

Producto: 497152

ISBN: 0-7899-2567-2 / 978-0-7899-2567-1

Categoría: *Inspiración / Motivación / Devocional*
Category: *Inspiration / Motivation / Devotional*

Impreso en Colombia
Printed in Colombia

PRÓLOGO

Aiden Wilson Tozer nació el 21 de abril de 1897 en una pequeña granja entre las crestas espinosas del oeste de Pensilvania. En pocos años, Tozer, como prefería que lo llamaran, se ganaría la reputación y el título de «profeta del siglo xx».

Cuando tenía quince años, la familia de Tozer se mudó a Akron, Ohio. Una tarde, mientras caminaba a casa desde su trabajo en *Goodyear*, escuchó a un predicador callejero decir: «Si no sabes cómo ser salvo… solo clama a Dios». Cuando llegó a casa, subió la estrecha escalera hasta el ático donde, siguiendo el consejo del predicador, Tozer se lanzó a una búsqueda de Dios para toda la vida.

En 1919, sin educación formal, le llamaron a pastorear una pequeña iglesia en Nutter Fort, Virginia Occidental. Ese humilde comienzo lo empujó a él y a su esposa, Ada, a un ministerio de cuarenta y cuatro años con la Alianza Cristiana y Misionera.

Treinta y uno de esos años los pasó en la iglesia *Southside Alliance* de Chicago. La congregación, cautivada por la predicación de Tozer, creció de ochenta a ochocientas personas.

Su humor, tanto escrito como hablado, se ha comparado con el de Will Rogers: sincero y sencillo. En un momento, las congregaciones podrían romper a reír a carcajadas y, al siguiente, sentarse en un silencio sagrado.

Sin embargo, el fuerte de Tozer era su vida de oración, por lo que a menudo lo encontrabas caminando por los pasillos de un santuario o tirado boca abajo en el suelo. El biógrafo de Tozer, James

L. Snyder, señala que «tanto su predicación como sus escritos no eran más que extensiones de su vida de oración». Un biógrafo y confidente anterior, David J. Fant, escribió: «Pasaba más tiempo de rodillas que en su escritorio».

Los últimos años de ministerio pastoral de Tozer fueron en la iglesia *Avenue Road* en Toronto, Canadá. El 12 de mayo de 1963, su búsqueda de Dios se hizo realidad cuando murió de un ataque al corazón a los sesenta y seis años de edad. En un pequeño cementerio cerca de Akron, Ohio, su lápida lleva este sencillo epitafio: «Un hombre de Dios».

Como Tozer afirmó en una ocasión: «¡El Espíritu Santo marca la diferencia!».

Nuestra oración por estas páginas es para que tanto ellas como Él marquen una diferencia en tu vida.

Ten en cuenta:

A cada pasaje le sigue un código y un número que representan el nombre del libro y la página de la que se extrajo la cita. Al final del libro se proporciona una lista de los códigos de referencia.

ENERO

Lo que el Señor puede esperar de mí

Con respecto a la vida que antes llevaban, se les enseñó que debían quitarse
el ropaje de la vieja naturaleza, la cual está corrompida por
los deseos engañosos; ser renovados
en la actitud de su mente.

EFESIOS 4:22-23

Para algunos de nosotros, el año pasado fue uno en el que no actuamos con mucha nobleza como cristianos, considerando el poder infinito del que disponemos a través del Espíritu que mora en nosotros [...]

El hombre de mente iluminada aprenderá de sus errores, sí, incluso de sus pecados. Si su corazón está confiado y arrepentido, puede ser un mejor hombre el próximo año por la falta del año anterior; pero que no vuelva de nuevo a la locura.

El arrepentimiento debe ser radical y completo, y el mejor arrepentimiento por un acto indebido, como dijo Fénelon, es no volver a hacerlo [...]

El Hermano Lorenzo expresó la más alta sabiduría moral cuando testificó que si tropezaba y caía, se volvía de inmediato a Dios y decía: «Oh Señor, esto es lo que puedes esperar de mí si me dejas solo». Entonces, aceptaba el perdón, le daba gracias a Dios y no se preocupaba más por el asunto. wos095-096

---

*Dios Todopoderoso, concédeme que por tu Espíritu yo pueda,
con el Hermano Lorenzo, orar: «Oh Señor, esto es lo que puedes
esperar de mí si me dejas solo». Permite que cuando caiga
me vuelva a ti. Amén.*

La verdad llevada a la práctica

Así como Cristo resucitó por el poder del Padre,
también nosotros llevemos una vida nueva.

ROMANOS 6:4

Nosotros, que nos enorgullecemos de nuestra ortodoxia, hemos [...] cometido en los últimos años un error costoso [...] Nuestro error (o, para ser sinceros, ¿deberíamos decir nuestro pecado?) ha sido descuidar la doctrina del Espíritu hasta el punto en el que prácticamente le negamos su lugar en la Deidad.

Esta negación no ha sido por una declaración doctrinal abierta, ya que nos hemos aferrado bastante a la posición bíblica en lo que respecta a nuestros pronunciamientos de credos. Nuestro credo formal es sólido; *la falla está en nuestro credo de obra*.

Esta no es una distinción insignificante. Una doctrina tiene valor práctico solo en la medida en que sea prominente en nuestros pensamientos y marque una diferencia en nuestra vida. POM060

Señor Dios, perdóname por las formas en que he descuidado al Espíritu Santo y su obra. Y que no me limite a afirmar la doctrina adecuada sobre Él, sino que también me someta a su obra en mi vida. Amén..

El Espíritu Santo: ¿Presente o ausente?

No agravien al Espíritu Santo de Dios, con el cual
fueron sellados para el día de la redención.

EFESIOS 4:30

En la mayoría de las iglesias cristianas, el Espíritu se pasa por alto por completo. El que esté presente o ausente no supone ninguna diferencia para nadie. Se hace una breve referencia a Él en la doxología y la bendición. Más allá de eso, es como si no existiera [...]

Nuestro descuido de la doctrina de la bendita Tercera Persona tuvo y tiene graves consecuencias. Porque la doctrina es dinamita. Debe tener un énfasis lo bastante intenso como para detonarlo antes de que se libere su poder [...]

La doctrina del Espíritu es dinamita enterrada. Su poder espera que la iglesia lo descubra y utilice. El poder del Espíritu no se le dará a ningún consentimiento remilgado de la verdad pneumatológica. Al Espíritu Santo no le importa en absoluto si lo escribimos en nuestros credos al final de nuestros himnarios; Él espera nuestro *énfasis.* POM060-061

Señor, permite que no me resista ni dude, y por tanto no agravie, a tu Espíritu Santo. Amén.

Caminen en el Espíritu

Por lo tanto, ya no hay ninguna condenación para los que están unidos a Cristo Jesús, 2 pues por medio de él la ley del Espíritu de vida me ha liberado de la ley del pecado y de la muerte.

ROMANOS 8:1-2

La idea del Espíritu sostenida por el miembro promedio de la iglesia es tan vaga que casi es inexistente. Cuando piensa en el asunto, es probable que intente imaginar una sustancia nebulosa como una voluta de humo invisible que se dice que está presente en las iglesias y que se cierne sobre las personas buenas cuando están muriendo […]

Ahora bien, ¿cómo debemos pensar del Espíritu? Una respuesta completa bien podría abarcar una docena de volúmenes. En el mejor de los casos, solo podemos señalar la «benévola unción de lo alto» y esperar que el propio deseo del lector proporcione el estímulo necesario para impulsarle a conocer por sí mismo a la bendita Tercera Persona.

Si leo bien el registro de la experiencia cristiana a través de los años, los que más disfrutaron del poder del Espíritu son los que menos han tenido que decir acerca de Él a modo de intento de definición. Los santos de la Biblia que caminaron en el Espíritu nunca trataron de explicarlo. POM061-062

Espíritu de Dios, permite que nunca deje de pensar en ti y, en cambio, piense como es debido en ti y me someta a tu obra en mi vida. Amén.

El conocimiento por experiencia

¡Lávense, límpiense! ¡Aparten de mi vista sus obras malvadas!
¡Dejen de hacer el mal!
ISAÍAS 1:16

En los tiempos posbíblicos, a muchos de los que recibieron la plenitud del Espíritu se vieron impedidos, por las limitaciones de sus dones literarios, de decirnos bastante acerca de Él. No tenían dotes para el autoanálisis, sino que vivían desde dentro con una sencillez acrítica.

Para ellos, el Espíritu era uno al que debía amarse y tener comunión al igual que el mismo Señor Jesús. Se habrían perdido por completo en cualquier discusión metafísica de la naturaleza del Espíritu, pero no tuvieron ningún problema en reclamar el poder del Espíritu para una vida santa y un servicio fructífero.

Así es que debería ser.

La experiencia personal debe ser siempre lo primero en la vida real [...]

El conocimiento directo es siempre mejor que el simple conocimiento por descripción, y el primero no presupone el segundo ni lo requiere. POM062-063

Espíritu Santo, permite que nunca tenga problemas para reclamar tu poder, a fin de tener una vida santa y un servicio fructífero. Amén.

¿Conocer o conocer sobre?

Porque sé en quién he creído, y estoy seguro de que tiene poder
para guardar hasta aquel día lo que le he confiado.
2 TIMOTEO 1:12

En la religión, más que en cualquier otro campo de la experiencia humana, siempre debe hacerse una clara distinción entre *conocer sobre* y *conocer*. La distinción es la misma que existe entre conocer la comida y comerla en realidad […] Un hombre puede permanecer espiritualmente muerto mientras conoce todos los hechos históricos del cristianismo.

«Esta es la vida eterna: que te conozcan a ti, el único Dios verdadero, y a Jesucristo, a quien has enviado» (Juan 17:3). Solo tenemos que introducir una palabra más en este versículo para ver cuán grande es la diferencia entre conocer sobre y conocer. «Esta es la vida eterna: que conozcan *sobre* ti, el único Dios verdadero, y a Jesucristo, a quien has enviado».

Esa palabra marca la diferencia entre la vida y la muerte […]

No nos atrevemos a concluir que debido a que aprendemos sobre el Espíritu, por esa razón lo conocemos de veras. Conocerlo solo se logra mediante un encuentro personal con el Espíritu Santo mismo. POM063-064

---

*Padre, permite que no solo conozca sobre tu Espíritu Santo,
sino que también lo conozca íntimamente. Amén.*

¿Quién es el Espíritu Santo?

Pero el Consolador, el Espíritu Santo, a quien el Padre enviará
en mi nombre, les enseñará todas las cosas y les hará
recordar todo lo que les he dicho.
JUAN 14:26

¿Cómo debemos pensar del Espíritu? La Biblia y la teología cristiana están de acuerdo en enseñar que es una Persona dotada de todas las cualidades de la personalidad, como la emoción, el intelecto y la voluntad. Él conoce, quiere, ama; siente afecto, antipatía y compasión. Piensa, ve, escucha y habla, y realiza cualquier acto del que es capaz la personalidad.

Una cualidad que pertenece al Espíritu Santo, de gran interés e importancia para todo corazón que busca, es la penetrabilidad. Puede penetrar en la mente; puede penetrar en otro espíritu, como el espíritu humano. Puede lograr una penetración total y una verdadera mezcla con el espíritu humano. Puede invadir el corazón humano y hacerse sitio sin expulsar nada humano en esencia. La integridad de la personalidad humana permanece intacta. Solo el mal moral se ve obligado a retirarse. POM065

Dios Todopoderoso, permite que tu Espíritu habite de manera poderosa en mí y me guíe en este día, a fin de que pueda honrarte y servir a todos los que me encuentre. Amén.

Los dos serán uno

Les daré un nuevo corazón, y les infundiré un espíritu nuevo;
les quitaré ese corazón de piedra que ahora tienen, y les
pondré un corazón de carne.

EZEQUIEL 36:26

¿Cómo puede una personalidad entrar en otra? La respuesta sincera solo sería que no lo sabemos, pero una aproximación a la comprensión puede hacerse mediante una simple analogía tomada de los antiguos escritores piadosos de hace varios cientos de años.

Colocamos un trozo de hierro al fuego y hacemos estallar las brasas. Al principio, tenemos dos sustancias distintas: hierro y fuego. Cuando introducimos el hierro en el fuego logramos la penetración del hierro y no solo tenemos el hierro en el fuego, sino también el fuego en el hierro […] Dos sustancias distintas […] se han mezclado y fusionado hasta el punto en que las dos se convierten en una.

De alguna manera, el Espíritu Santo penetra en nuestros espíritus. En toda la experiencia seguimos siendo nosotros mismos. No hay destrucción de la sustancia. Cada uno sigue siendo un ser separado como antes; la diferencia es que ahora el Espíritu penetra y llena nuestras personalidades y *somos uno con Dios de manera experiencial*. POM066

Oh Espíritu Santo, aunque tu naturaleza es diferente a la mía, ven y lléname de modo que pueda ser uno contigo de manera experiencial. Amén.

El Espíritu Santo es Dios

Pondré mi Espíritu en ustedes para que sigan mis decretos
y se aseguren de obedecer mis ordenanzas.

EZEQUIEL 36:27, NTV

¿Cómo debemos pensar del Espíritu Santo? La Biblia declara que Él es Dios. Cada cualidad que pertenece al Dios Todopoderoso se le atribuye sin reservas. Todo lo que es Dios, se declara que es el Espíritu. El Espíritu de Dios es uno con Dios e igual a Él, así como el espíritu de un hombre es igual y uno con el hombre […]

La iglesia histórica, cuando formuló su «regla de fe», escribió con valentía en su confesión su creencia en la divinidad del Espíritu Santo. El Credo de los Apóstoles da testimonio de la fe en el Padre, el Hijo y el Espíritu Santo, y no hace ninguna diferencia entre los tres. Los padres que compusieron el Credo de Nicea testificaron en un pasaje de gran belleza su fe en la deidad del Espíritu:

> Y creo en el Espíritu Santo, Señor y Dador de vida,
> que procede del Padre y del Hijo; que junto con el
> Padre y el Hijo es adorado y glorificado. POM066-067

Confieso hoy que Dios Padre, Hijo y Espíritu Santo son de la misma sustancia, iguales en poder y autoridad. Deseo de corazón que el Espíritu, Señor y Dador de vida, me llene hoy. Amén.

La Trinidad en unidad

Les conviene que me vaya porque, si no lo hago, el Consolador
no vendrá a ustedes; en cambio, si me voy,
se lo enviaré a ustedes.

JUAN 16:7

Entre los escritos importantes que aparecieron [en el siglo IV] está el Credo de Atanasio [...] Se escribió como un intento de expresar en la menor cantidad de palabras posible lo que la Biblia enseña sobre la naturaleza de Dios, y esto lo ha hecho con una amplitud y precisión que difícilmente se igualan en la literatura del mundo. He aquí algunas citas relacionadas con la deidad del Espíritu Santo:

> Existe una Persona del Padre, otra del Hijo y otra del Espíritu Santo.

> Pero la Deidad del Padre, del Hijo y del Espíritu Santo es una: la Gloria es igual, la Majestad es coeterna.

> Y en esta Trinidad ninguna es anterior ni posterior a otra; ninguna es mayor ni menor que otra;

> Sino que las tres Personas son de manera conjunta coeternas e iguales.

> De modo que en todas las cosas, como se dijo antes: se debe adorar la Unidad en la Trinidad, y la Trinidad en la Unidad.

POM067-068

Dios Todopoderoso, nadie es más grande que tú. Gracias por llenarme de tu Espíritu y darme una nueva vida en tu Hijo. Amén.

La Deidad del Espíritu

Y yo le pediré al Padre, y él les dará otro Consolador para que
los acompañe siempre: el Espíritu de verdad.
JUAN 14:16-17

En su himnodia sagrada, la iglesia ha reconocido sin impedimentos la Deidad del Espíritu y en sus inspirados cánticos lo ha adorado con gozoso entusiasmo. Algunos de nuestros himnos al Espíritu se han vuelto tan conocidos que tendemos a pasar por alto su verdadero significado [...]

En las obras poéticas de Frederick Faber he encontrado un himno dedicado al Espíritu Santo que clasificaría entre los más bellos jamás escritos [...]:

¡Fuente de amor! ¡Tú, Dios verdadero!
¡Quien a través de las eras
Del Padre y del Hijo
ha fluido de manera increada!

¡Te temo, Amor no engendrado!
¡Dios verdadero! ¡Única Fuente de Gracia!
Y ahora, ante tu trono bendito,
mi «yo» pecador humillo.

¡Oh Luz! ¡Oh amor! ¡Oh, Dios mío!
Contemplar ya no me atrevo
tus sublimes atributos
y de tu vida el misterio. POM068-069

---

*Jesús, gracias por enviar al Consolador para ayudarme y guiarme
a la verdad. Permite que su amor abunde hoy en mi corazón.
Amén.*

La Deidad nunca obra por separado

Vendremos a él, y haremos con él morada.

JUAN 14:23

Lo que tenemos en la doctrina cristiana del Espíritu Santo es a la Deidad presente entre nosotros. No solo es el mensajero de Dios; Él es Dios. Es Dios en contacto con sus criaturas, haciendo en ellas y en medio de ellas una obra de salvación y renovación.

Las Personas de la Deidad nunca obran por separado. No nos atrevemos a pensar en ellas de manera tal de «dividir la sustancia». Cada acto de Dios lo realizan las tres Personas. Dios nunca está presente en ninguna parte en una Persona sin las otras dos. Él no puede dividirse a sí mismo.

Donde está el Espíritu, allí están también el Padre y el Hijo. «Vendremos a él, y haremos morada con él» (Juan 14:23). Para el cumplimiento de alguna obra específica, una Persona puede ser por un tiempo más prominente que las otras, pero nunca está sola. Dios está presente por completo dondequiera que esté presente. POMo7o

---

Padre, gracias por venir a mí y habitar conmigo por el poder de tu Espíritu Santo. Permite que tu presencia me transforme hoy. Amén.

Unidad en la adoración si no en la doctrina

El corazón me dice: «¡Busca su rostro!»
Y yo, Señor, tu rostro busco.
SALMO 27:8

El cristianismo rara vez se encuentra en su estado puro. Aparte de Cristo y sus apóstoles inspirados, es probable que ningún creyente o grupo de creyentes en la historia del mundo haya mantenido jamás la verdad en su pureza total.

Un gran santo creía que la verdad es tan vasta y poderosa que nadie es capaz de asimilarla por completo, y que se requería toda la compañía de almas redimidas para reflejar como es debido todo el cuerpo de la verdad revelada [...]

El Espíritu siempre dice lo mismo a quienquiera que le hable, y sin tener en cuenta los énfasis doctrinales pasajeros o las veleidades teológicas. El Espíritu irradia la belleza de Cristo sobre el corazón maravillado, y el espíritu embelesado la recibe con un mínimo de interferencia. BAM076-077

Espíritu de Dios, haz que mi corazón se maraville e irradie la belleza de Cristo en él, a fin de que pueda verte de manera más clara cada día que pasa. Amén.

¡Una zarza sin fuego!

Los verdaderos adoradores adorarán al Padre en espíritu
y en verdad; porque ciertamente a los tales el Padre
busca que le adoren.

JUAN 4:23, LBLA

Cualquiera que sea la dirección en que sople el viento teológico, hay dos cosas de las que podemos estar seguros: una es que Dios no se dejará sin testigo [...] La verdad salvadora nunca estará oculta por completo a la vista de los hombres. Los pobres de espíritu, los penitentes, siempre encontrarán a Cristo cerca, dispuesto a salvarlos.

La otra es que el Espíritu Santo es el verdadero conservador de la ortodoxia e invariablemente les dirá lo mismo a las almas mansas y confiadas. Los corazones iluminados de seguro que coincidirán en el punto donde incide la luz.

Nuestro único peligro real es que podamos contristar al bendito Espíritu hasta el silencio y así quedarnos a merced de nuestro intelecto [...] Tendremos la zarza, podada, recortada y debidamente cultivada, pero en la zarza no habrá fuego. BAM078-079

Padre, ilumina mi corazón con tu Espíritu, para que la ortodoxia se conserve en mí. Guárdame de contristar a tu Espíritu Santo y que siempre pueda confiar en ti. Amén.

Arrodíllate, adora y obedece

—Yo soy el camino, la verdad y la vida [...]
Nadie llega al Padre sino por mí [...] Si ustedes me aman,
obedecerán mis mandamientos.

JUAN 14:6, 15

La verdad es siempre la misma, pero las formas, los énfasis y las interpretaciones varían. Es un pensamiento alentador que Cristo pueda adaptarse a cualquier raza, edad o pueblo. Él dará vida y luz a cualquier hombre o mujer en cualquier parte del mundo sin importar el énfasis doctrinal ni las costumbres religiosas predominantes, siempre que el hombre o la mujer lo tome como es y confíe en Él sin reservas.

El Espíritu nunca da testimonio de una discusión sobre Cristo, pero jamás deja de testificar de una proclamación de Cristo crucificado, muerto y sepultado, y ahora ascendido a la diestra de la Majestad en las alturas.

La conclusión del asunto es que no debemos suponer que tenemos toda la verdad y que no nos equivocamos en nada. Más bien, debemos arrodillarnos en adoración ante los pies traspasados de Aquel que es la Verdad y honrarlo mediante la humilde obediencia a sus palabras. BAM079

Oh Espíritu Santo, mantenme alejado de discusiones infructuosas acerca de Cristo y, en cambio, dame el poder para proclamar a Cristo crucificado, muerto, sepultado y ahora ascendido de modo que muchos se acerquen a Él. Amén.

Veamos las cosas como son

Juan declaró: «Vi al Espíritu descender del cielo como una paloma y permanecer sobre él.

JUAN 1:32

Juan el Bautista poseía [...] la visión adecuada, un verdadero discernimiento espiritual. Podía ver las cosas como eran.

El Espíritu Santo vino como paloma, descendió como paloma, posó sus rosados pies y desapareció en el corazón del Hijo de Dios.

Me pregunto, de entre todas esas multitudes, ¿quién vio venir al Espíritu Santo?

Solo Juan el Bautista. No creo que nadie más haya tenido el tipo de visión que era necesaria para verlo [...]

Juan el Bautista fue un hombre de visión en medio de hombres que no tenían visión. Sabía dónde estaba en su época. El sentido de la hora o la tendencia de los tiempos en la religión nunca lo llevarían lejos. CES 132-133

Santo Dios, dame visión en una época de ceguera. Permite que te busque y vea, y así glorificar tu nombre. Amén.

Morir para vivir

*¿Acaso no saben ustedes que, cuando se entregan a alguien
para obedecerlo, son esclavos de aquel a quien obedecen?*
ROMANOS 6:16

A pesar de la buena voluntad de Dios para con nosotros, no puede concedernos los deseos de nuestro corazón hasta que todos nuestros deseos se reduzcan a uno. Cuando hayamos enfrentado nuestras ambiciones carnales, cuando hayamos pisado y aplastado al león y al áspid de la carne, cuando hayamos pisoteado al dragón del amor propio bajo nuestros pies y nos hayamos contado de veras como muertos al pecado, entonces y solo entonces Dios podrá levantarnos a novedad de vida y llenarnos de su bendito Espíritu Santo.

Es fácil aprender la doctrina del avivamiento personal y la vida victoriosa; otra cosa muy distinta es tomar nuestra cruz y avanzar penosamente hacia la oscura y amarga colina de la abnegación. Aquí son muchos los llamados y pocos los escogidos. BAMOIO

Padre, dame poder por tu Espíritu para mortificar mis ambiciones carnales. Permíteme pisotear el amor propio, a fin de que pueda elevarme a novedad de vida. Amén.

Otra naturaleza

Ahora Dios, a fin de presentarlos santos, intachables
e irreprochables delante de él, los ha reconciliado en el
cuerpo mortal de Cristo mediante su muerte.

COLOSENSES 1:22

Para la diferencia moral entre el hombre y Dios, la Biblia tiene una palabra, *alejamiento*, y el Espíritu Santo presenta un cuadro espantoso de este alejamiento tal como se manifiesta en el carácter humano.

La naturaleza humana caída es precisamente opuesta a la naturaleza de Dios revelada en Jesucristo. Al no haber semejanza moral, no hay comunión, de ahí el sentido del distanciamiento físico, el sentimiento de que Dios está lejos en el espacio […]

El nuevo nacimiento nos hace partícipes de la naturaleza divina. Ahí comienza la obra de deshacer la desemejanza entre nosotros y Dios. A partir de ahí progresa mediante la operación santificadora del Espíritu Santo hasta que Dios queda satisfecho. BAM121-122

Dios, mi Salvador, permite que progrese en la santificación por tu Espíritu, de modo que llegue a ser más semejante a ti y a participar de tu naturaleza santa. Amén.

Practica la presencia

Siempre tengo presente al Señor; con él a mi derecha,
nada me hará caer.

SALMO 16:8

La forma bíblica de ver las cosas es poner al Señor siempre delante de nosotros, poner a Cristo en el centro de nuestra visión, y si Satanás está al acecho, solo aparecerá al margen y se verá como una sombra en el borde del resplandor. Siempre es un error invertir esto: poner a Satanás en el centro de nuestra visión y empujar a Dios al margen. Nada más que tragedia puede surgir de tal inversión.

La mejor manera de mantener fuera al enemigo es conservar a Cristo dentro. El lobo no tiene que aterrorizar a las ovejas; solo tienen que permanecer cerca del pastor […]

El cristiano instruido […] practicará la presencia de Dios y nunca se permitirá prestarle atención al diablo. BAM043

Espíritu Santo, ayúdame a tener siempre presente a Cristo y así mantener a raya a Satanás, a fin de que pueda glorificarte.
Amén.

La autoridad basada en la vida

Todos fueron llenos del Espíritu Santo y comenzaron a hablar
en otras lenguas, según el Espíritu les daba
habilidad para expresarse.

HECHOS 2:4, LBLA

Hay un testimonio inmediato, un empuje directo del Espíritu de Dios sobre el espíritu del hombre. Hay una filtración, una llegada a las células mismas del alma humana y la impresión en esa alma por el Espíritu Santo de que esto es verdad. Eso es lo que nunca antes tuvieron aquellos discípulos, y eso es con exactitud lo que la Iglesia no tiene ahora [...]

El Espíritu le dio una cualidad brillante y emocional a su religión, y me aflijo ante mi Dios por la falta de esto en nuestros días. La calidad emocional no está ahí. Existe una enfermedad en todos nosotros; bombeamos con tanta fuerza tratando de sacar una pequeña gota de deleite de nuestro viejo y oxidado pozo, escribimos innumerables coros bulliciosos, y bombeamos y bombeamos hasta que puedes escuchar el chirrido de la vieja cosa oxidada a través de más de quince hectáreas. En cambio, no da resultado. Entonces, Él les dio autoridad espiritual directa. Con esto quiero decir que Él les quitó sus miedos, sus preguntas, sus disculpas y sus dudas, y tuvieron una autoridad basada en la vida. HTB032-033

Espíritu de Dios, quita mis miedos, preguntas, disculpas y dudas, para que pueda tener una autoridad basada en la vida y una cualidad emocional en la religión que glorifique tu nombre. Amén.

El hábito del pensamiento santo

La mentalidad pecaminosa es enemiga de Dios,
pues no se somete a la ley de Dios, ni es capaz de hacerlo.

ROMANOS 8:7

Toda persona normal puede determinar lo que pensará. Por supuesto, el hombre atribulado o tentado puede encontrar que sus pensamientos son algo difícil de controlar e incluso mientras se concentra en un objeto digno, los pensamientos indómitos y fugaces pueden jugar en su mente como un rayo de calor en una tarde de verano. Es probable que estos sean más molestos que dañinos y, a la larga, no supongan mucha diferencia de una forma u otra.

La mejor manera de controlar nuestros pensamientos es ofrecerle la mente a Dios en completa rendición. El Espíritu Santo la aceptará y la controlará de inmediato. Entonces, será bastante fácil pensar en cosas espirituales, sobre todo si entrenamos nuestro pensamiento mediante largos períodos de oración diaria. La práctica prolongada en el arte de la oración mental (es decir, hablar con Dios interiormente mientras trabajamos o [relajamos]) nos ayudará a crear el hábito del pensamiento santo. BAM047

Espíritu Santo, hoy me someto a tu influencia. Toma el control de mi mente y confórmala con la mente de Cristo, a fin de que pueda pensar como es debido en ti y servirte con todo mi ser. Amén.

¿Fruto con gusano?

La exaltación no viene del oriente, ni del occidente ni del sur,
sino que es Dios el que juzga.
SALMO 75:6-7

Dios puede permitir que su siervo tenga éxito cuando lo ha disciplinado hasta un punto en el que no necesita tener éxito para ser feliz. El hombre que se regocija por el éxito y se abate por el fracaso sigue siendo un hombre carnal. En el mejor de los casos, su fruto tendrá un gusano.

Dios permitirá que su siervo tenga éxito cuando haya aprendido que el éxito no lo hace más amado para Dios ni más valioso en el esquema total de las cosas. No podemos comprar el favor de Dios con multitudes, conversos, nuevos misioneros enviados ni Biblias distribuidas. Todas estas cosas se pueden lograr sin la ayuda del Espíritu Santo [...]

Nuestro gran honor radica en ser justo lo que fue y es Jesús [...] ¿Qué mayor gloria podría alcanzar cualquier hombre? BAM059

Dios santo, haz que no intente ganarme tu favor ni ser popular entre las multitudes. Que solo me contente con saber que me aceptaste por Cristo, quien mora en mí por el poder de tu Espíritu. Amén.

La luz sin vista

El dios de este mundo ha cegado la mente de estos incrédulos,
para que no vean la luz del glorioso evangelio de Cristo.
2 CORINTIOS 4:4

Satanás no le teme a la luz con tal que pueda mantener a sus víctimas sin vista. La verdad no afecta a la mente que no comprende. El intelecto del oyente puede captar el conocimiento salvador, mientras que el corazón no responde moralmente a él.

Un ejemplo clásico de esto se ve en la historia de George Whitefield y Benjamín Franklin. Whitefield habló personalmente con Franklin sobre su necesidad de Cristo y prometió orar por él. Años más tarde, Franklin escribió con bastante tristeza que las oraciones del evangelista no surtieron efecto, pues todavía no estaba convertido.

Nadie podía dudar de la brillantez intelectual de Franklin y de seguro que Whitefield predicó toda la verdad; sin embargo, no se consiguió nada. ¿Por qué? La única respuesta es que Franklin tenía luz sin vista. Nunca vio la Luz del Mundo [...] El evangelio es luz, pero solo el Espíritu puede dar la vista. BAM062-063

Padre, concédeme la luz con la vista y que yo, por el poder de tu Espíritu, pueda brillar intensamente en este mundo oscuro. Amén.

La pureza de la verdad se determina por la moral

Por último, hermanos, consideren bien todo lo verdadero.

FILIPENSES 4:8

La luz ha brillado sobre los hombres y las naciones, y (alabado sea Dios) ha brillado con la suficiente claridad como para permitir que millones de personas viajen a casa en su resplandor; pero ningún creyente, por muy puro que sea su corazón o por muy obediente que sea su vida, ha sido capaz de recibirla tal como brilla desde el Trono sin que la modifique su propia materia mental.

Al igual que un trozo de arcilla cuando lo agarra la mano humana sigue siendo arcilla, pero que no puede escapar de la huella de la mano, también la verdad de Dios cuando la agarra la mente humana sigue siendo verdad, pero lleva sobre sí la imagen de la mente que la agarra.

La verdad no puede entrar en una mente pasiva. Debe recibirse en la mente mediante una respuesta mental activa, y el acto de recibirla tiende a transformarla en mayor o menor grado [...]

Por supuesto, me refiero aquí a la verdad teológica y religiosa. El grado de pureza de esta verdad en cualquier lugar y en un momento dado, se revela por las normas morales de quienes sostienen la verdad. La verdad espiritual (con lo que me refiero a las revelaciones del Espíritu Santo al espíritu humano) es siempre la misma.

BAM076-077

Dios Todopoderoso, permite que tu Espíritu Santo me revele tu verdad y tus normas morales, y me dé el poder para vivir a la luz de ellas hoy. Amén.

Nada de qué avergonzarse

Lávame de toda mi maldad y límpiame de mi pecado [...]
Crea en mí, oh Dios, un corazón limpio.

SALMO 51: 2, 10

J esús estaba en armonía con la naturaleza en este mundo, y soy de la opinión de que cuanto más profundo sea nuestro compromiso cristiano, más probable será que nos encontremos en sintonía y armonía con el mundo natural que nos rodea.

Algunas personas siempre se han burlado de los hábitos de San Francisco como si quizá no estuviera en su sano juicio. He llegado a creer que estaba entregado a Dios de manera tan total y completa, absorto por entero en la Presencia del Espíritu Santo, que toda la naturaleza era amigable con él [...]

Hermanos, no me avergüenzo de su mundo; solo me avergüenzo del pecado del hombre. Si pudieras eliminar todo el pecado de este mundo, extraerlo de repente, no habría nada en el mundo de qué avergonzarse ni de qué temer. CES075-076

Señor, eres el Creador de todo lo que existe y te deleitas en el mundo natural, el cual refleja tu gloria. Permite que me entregue de manera tan completa a ti y a la presencia del Espíritu Santo, que toda la naturaleza sea amistosa conmigo. Amén.

La mente de Dios en palabras humanas

Toda la Escritura es inspirada por Dios y útil para enseñar,
para reprender, para corregir y para
instruir en la justicia.

2 TIMOTEO 3:16

La Biblia nunca será un Libro vivo para nosotros hasta que no estemos convencidos de que Dios se expresa en su universo. Saltar de un mundo impersonal y muerto a una Biblia dogmática es demasiado para la mayoría de las personas. Pueden admitir que deben aceptar la Biblia como la Palabra de Dios, y pueden tratar de pensar en ella como tal, pero les resulta imposible creer que las palabras de sus páginas son para su vida en realidad [...]

El hecho es que Dios no guarda silencio, nunca ha estado en silencio. La naturaleza de Dios es hablar. A la segunda persona de la Santísima Trinidad se le llama el Verbo. La Biblia es el resultado inevitable del continuo hablar de Dios. Es la declaración infalible de su mente para nosotros, expresada en nuestras conocidas palabras humanas. POG074-075

Espíritu de Dios, haz que vea con gran claridad que la Sagrada Escritura es para mí y que por ella deseas conducirme a la verdad y a la vida. Amén.

No estoy aquí para perder el tiempo

Cuando Él venga, convencerá al mundo de pecado,
de justicia y de juicio.

JUAN 16:8, LBLA

El Espíritu Santo, a quien Jesús también llamó el Espíritu de Verdad, no vino a este mundo para perder el tiempo. Él se encontrará dondequiera que se reúna el pueblo del Señor, y al confirmar la palabra y la persona de Jesucristo, ¡exigirá una acción moral!

Por esa razón es que cuando un hombre asiste a una reunión evangélica, nunca sabe cuándo se le quitará la última pizca de excusa de su conciencia desnuda y temblorosa para siempre. Los hombres pueden bromear y jugar, incluso sobre asuntos sagrados y espirituales, ¡pero el Espíritu de Dios es de mucha seriedad!

Dios sigue hablando en este mundo perdido y una de sus voces es la presencia del Espíritu Santo, convenciendo a un género humano perdido de asuntos tan importantes como el pecado, la justicia y el juicio. Mientras el Espíritu Santo continúa en sus ministerios, sabemos que este mundo perdido aún no es un mundo abandonado.

EFE025-026

Espíritu Santo, te alabo por habitar en mí. Confírmame la palabra y la persona de Jesucristo, y dame el poder para actuar de una manera coherente con su mensaje. Amén.

La voz más importante

«Si ustedes oyen hoy su voz, no endurezcan el corazón
como sucedió en la rebelión».

HEBREOS 3:15

D ios le habla a la humanidad con más de una voz, pero hay que decir que la voz más clara, perceptible y fácil de distinguir es la del Espíritu Santo. El llamado, la reprensión y la convicción del Espíritu Santo dan un significado grave y serio a todas las demás voces que llaman a los hombres a casa.

Si no fuera por la presencia del Espíritu Santo hablando a través de la conciencia de hombres y mujeres, ninguna otra voz tendría importancia alguna. Esto se debe a que el Espíritu Santo, el divino Consolador, vino para confirmar las palabras, la obra y la persona de Cristo. EFEo26

Divino Consolador, revélame la palabra, la obra y la persona de Cristo, a fin de que mi conciencia se someta a Él y mi vida glorifique su nombre. Amén.

Un silencioso, santo y elocuente testigo

La mente gobernada por la carne es enemiga de Dios,
pues no se somete a la Ley de Dios ni
es capaz de hacerlo.

ROMANOS 8:7

El Espíritu Santo está [...] entre nosotros para confirmarles a las conciencias de los hombres las obras de Jesús.

No se puede negar que en su ministerio terrenal, Jesús fue un poderoso hacedor de milagros. Resucitó muertos. Limpió leprosos. Convirtió el agua en vino. Alimentó a la multitud con algunos pedazos de pan.

Los fariseos no intentaron negar los milagros que Él hizo. No podían negarlos. No se puede negar el hecho que se te queda mirando, ¡un hecho que puedes tocar, sentir, analizar e investigar! Los fariseos solo dijeron: «Él hace su obra en el poder del diablo».

El Espíritu Santo vino para confirmar y verificar la cualidad divina de esas poderosas obras de Jesús, y probar que Él era el mismo Dios que creó el mundo y que podía hacer que hiciera lo que Él quería que hiciera. EFE028

Espíritu Santo, revélame más quién es Jesús. Confírmame su obra y su persona, para que pueda conocerlo de manera más profunda y servirlo con mayor devoción. Amén.

Una historia viviente

Es evidente que ustedes son una carta de Cristo, expedida por nosotros,
escrita no con tinta, sino con el Espíritu del Dios viviente;
no en tablas de piedra, sino en tablas de carne,
en los corazones.

2 CORINTIOS 3:3

En nuestro mundo todavía existe el santo testimonio del Espíritu, que en todas las cosas habla por este Hombre que está sentado en el trono [...]

El Espíritu Santo está aquí ahora para convencer al mundo, y como tratemos la advertencia del Espíritu Santo, es con exactitud como tratamos a Jesucristo mismo.

Si la fe debe depender de que un hombre conozca lo suficiente de las evidencias históricas para llegar a una creencia erudita en la deidad de Jesús, solo podría haber relativamente pocas personas salvas.

Sin embargo, no tengo que ser un erudito, un lógico ni un abogado para llegar a creer en la deidad del Señor Jesucristo, pues el Espíritu Santo ha tomado la deidad de Cristo de las manos de los eruditos y la ha puesto en las conciencias de los hombres.

El Espíritu de Dios vino para sacarlo de los libros de historia y escribirlo en las tablas de carne del corazón humano. EFE030-031

Padre, gracias por enviar a tu Espíritu para que pueda conocer a Cristo. Lléname del Espíritu en este día, a fin de que pueda proclamar con valentía a Cristo en toda su gloria. Amén.

Dios: El punto fijo

—Yo soy EL QUE SOY —respondió Dios a Moisés—.
Y esto es lo que tienes que decirles a los israelitas:
"Yo soy me ha enviado a ustedes".

ÉXODO 3:14

Una vida espiritual satisfactoria comenzará con un cambio total en la relación entre Dios y el pecador; no un simple cambio judicial, sino un cambio consciente y experimentado que influye en toda la naturaleza del pecador.

La expiación por la sangre de Jesús hace que ese cambio sea posible en lo judicial y la obra del Espíritu Santo lo hace satisfactorio en lo emocional [...]

En la determinación de las relaciones debemos comenzar en algún lugar. Tiene que haber un centro fijo con el que se mida todo lo demás, donde no entre la ley de la relatividad y podamos decir «ES» y no hacer concesiones. Ese centro es Dios.

Cuando Dios quiso darle a conocer su nombre a la humanidad, no encontró otro mejor que «YO SOY». Cuando habla en primera persona, Él dice: «YO SOY»; cuando hablamos *de* Él decimos: «Él es»; cuando hablamos con Él, decimos: «Tú eres». Todos y todo lo demás se miden desde ese punto fijo. «Yo soy el que soy», dice Dios, «no cambio». POG092

Padre santo, permite que el Espíritu Santo imprima en mi corazón lo maravillosa que es la obra de Cristo, a fin de que siempre quede admirado de quién eres. Amén.

FEBRERO

Si Jesús tuvo que morir

Porque tanto amó Dios al mundo que dio a su Hijo unigénito,
para que todo el que cree en él no se pierda,
sino que tenga vida eterna.

JUAN 3:16

El Espíritu Santo todavía está entre nosotros con poder transformador para quien escucha el mensaje del evangelio y lo cree de veras [...] Todavía convierte. Todavía regenera. Todavía transforma [...]

Es trágico que intentemos escondernos de Él en las cuevas y guaridas de la tierra, entre los árboles del huerto. Es trágico que hombres y mujeres mantengan su corazón tan duro que no puedan sentir, y sean tan sordos que no puedan escuchar.

Hay muchos que escuchan la Voz de Dios, pero insisten en que se les debe facilitar el «camino».

¡Oh, escucha! Si el infierno es lo que Dios dice que es, si el pecado es lo que Dios dice que es, si Jesucristo tuvo que morir para salvar al pecador, ¿es mucho pedir para ti que le digas a la gente que te estás apartando del pecado? EFE036-037

Espíritu Santo, confieso que estás activo ahora como lo has estado siempre. Obra en mí hoy, de modo que tu presencia me transforme y reciba el poder para proclamar las buenas nuevas de Jesucristo. Amén.

La clase de amor de Dios

Al que me ama, mi Padre lo amará, y yo también
lo amaré y me manifestaré a él.
JUAN 14:21

Dios, siendo Él mismo Dios, un ser increado, que no proviene de nadie, que no le debe nada a nadie, ¡tiene que ser necesariamente la fuente de todo el amor que existe! Por eso digo que, como nuestro Dios, debe amarse a sí mismo para siempre con amor puro y perfecto.

Esta clase de amor, el amor de Dios, santo y sin mancha, es el amor que las tres personas de la Deidad sienten y se tienen entre sí. El Padre al Hijo; el Hijo al Padre; el Padre y el Hijo al Espíritu; el Espíritu al Padre y al Hijo: la Trinidad divina en el amor perfecto, impecable y apropiado; amándose unos a otros con una santa e inmensa devoción. Las tres fuentes de la Trinidad, eterna, infinita, vertiéndose sin medida entre sí desde el mar sin fondo, sin límites y sin orillas del amor y de la felicidad perfectos [...]

Dios, siendo quien es y lo que es, es Él mismo el único ser que puede amar de forma directa. Todo lo demás y todos los demás que Dios ama, los ama por sí mismo. EFE012-013

Dios, acércame a ti por tu Espíritu Santo para que pueda conocer más profundamente el amor que tienes por ti mismo y que me has extendido. Amén.

Él da... y guarda

Porque la paga del pecado es muerte, mientras que la dádiva
de Dios es vida eterna en Cristo Jesús, nuestro Señor.

ROMANOS 6:23

Como seres humanos, somos conscientes de que si damos algo, lo hacemos por el tiempo que esté lejos de nosotros. Sin embargo, Dios presta sin renunciar a nada. Dios te da la vida, pero Él sigue quedándose con la vida que te da, por lo que no pierde nada al dártela.

Así es con todo lo demás. Dios es poder, pero cuando te da poder, no te da su poder. Él da sabiduría, pero no la pierde cuando la da. Él da gracia, pero no se desprende de su gracia. Él la guarda mientras la da, pues es Él mismo quien la da.

Así es con todo: la sabiduría, el ser, el poder, la santidad y cada cualidad que Dios les otorga a los hombres. Dios se da constantemente a nosotros, ¡porque Dios es vida!

La vida es sagrada [...] Para los seres humanos, hay una gran verdad involucrada aquí, ¡pues la vida eterna se puede describir mejor como tener a Dios en el alma! EFE41

Espíritu Santo, dame poder, sabiduría y gracia en este día, a fin de que pueda servirte con fidelidad y magnificar tu santo nombre por medio de Cristo mi Salvador. Amén.

La voz interior

Voy a escuchar lo que Dios el Señor dice:
él promete paz a su pueblo y a sus fieles.
SALMO 85:8

Una vez entré a un servicio del mediodía en la ciudad de Nueva York y escuché algo que nunca podré olvidar.

Un ministro que habló ese día dijo: «Suponemos que si un hombre escucha el evangelio cristiano, se ha iluminado. Sin embargo, esa es una suposición falsa. El solo hecho de escuchar a un hombre predicar la verdad de la Biblia no significa necesariamente que se iluminara».

La voz de Dios debe hablar desde el interior para traer iluminación. El Espíritu de Dios debe hablar sin ruido en el interior [...]

Creo que Dios los ha relacionado de alguna manera: la voz de la convicción en la conciencia y el Espíritu Santo, el punto de contacto, dando testimonio dentro del ser del hombre. Una persona no se ha iluminado hasta que esa voz comienza a sonar en su interior.

Hay que decirles a los hombres y las mujeres que puede ser fatal silenciar la voz interior. Siempre es peligroso resistirse a la conciencia interna, pero puede ser fatal silenciar esa voz, ¡a fin de seguir ignorando esa voz que habla dentro! EFE066-067

Señor, nunca permitas que deje de escuchar la voz de tu Espíritu hablándome, y que siempre pueda obedecer cuando Él me llama. Amén..

La depravación no es excusa

Me deleito en hacer tu voluntad, Dios mío;
tu ley está dentro de mi corazón.

SALMO 40:8, LBLA

Debido a la traición del alma humana, es posible esconderse detrás del hecho de que todos han pecado. Hay una especie de reacción universal que se convierte en una filosofía aceptable, de que «si esto es lo que le pasa a todo el mundo, nadie tiene que preocuparse por eso».

Por lo tanto, cuando digo que el hombre es un vagabundo moral, alejado de Dios y todavía escondido, no quiero que te ocultes detrás de eso y te consueles. Quiero que sepas que es algo muy personal y que el Espíritu Santo nunca tuvo la intención de darle a nadie un sentido de consuelo en la depravación universal.

En realidad, el Espíritu Santo dice a lo largo de las Escrituras: «¡Tú eres aquel hombre!».

Dios nos está llamando con muchísimas voces, pero no hay duda de que le suplica a la humanidad de la manera más perfecta en la Palabra revelada de Dios. EFE098

Señor Dios, concédeme por tu Espíritu la capacidad de comprender mi propia fragilidad, que soy un pecador siempre necesitado de tu gracia, y de confiar en ti para todo lo que me hace falta. Amén.

La Palabra de Dios es poderosa

La palabra de Dios es viva y poderosa [...] y juzga los
pensamientos y las intenciones del corazón.

HEBREOS 4:12

El Dios Todopoderoso no le grita al amplio universo y le regresa como un eco vacío a través de sus santos oídos. Él nos dijo que la palabra que sale de su boca nunca vuelve vacía y sin resultados. La palabra de Dios siempre es poderosa y no necesita que nadie corra a disculparse por ella ni a pensar en formas ingeniosas de defenderla.

El barco del evangelio, el arca de Dios, no es un barco fantasma que flota con pereza en el mar. [Está] tripulado completamente por un grupo fiel, los vientos del Espíritu Santo en sus velas, con pasajeros que son [...] hombres y mujeres libres, ¡rumbo a un puerto franco en tierra santa!

A lo largo de este viejo mundo turbulento, Dios tiene sus santos y los conoce. Están lavados en su sangre, nacidos de su Espíritu. Son engendrados por la Palabra de Verdad, salvados por el milagro de la redención. Cuando llegue el momento, Él los llamará a todos a casa. EFE106-107

---

*Señor, tu Palabra es viva y poderosa. Concédeme que, por tu
Espíritu Santo, me someta a tu Palabra y viva de acuerdo
a ella en este día. Amén.*

Un nacimiento místico

Nadie puede entrar en el reino de Dios
si no nace de agua y del Espíritu.
JUAN 3:5, NTV

El nacimiento invisible del que habla Juan es un acto de Dios. Juan se refiere a algo que va más allá del nacimiento físico que conocemos. Los sentidos pueden tocar el nacimiento físico. Cuando nacimos en este mundo, quienes nos rodeaban podían vernos, sentirnos, sostenernos y pesarnos. Podían lavarnos, vestirnos y alimentarnos.

Sin embargo, este nacimiento invisible y misterioso del que habla Juan no tiene nada que ver con la carne. Es del cielo. Este nacimiento es del Espíritu, un nacimiento de otro tipo, un nacimiento místico [...]

Si Jesús nuestro Señor solo hubiera hablado de que las personas nacieran físicamente en el mundo, nunca se le habría escuchado y sus enseñanzas no se habrían conservado impresas. El nacimiento físico es demasiado común: todos nacen. En cambio, estas personas experimentaron un nacimiento que no era del cuerpo, sino del corazón. No nacieron en el tiempo, sino en la eternidad. No nacieron de la tierra, sino del cielo. ¡Tuvieron un nacimiento interior, un nacimiento espiritual, un nacimiento misterioso, un nacimiento místico! FBR005-006

Señor Dios, gracias por el nacimiento místico del Espíritu, el nacimiento por el cual soy una nueva criatura en Cristo. Permite que hoy pueda caminar en el poder de ese nuevo nacimiento. Amén.

Religión, sí... Espíritu Santo, no

Pero me temo que, así como la serpiente con su astucia
engañó a Eva, los pensamientos de ustedes sean desviados
de un compromiso puro y sincero con Cristo.

2 CORINTIOS 11:3

Al cristianismo evangélico le cuesta respirar. Sucede que hemos entrado en un período en el que es popular cantar sobre lágrimas, oraciones y creencias. En casi cualquier lugar, se puede escuchar una frase religiosa, incluso en medio de un programa mundano dedicado a la carne y al diablo.

El viejo Mammón, con dos dólares de plata por ojos, se sienta encima de todo, mintiendo sobre la calidad de los productos [...] En medio de esto, alguien instruido en un estudio para parecer religioso dirá con voz empalagosa: «¡Ahora, nuestro himno de la semana!». Así que interrumpen, y la orquesta suena brillante y potente, y cantan algo que el diablo debe sonrojarse al escuchar.

A eso le llaman religión, y reconozco que lo es. No se trata del cristianismo ni del Espíritu Santo. No se trata del Nuevo Testamento ni de la redención. Solo se trata de sacarle provecho a la religión. FBRO12

Dios Todopoderoso, me arrepiento de las formas en que he aceptado la religión muerta en lugar del cristianismo vivo. Concédeme que, por tu Espíritu, pueda caminar hoy según la fe cristiana. Amén.

En sus términos

Mas a cuantos lo recibieron, a los que creen en su nombre,
les dio el derecho de ser hijos de Dios.

JUAN 1:12

Creo [...] que si viniera alguien que pudiera hacerse oír ante miles de personas en vez de ante unos pocos cientos, alguien con tanta unción como intelecto, y tanto poder como intuición, todavía podríamos salvar al cristianismo evangélico del callejón sin salida donde se encuentra. Te lo advierto: no dejes ni por un segundo que las multitudes, el bullicio de la actividad religiosa, la oleada de pensamiento religioso te engañen para que supongas que hay una gran cantidad de espiritualidad. No es así.

Por eso el significado de la palabra *recibieron* es tan importante aquí. «Mas a todos los que le recibieron», lo aceptaron de manera activa y firme. Esto significa un concreto ejercicio de la voluntad. Significa no negar ninguna condición que establezca el Señor. Esto es algo muy diferente a lo que estamos escuchando. No vinieron al Señor y trataron de llegar a un acuerdo, sino que vinieron al Señor y lo aceptaron de forma activa y en sus términos. FBR012-013

Padre santo, concédeme que por tu Espíritu pueda recibir cada día a Cristo en sus términos, no en los míos, a fin de poder seguirlo fielmente y servirte. Amén.

Combustible para el fuego

Después de haber orado, tembló el lugar en que estaban reunidos;
todos fueron llenos del Espíritu Santo.

HECHOS 4:31

Una iglesia puede seguir adelante aferrándose al credo y a la verdad por generaciones y envejecer. Las personas nuevas pueden seguir y recibir el mismo código y envejecer también. Entonces, viene un evangelista itinerante, motiva a la gente, logra que todos se conmuevan, y la oración mueve a Dios a la escena y el avivamiento llega a esa iglesia.

Las personas que pensaban que eran salvas se salvan. Las personas que solo habían creído en un código, ahora creen en Cristo. ¿Y qué ha sucedido en realidad? Solo tiene lugar el cristianismo del Nuevo Testamento. No es ninguna edición de lujo del cristianismo; es lo que debería haber sido el cristianismo desde el principio [...]

El Espíritu Santo no vendrá a una iglesia en la que no haya un cuerpo bíblico de verdad. El Espíritu Santo nunca viene a un vacío, pero donde está la Palabra de Dios hay combustible, el fuego cae y quema el sacrificio. FBR027-029

Espíritu Santo, ven y restaura el cristianismo bíblico en nuestras iglesias, a fin de que podamos aceptar la verdad con nuestro corazón y encarnarla en nuestras vidas, para la gloria de Cristo. Amén.

El saber

El Espíritu mismo da testimonio a nuestro espíritu
de que somos hijos de Dios.
ROMANOS 8:16, LBLA

Sé lo que Carlos Wesley quiso decir cuando escribió: «¡Su Santo Espíritu en mí, me dice que de Dios nací!». Nadie tuvo que venir a decirme lo que quiso decir. «Los que estén dispuestos a hacer mi voluntad», Jesús dijo en efecto, «tendrán una revelación en su propio corazón. Tendrán una iluminación interior que les dirá que son hijos de Dios».

Si un pecador va al altar y un obrero con un Nuevo Testamento marcado le asegura que ya entró en el reino, el diablo se encontrará con él dos cuadras más adelante y lo sacará de nuevo. No obstante, si tiene una iluminación interior, que le testifica dentro, debido a que el Espíritu está en él, no puedes discutir con semejante hombre […] Te dirá: «¡Pero yo lo *sé*!».

Un hombre así no es intolerante ni arrogante; solo está seguro […] Este es el cristianismo normal. Así es que deberíamos ser. Si alguien elige hacer la voluntad de Dios, lo descubrirá. Lo sabrá. FBR030-031

Padre santo, gracias por el testimonio interior del Espíritu Santo, que testifica que soy tu hijo. Concédeme que siempre pueda tener confianza en la obra que hiciste en Cristo para redimir mi alma. Amén.

Ceguera interior

Pero gracias a Dios que, aunque antes eran esclavos del pecado,
ya se han sometido de corazón a la enseñanza
que les fue transmitida.

ROMANOS 6:17

Una vez leí un libro sobre la vida espiritual interior de un hombre que no era cristiano en absoluto. Se trataba de un intelectual mordaz [...] Examinaba a las personas espirituales desde fuera, pero nunca le llegaba nada. ¡Y eso es posible!

No puedes eludir esto. Puedes leer tu Biblia [...] y si eres sincero, admitirás que es un asunto de obediencia o ceguera interior. Puedes repetir Romanos, palabra por palabra, y aun así estar ciego por dentro. Puedes citar todos los Salmos y seguir siendo ciego por dentro. Puede conocer la doctrina de la justificación por la fe y ser ciego por dentro. No es el cuerpo de la verdad lo que ilumina; es el Espíritu de verdad quien ilumina.

Si estás dispuesto a obedecer al Señor Jesús, Él iluminará tu espíritu. Él te iluminará por dentro. La verdad que conoces de manera intelectual, ahora se conocerá de forma espiritual. El poder comenzará a fluir hacia arriba y hacia afuera, y te encontrarás transformado, maravillosamente transformado. FBR032

Dios Todopoderoso, perdóname por la forma en que he confiado en mis propias habilidades y las he considerado como prueba de salvación. Ilumíname con tu Espíritu, de modo que solo pueda confiar en ti. Amén.

La fe: El tipo de razón más elevada

Porque por gracia ustedes han sido salvados mediante la fe;
esto no procede de ustedes, sino que es el regalo de Dios,
no por obras, para que nadie se jacte.

EFESIOS 2:8-9

En nuestros días, enviamos a la razón por delante sobre sus pequeñas piernas cortas y la fe nunca la sigue. Nadie se maravilla, pues todo el asunto se puede explicar. Siempre he afirmado que un cristiano creyente es un milagro, y en el momento preciso en que puedes explicarlo por completo, ¡ya no tienes un cristiano!

He leído los esfuerzos de William James por psicologizar las maravillas de las obras de Dios en la vida y la experiencia humanas. Sin embargo, el auténtico hijo de Dios es alguien que no se puede explicar con el razonamiento humano.

En esta relación con Jesucristo a través del nuevo nacimiento, tiene lugar algo por el ministerio del Espíritu de Dios que la psicología no puede explicar. Por eso debo declarar que la fe es el tipo de razón más elevada, debido a que la fe va directamente a la presencia de Dios. FBR040

Señor Dios, concédeme que tu Espíritu aumente mi fe para que pueda servirte fielmente y ministrar a los demás con eficacia. Amén.

No hay zona de penumbra

El que cree en el Hijo tiene vida eterna; pero el que rechaza al Hijo
no sabrá lo que es esa vida, sino que permanecerá
bajo el castigo de Dios.

JUAN 3:36

Algunos maestros han tratado de envolver a Jesús en una niebla rosada de sentimentalismo. Pero realmente no hay excusa para malinterpretarlo. Trazó la línea tan tensa como la cuerda de un violín. Dijo: «El que no es conmigo, contra mí es; y el que conmigo no recoge, desparrama» (Mateo 12:30) [...]

En ese gran día en que juzga a la humanidad, Jesús dice que «apartará los unos de los otros, como aparta el pastor las ovejas de los cabritos». Los de un grupo «irán [...] al castigo eterno, y los justos a la vida eterna» (25:32, 46). Esas declaraciones no dejan ninguna zona de penumbra ni un punto intermedio.

Considera los beneficios prometidos a los verdaderos discípulos. Jesús dijo: «Y conoceréis la verdad, y la verdad os hará libres» (Juan 8:32). Nadie puede conocer la verdad, excepto el que obedece la verdad. La verdad está en el texto, pero se necesita el texto más el Espíritu Santo para llevar la verdad al alma humana. FBR063-064

Padre, permite que tu Palabra y tu Espíritu obren juntos en mi vida para que la verdad me transforme y la pueda encarnar con fidelidad. Amén.

La verdad «real»

Si se mantienen fieles a mis enseñanzas, serán realmente mis discípulos;
y conocerán la verdad, y la verdad los hará libres.
JUAN 8:31-32

La verdad debe entenderse mediante la iluminación interior. Entonces, conocemos la verdad. Hasta ese momento, no la conocemos [...]

Por unos misioneros supe de un chico en el extranjero que memorizó todo el Sermón del Monte de Jesús. Lo hizo en un tiempo récord y al parecer con tan poco esfuerzo que alguien lo llamó para averiguar cómo lo hizo.

«Bueno», dijo el muchacho, «memorizaba un versículo y luego confiaba en Dios para que me ayudara a ponerlo en práctica. Después memorizaba el siguiente versículo y decía: «Señor, ayúdame a vivir este también» [...]

Ese chico tenía la verdad de su lado. No consideraba que la verdad fuera algo objetivo, solo para archivarse en la mente como conocimiento. Por supuesto, para él la verdad era subjetiva también: debía ponerse en práctica.

La verdad se vuelve real para nosotros dentro de nuestro ser mediante la obediencia y la fe. FBR064-065

Señor, dame el poder, por tu Espíritu, para ser como el chico que memorizaba versículos de las Escrituras, no solo para aprender información, sino para vivir la verdad. Amén.

Disfruta de los beneficios

Dichosos todos los que temen al Señor, los que van por sus caminos.
Lo que ganes con tus manos, eso comerás;
gozarás de dicha y prosperidad.

SALMO 128:1-2

Nuestros contactos con la civilización dejan nuestra ropa sucia, grasienta y a veces manchada. La suciedad no está solo sobre nuestra ropa; pronto está de veras *en* ella. Podemos sacudir la prenda, discutir con ella, hablar con ella, leerle a Shakespeare […] Aun así, está sucia y manchada. La suciedad debe quitarse. La prenda debe liberarse de su suciedad […]

La única solución que nos librará de nuestros pecados es la sangre de Jesucristo. Él nos amó y nos liberó, nos lavó, de nuestros pecados con su propia sangre. Ni la educación ni el refinamiento dieron resultado. En cambio, cuando la sangre de Jesús hizo su trabajo, ¡nos liberamos!

«Conoceréis la verdad», dijo Jesús, «y la verdad os hará libres» (Juan 8:32). Pero debe haber un compromiso moral. Si no lo hay, no hay comprensión. Si no hay comprensión, no hay limpieza.

¿Estás obedeciendo la verdad revelada tal como la revela el Espíritu de Dios? ¿Estás disfrutando de los beneficios de la libertad en Jesucristo? ¿Eres uno de sus verdaderos discípulos? FBR066-067

Señor, permite que tu Espíritu me capacite para obedecer la verdad que libera, a fin de que pueda disfrutar de todos los beneficios de la libertad en Jesucristo. Amén.

La Palabra y el Espíritu

Por su propia voluntad nos hizo nacer mediante la palabra de verdad,
para que fuéramos como los primeros y mejores
frutos de su creación.

SANTIAGO 1:18

Algunas personas desearían haber vivido en los días de Jesús para poder escuchar su voz y sus enseñanzas. Olvidan que hubo miles de personas que escucharon a Jesús, pero que no tenían ni idea de lo que hablaba. Olvidan que sus propios discípulos tuvieron que esperar al Espíritu Santo en Pentecostés para saber lo que les dijo.

Quizá digas: «Si tan solo hubiera escuchado a Jesús». No, estás mejor ahora. Tienes la Luz que ilumina a cada persona. Tienes la voz de la conciencia interior.

Algunos lamentan no haber escuchado nunca a Dwight L. Moody ni a Albert B. Simpson en persona. Sin embargo, les recuerdo que aunque hubiéramos [escuchado] al apóstol Pablo en cinta magnetofónica [...] su predicación no podría hacer más por nosotros que lo que el Espíritu Santo puede hacer con la Biblia y la conciencia humana [...]

Hemos escuchado la voz de la Luz dentro del corazón [...]

¡La iglesia necesita escuchar la voz interior y hacer algo con su mensaje! FBR076-077

Padre santo, permite que tu Espíritu ilumine mi mente para
entender la verdad de Cristo. Amén.

Cambiar un pecado por otro

Cada uno de ustedes, en adoración espiritual, ofrezca su cuerpo
como sacrificio vivo, santo y agradable a Dios.
ROMANOS 12:1

La ofrenda, el sacrificio y las energías santificadoras del Espíritu Santo son de seguro suficientes, a fin de preparar el alma para la comunión con Dios. Esto lo declara la Biblia y esto lo confirman diez mil veces diez mil testigos.

El gran peligro es que supongamos que nos han liberado de nuestros pecados cuando lo cierto es que solo hemos cambiado un tipo de pecado por otro. Este es el peligro que acecha a todos. No tiene por qué desanimarnos ni hacernos retroceder, sino que debiera motivarnos a velar.

Debemos, por ejemplo, tener cuidado de que nuestro arrepentimiento no solo sea un cambio de lugar. Aunque una vez pecamos en el país lejano entre los porquerizos, ahora nos relacionamos con personas religiosas, considerablemente más limpias y mucho más respetables en apariencia, sin duda, pero no más cerca de la verdadera pureza de corazón que antes. BAM081-082

Señor Dios, haz que tu Espíritu impida que me arrepienta de un pecado para luego cometer otro. Permite que tu Espíritu me lleve a aborrecer todo pecado y mortificar mi carne de pecado. Amén.

Parteras en el gallinero

Estos no nacen de la sangre, ni por deseos naturales,
ni por voluntad humana, sino que nacen de Dios.

JUAN 1:13

Una vez fui un chico de granja. Aprendí que cuando llegaba el momento de la incubación de los huevos, hacíamos bien en no ayudar en el proceso. Al polluelo que ayudaban a nacer, se le reconocía de inmediato. Era débil y caminaba tambaleándose.

Sin embargo, eso es lo que hacemos con los penitentes que quieren estar a bien con Dios. Las personas bien intencionadas se arrodillan con los pecadores que lo buscan, encuentran un texto bíblico y oran hasta que ven una pequeña señal de vida. Luego, como parteras ansiosas en el gallinero, sacan a los penitentes de sus caparazones, los secan, escriben sus nombres como convertidos y después se preguntan por qué no se desarrollan.

En cambio, cuando el Espíritu Santo lleva a los penitentes al nuevo nacimiento, salen sanos y fervientes al mundo. Se les perdonan sus pecados; ¡se les quitan sus cargas! FBR082

Señor, gracias por perdonarme, renovarme y quitar mis cargas.
Guíame por tu Espíritu en este día para que pueda caminar
como conviene a un hijo de Dios. Amén.

Hombres ciegos

Dios reveló esas cosas por medio de su Espíritu.
1 CORINTIOS 2:10, NTV

Cuando relegamos al Espíritu Santo de la iglesia y tomamos otras cosas en su lugar, nos sacamos nuestros propios ojos. La iglesia está llena de ciegos que no pueden ver debido a que el Espíritu Santo nunca les ha abierto los ojos. Lidia no pudo creer en Cristo hasta que el Señor le abrió los ojos [Hechos 16:11-15]. Esos discípulos no pudieron creer en Cristo allí en el camino de Emaús hasta que Él les abrió los ojos [Lucas 24:13–35]. Nadie puede ver a Dios ni creer en Dios hasta que el Espíritu Santo le abra los ojos. Cuando entristecemos y apagamos al Espíritu Santo, cuando lo descuidamos, lo relegamos y lo sustituimos por otras cosas, nos convertimos en ciegos. AOGIII 17

Señor santo, abre mis ojos por el poder de tu Espíritu, a fin de que pueda conocerte de manera más plena y amarte de manera más profunda. Amén.

Estar a solas con Dios

«En el arrepentimiento y la calma está su salvación, en la
serenidad y la confianza está su fuerza».

ISAÍAS 30:15

Hay algunas cosas que tú y yo nunca aprenderemos cuando otros están presentes. Creo en la iglesia y me encanta el compañerismo de la congregación. Es mucho lo que podemos aprender cuando nos reunimos los domingos y nos sentamos entre los santos. Aun así, hay ciertas cosas que tú y yo nunca aprenderemos en presencia de otras personas.

Sin duda, parte de nuestro fracaso hoy es la actividad religiosa que no va precedida de soledad, de inactividad. Me refiero a estar a solas con Dios, y esperar en silencio y quietud hasta que nos carguemos del Espíritu de Dios. Entonces, cuando actuamos, nuestra actividad vale algo de veras, pues Dios nos prepara para esto. FBR I 30

---

*Padre santo, cárgame hoy con tu Espíritu, de modo que mi
actividad religiosa sea eficaz y fructífera. Amén.*

Solo estamos en el comienzo

Cuando venga el Consolador, que yo les enviaré de parte del Padre,
el Espíritu de verdad que procede del Padre,
él testificará acerca de mí.

JUAN 15:26

Oh, amigo mío, apenas estamos en el comienzo. La personalidad de Dios es tan infinitamente rica y diversa que se necesitarían mil años de búsqueda cercana y comunión íntima para conocer incluso los bordes externos de su naturaleza gloriosa. Cuando hablamos de comunión con Dios y comunión con el Espíritu Santo, nos referimos a lo que comienza ahora, pero que crecerá, aumentará y madurará mientras dure la vida [...]

El Espíritu Santo es una persona viva, ¡y podemos conocerlo y tener comunión con Él! Podemos susurrarle, y de un versículo favorito de la Biblia o un himno amado escuchamos su voz que nos responde en un susurro. Caminar con el Espíritu puede convertirse en un hábito. Es un objeto de gracia esforzarse por conocer las cosas de Dios a través del Espíritu de Dios en una amistad que trasciende el lugar donde se mantiene una simple conversación. cou137-138

Señor, llévame a una comunión contigo que solo se hace más rica y espléndida cuanto más dura. Permíteme escuchar al Espíritu Santo y, a través de Él, conocerte más profundamente. Amén.

Veamos al Invisible

Dios nos ha revelado esto por medio de su Espíritu, pues el Espíritu
lo examina todo, hasta las profundidades de Dios.

1 CORINTIOS 2:10

Debemos seguir adelante en el Espíritu Santo. Si no vemos más allá de lo visible, si no podemos tocar lo intangible, si no podemos oír lo inaudible, si no podemos conocer lo que está más allá del conocimiento, tengo serias dudas sobre la validez de nuestra experiencia cristiana.

La Biblia nos dice: «Cosas que ojo no vio, ni oído oyó, ni han subido en corazón de hombre, son las que Dios ha preparado para los que le aman» (1 Corintios 2:9).

Por eso Pablo nos recuerda que Dios nos revela estos misterios por el Espíritu Santo. Si tan solo dejáramos de intentar hacer del Espíritu Santo nuestro siervo y comenzáramos a vivir en Él como el pez vive en el mar, entraríamos en las riquezas de la gloria de las que no sabemos nada ahora. FBR 152-153

Padre, perdóname por las formas en que he tratado de hacer del Espíritu Santo mi siervo. Concédeme que, por tu poder, viva en Él y esté lleno de Él para gloria de tu nombre. Amén.

Anhelo por un plano superior

Como el ciervo anhela las corrientes de agua, así suspira por ti,
oh Dios, el alma mía.

SALMO 42:1, LBLA

Demasiados creyentes quieren el Espíritu Santo para poder tener el don de sanidad. Otros lo quieren para el don de lenguas. Hasta otros lo buscan para que su testimonio sea eficaz. Todas estas cosas, lo reconozco, son parte del modelo total del Nuevo Testamento. Sin embargo, es imposible que hagamos de Dios nuestro siervo. Nunca oremos para que seamos llenos del Espíritu de Dios para propósitos secundarios.

Dios quiere llenarnos de su Espíritu para que lo conozcamos en primer lugar y estemos concentrados en Él. Debemos entrar en la plenitud del Espíritu para que el Hijo de Dios sea glorificado en nosotros.

Trato de bañar mi alma en los escritos y los himnos de los santos devotos de Dios [...] Me pregunto por qué alguna vez nos inclinamos a leer, cantar o citar algo que no sea elevado y divino, noble e inspirador. FBR 153-154

Dios Todopoderoso, perdóname por las formas en que he tratado de convertir al Espíritu Santo en una mercancía. Lléname con tu Espíritu para que pueda tener comunión contigo de manera más profunda y amarte de manera más íntima. Amén.

¿Quién ora?

*Así mismo, en nuestra debilidad el Espíritu acude a ayudarnos.
No sabemos qué pedir, pero el Espíritu mismo
intercede por nosotros.*

ROMANOS 8:26

La calidad espiritual de una oración no se define por su intensidad, sino por su origen. Al evaluar la oración, debemos preguntarnos quién está orando: ¿nuestros corazones decididos o el Espíritu Santo? Si la oración se origina en el Espíritu Santo, la lucha puede ser hermosa y maravillosa; pero si somos víctimas de nuestros propios deseos acalorados, nuestra oración puede ser tan carnal como cualquier otro acto.

En el Antiguo Testamento se dan dos ejemplos: Jacob y los profetas de Baal. La lucha de Jacob fue un ejercicio real, y al principio no fue obra de Jacob [...] La lucha [llegó a ser] de origen divino, y todos los estudiantes de la Biblia conocen los benditos resultados.

El otro ejemplo no resulta tan bueno. Los profetas de Baal también lucharon, con mucha más violencia que Jacob, pero lucharon en la carne. Sus mensajes nacieron de la ignorancia y la superstición, y no los llevaron a ninguna parte. Se equivocaron a pesar de su celo al orar [...] Solo el Espíritu puede orar con eficacia. TWP016-017

Padre, permite que mis oraciones provengan de tu Espíritu, a fin de que estén de acuerdo con tu voluntad y sean eficaces. Amén..

Adoración sin aliento

No hay Dios como tú en el cielo ni en la tierra, pues tú cumples
tu pacto de amor con quienes te sirven y te
siguen de todo corazón.

2 CRÓNICAS 6:14

La teoría [de la planificación del servicio improvisado] es que si la reunión no se planifica, el Espíritu Santo obrará con libertad, y eso sería cierto si todos los adoradores fueran reverentes y llenos del Espíritu. Sin embargo, casi nunca hay orden ni está el Espíritu, solo una oración rutinaria que es, salvo por pequeñas variaciones, la misma semana tras semana, y unas cuantas canciones que nunca fueron gran cosa para empezar, y que hace mucho tiempo han perdido todo significado por la repetición sin sentido.

En la mayoría de nuestras reuniones apenas hay un rastro de pensamiento reverente, ningún reconocimiento de la unidad del cuerpo, poco sentido de la presencia divina, ningún momento de quietud, ninguna solemnidad, ninguna maravilla, ningún santo temor [...]

Toda la familia cristiana necesita con urgencia una restauración de la penitencia, la humildad y las lágrimas. Roguemos a Dios que las envíe pronto. GTM005-006

Padre, perdóname por las formas en que he confundido el desorden con la obra del Espíritu. Lléname de reverencia y permite que sea humilde al reconocer la presencia de tu Espíritu conmigo hoy y la dirección de tu presencia. Amén.

El Espíritu Santo en la creación

Y dijo: «Hagamos al ser humano a nuestra imagen y semejanza».
GÉNESIS 1:26

Dios es creativo. Él no ha renunciado a su lugar como Creador, aunque la obra específica de formar el primer cielo y la primera tierra se completara hace mucho tiempo.

El Espíritu Santo, como parte de la bendita Deidad, también es creativo. Él siempre está trayendo cosas nuevas a la existencia, siempre está dando y poniendo en marcha, siempre está haciendo «nuevas todas las cosas». Dondequiera que esté obrando, los efectos serán más creativos que conservadores, aunque debemos saber que Él también conserva todo lo que crea. Crear y no conservar sería desperdiciar el acto creativo. Sin embargo, toda la psicología del Espíritu apunta hacia la creación de cosas nuevas más que hacia la cautelosa preservación de lo creado.

Debe decirse que el Espíritu Santo siempre crea de acuerdo con su carácter divino, como Dios mismo. Todo lo que hace lleva la marca de la eternidad. Tiene la cualidad de ser eterno: la dignidad y la santidad de la Deidad lo distinguen. TWP036

Señor, te alabo por tu obra creadora, por hacer nuevas todas las cosas con tu Espíritu. Hazme santo como tú eres santo, a fin de que pueda caminar en novedad de vida en este día. Amén.

La morada de Dios

Porque donde dos o tres se reúnen en mi nombre,
allí estoy yo en medio de ellos.

MATEO 18:20

Según las Escrituras, la iglesia es la morada de Dios por medio del Espíritu y, como tal, es el organismo más importante debajo del sol. No es una buena institución más junto con el hogar, el estado y la escuela; es la más vital de todas las instituciones, la única que puede reclamar un origen celestial.

El cínico puede preguntar a qué iglesia nos referimos, y puede recordarnos que la iglesia cristiana está tan dividida que es imposible decir cuál es la verdadera, incluso si existiera tal iglesia [...]

Como estamos dentro de la iglesia, es probable que seamos tan conscientes de sus defectos como podría serlo cualquier persona que está fuera. Y creemos en ella a pesar de los lugares en los que se manifiesta en un mundo de tinieblas y de incredulidad.

La iglesia se encuentra donde el Espíritu Santo ha reunido a unas cuantas personas que confían en Cristo para su salvación, adoran a Dios en espíritu y no tienen tratos con el mundo ni con la carne. GTM024-025

Padre santo, llena la iglesia de tu Espíritu Santo, a fin de que seas adorado como es debido y que se proclame el evangelio con denuedo para la gloria de tu nombre. Amén.

Él es una persona

No apaguen el Espíritu.
1 TESALONICENSES 5:19

Creo que estarás de acuerdo conmigo cuando afirmo que muchas personas están confundidas en cuanto al Espíritu de Dios. Por ejemplo, el Espíritu Santo no es entusiasmo. Algunas personas se entusiasman y se imaginan que es el Espíritu Santo [...]

Escribe esto en letras mayúsculas: EL ESPÍRITU SANTO ES UNA PERSONA. No es entusiasmo. No es valentía. No es energía. No es la personificación de todas las buenas cualidades, como lo es Jack Frost del clima frío. En realidad, el Espíritu Santo no es la personificación de nada. Él es una Persona, lo mismo que tú eres una persona, pero no una sustancia material. Tiene individualidad. Es un ser y no otro. Tiene voluntad e inteligencia. Tiene oído. Tiene conocimiento, compasión y capacidad para amar, ver y pensar. Puede escuchar, hablar, desear, afligirse y regocijarse. Él es una persona.

El Espíritu Santo puede comunicarse contigo y amarte. Él puede entristecerse cuando te resistes y lo ignoras. Él puede apagarse como cualquier amigo puede callarse si lo rechazas cuando Él está en tu casa como invitado. Por supuesto, Él guardará silencio con dolor si lo ofendes, y nosotros podemos ofender al Espíritu Santo. cou049-050

Oh, Señor, permite que no apague el poder del Espíritu Santo por negligencia o causándole dolor. En su lugar, ayúdame a conocer su íntima comunión. Amén.

MARZO

Él puede estar contristado

No agravien al Espíritu Santo de Dios, con el cual fueron
sellados para el día de la redención.

EFESIOS 4:30

Debido a que Él es amoroso, bondadoso y afable, el Espíritu Santo puede contristarse [...] Él puede contristarse porque Él es amoroso, y debe haber amor presente antes de que pueda haber aflicción.

Imagina que tienes un hijo de diecisiete años que empieza a ir por mal camino. Rechazó tu consejo y quiso tomar las riendas de su vida. Supongamos que se junta con un joven desconocido de otra parte de la ciudad y se meten en problemas.

Te llaman a la comisaría. Tu hijo, y otro chico al que nunca habías visto, están allí esposados. Sabes cómo te sentirías al respecto. Sentirías pena por el otro chico, pero no lo amas porque no lo conoces. Con tu propio hijo, tu dolor penetraría en tu corazón como una espada. Solo el amor puede afligir. Si a esos dos chicos los enviaran a prisión, es posible que te compadezcas del chico que no conoces, pero te afligirías por el chico que conoces y amas. Una madre puede afligirse porque ama. Si no amas, no puedes afligirte.

Cuando la Escritura declara: «Y no contristéis al Espíritu Santo de Dios» (Efesios 4:30), nos dice que Él nos ama tanto que cuando lo ofendemos, Él se aflige; cuando lo ignoramos, Él se angustia; cuando lo resistimos, Él se duele; y cuando dudamos de Él, se entristece. cou057-058

---

*Señor, perdóname, porque he contristado a tu Espíritu Santo.
Inúndame de tu amor, te lo ruego. Amén.*

Libre de la carne

Por medio de él la ley del Espíritu de vida me ha liberado
de la ley del pecado y de la muerte.

ROMANOS 8:2

Cuando se ignora o rechaza al Espíritu Santo, las personas religiosas se ven obligadas a realizar su propia creación o a fosilizarse por completo. Algunas iglesias aceptan la fosilización como la voluntad de Dios y se dedican a la obra de preservar su pasado, como si fuera necesario preservarlo. Otras tratan de parecer modernas e imitar las actividades actuales del mundo con la idea errónea de que están siendo creativas. Y, en cierto modo, lo son, pero los seres de la habilidad creativa son de seguro juguetes y bagatelas, simples imitaciones del mundo y carentes por completo de las cualidades de la eternidad: santidad y dignidad espiritual. El sello del Espíritu Santo no está ahí [...]

Es difícil imaginar una desilusión más dolorosa que venir al tribunal de Cristo y descubrir que durante toda nuestra vida terrenal nos hemos esforzado por la carne y nunca hemos permitido que el creativo Espíritu Santo obrara en nosotros lo que era agradable a sus ojos. TWP036-037

---

*Padre, haz que tu iglesia no se conforme con preservar el pasado
ni pretenda imitar las actividades del mundo, sino que sea llena
y guiada por el Espíritu Santo. Amén.*

El silencio: Una bienaventuranza indecible

Estaba hablando todavía cuando apareció una nube que los envolvió,
de modo que se asustaron. Entonces salió de la nube una voz
que dijo: «Este es mi Hijo, mi escogido; escúchenlo».

LUCAS 9:34-35

No todo el silencio es espiritual. Algunos cristianos guardan silencio porque no tienen nada que decir; otros callan porque lo que tienen que decir no pueden pronunciarlo lenguas mortales. Limitaremos [...] nuestras observaciones a lo último.

Cuando se permite que el Espíritu Santo ejerza su pleno dominio en un corazón redimido, la progresión suele ser la siguiente: Primero, la alabanza fluida en la predicación, la oración o el testimonio. Luego, cuando el *crescendo* se eleva más allá de la capacidad de expresión del lenguaje conocido, viene el canto. Cuando el canto se quiebra bajo el peso de la gloria, llega el silencio donde el alma, cautivada de manera profunda, se siente bendecida con una bienaventuranza indecible.

A riesgo de que nos tachen de extremistas o fanáticos, ofrecemos nuestra madura opinión de que se puede lograr más progreso espiritual en un breve momento de silencio indescriptible en la impresionante presencia de Dios que en años de simple estudio. La exposición puede ser breve, pero los resultados son permanentes. TWP041-042

---

*Espíritu de Dios, ejerce hoy tu pleno dominio en mi corazón,
a fin de que pueda alabarte y dar testimonio de tu grandeza
ante los demás. Amén.*

Una visitación divina

Pero el Consolador, el Espíritu Santo, a quien el Padre enviará en mi nombre,
les enseñará todas las cosas y les hará recordar todo
lo que les he dicho.

JUAN 14:26

Necesitamos con urgencia una visitación divina, ¡pues nuestra situación nunca sanará con sermones! Nunca sanará hasta que la Iglesia de Cristo se enfrente de repente a lo que un hombre llamó *mysterium tremendum*: el temible misterio que es Dios, la temible majestad que es Dios. Eso es lo que hace el Espíritu Santo. Él nos trae el maravilloso misterio que es Dios, y se lo presenta al espíritu humano [...]

Nunca sabremos más acerca de Dios de lo que nos enseña el Espíritu. Nunca sabremos más acerca de Jesús de lo que nos enseña el Espíritu, pues solo el Espíritu nos enseña. ¡Oh, Espíritu Santo, cuánto te hemos contristado! ¡Cuánto te hemos insultado! ¡Cuánto te hemos rechazado!

Él es nuestro Maestro, y si no nos enseña, nunca podremos saber. Él es nuestro Iluminador, y si no enciende la luz, nunca podremos ver. Él es el Sanador de nuestros oídos sordos, y si no toca nuestros oídos, nunca podremos escuchar. Las iglesias pueden funcionar durante semanas, meses y años sin saber nada de esto o sin que el Espíritu del Dios vivo caiga sobre ellas. ¡Oh, corazón mío, quédate quieto ante Él, postrado, adóralo para tus adentros! COU076-074

Espíritu Santo, líbranos de nuestra ignorancia. Me inclino ante ti ahora y te pido que sanes nuestros oídos sordos. Amén.

Una religión como ninguna otra

En ningún otro hay salvación, porque no hay bajo el cielo otro nombre
dado a los hombres mediante el cual podamos ser salvos.

HECHOS 4:12

En la religión cristiana hay tres elementos principales: la vida
espiritual, la práctica moral y la organización comunitaria, y
todos surgen y siguen la doctrina del Nuevo Testamento; o lo que
es más adecuado, el primero debe y los otros deben [...]

La vida llega de forma misteriosa al alma que cree la verdad.
«El que oye mi palabra, y cree al que me envió, tiene vida eterna;
y no vendrá a condenación, mas ha pasado de muerte a vida» (Juan
5:24). Y también: «El que cree en mí, como dice la Escritura, de
su interior correrán ríos de agua viva. Esto dijo del Espíritu que
habían de recibir los que creyesen en él» (7:38-39).

El mensaje de la cruz ofrece la vida eterna y la bendición del
Espíritu Santo que mora en el alma. Esto distingue al cristianismo
de cualquier otra religión; y es significativo que estas marcas distin-
tivas sean de tal naturaleza que estén en su totalidad por encima y
más allá del alcance del hombre. GTM044-045

---

*Padre, te alabo por el mensaje de la cruz y la bendición del
Espíritu. Solo por la obra de tu Hijo, aplicada por el Espíritu Santo,
es que puedo experimentar la vida abundante. Amén.*

La obligación instantánea

Aunque era Hijo, mediante el sufrimiento aprendió a obedecer.
HEBREOS 5:8

La vida de Dios en el alma de un hombre es independiente por completo del estatus social de ese hombre. En la iglesia primitiva, el Espíritu atravesó todas las líneas artificiales que separan a los hombres entre sí e hizo de todos los creyentes una hermandad espiritual. Judíos y gentiles, ricos y pobres, griegos y bárbaros fueron bautizados en un solo cuerpo, del cual Cristo era y es la Cabeza.

Junto con el don de la vida eterna, la entrada del Espíritu Santo en el corazón del creyente y el ingreso del alma nacida de nuevo en el cuerpo de Cristo, viene la obligación instantánea de obedecer las enseñanzas del Nuevo Testamento.

Estas enseñanzas son tan claras y detalladas que es difícil entender cómo pueden parecerles diferentes a personas que viven bajo distintos sistemas políticos o desiguales niveles culturales. No se puede negar que han aparecido así; pero siempre las razones radican en el estado imperfecto de los creyentes que componen los diferentes grupos. GTM045-046

Dios Todopoderoso, lléname hoy de tu Espíritu, a fin de que desee fervientemente obedecer las enseñanzas de Cristo, para gloria de tu nombre. Amén.

El llamado del Espíritu

Pues […] cada uno de nosotros tiene un solo cuerpo con muchos
miembros, y no todos estos miembros desempeñan
la misma función.

ROMANOS 12:4

Aunque solo hay una manera de llegar a ser un verdadero predicador, lo lamentable es que existen muchas puertas para tener acceso al púlpito. Uno debe estar dotado de lo que a veces se llama una «buena presencia en el púlpito». Muchos Absalón alto, cuya imponente presencia y voz sonora lo marcan como un líder natural de los hombres, intentan hablar en nombre de Dios cuando Él no los ha enviado. Su llamado proviene de la gente en lugar del Espíritu y los resultados no pueden dejar de ser desastrosos.

Otros se han convertido en ministros por un amor genuino, pero del todo humano por la humanidad. Tienen un fuerte sentido de obligación social por el que creen que pueden cumplir mejor al ingresar en el ministerio.

De todas las razones erróneas para convertirse en predicador, esta parecería ser la más loable, pero no es una razón válida en lo espiritual, ya que pasa por alto el derecho soberano del Espíritu Santo de llamar a quien Él quiera. GTM088

Santo Señor, perdóname por las formas en las que he buscado una oportunidad sin ser llamado por tu Espíritu. Guíame por el camino que me has preparado, de modo que pueda caminar según tu voluntad. Amén.

La primera obra del Espíritu Santo

Él nos salvó, no por nuestras propias obras de justicia, sino por su
misericordia. Nos salvó mediante el lavamiento de la regeneración
y de la renovación por el Espíritu Santo.

TITO 3:5

La obra principal del Espíritu Santo es restaurar el alma perdida a la comunión íntima con Dios a través del lavamiento de la regeneración. A fin de lograrlo, Él primero le revela a Cristo al corazón arrepentido (1 Corintios 12:3). A continuación, ilumina el alma nacida de nuevo con rayos más brillantes del rostro de Cristo (Juan 14:26; 16: 13-15), y conduce el corazón dispuesto a las profundidades y alturas del conocimiento divino y de la comunión. Recuerda que solo conocemos a Cristo en la medida en que el Espíritu nos permite, y solo tenemos tanto de Él como nos imparte el Espíritu Santo.

Dios quiere adoradores antes que obreros; es más, los únicos obreros aceptables son esos que han aprendido el arte perdido de la adoración. Es inconcebible que un Dios soberano y santo esté tan necesitado de obreros que ponga en el servicio a cualquiera que se capacite, sin importar sus calificaciones morales. Las mismas piedras lo alabarían si surgiera la necesidad y mil legiones de ángeles saltarían para hacer su voluntad.

Por supuesto, el Espíritu desea impartir los dones y el poder para el servicio; pero la santidad y la adoración espiritual vienen primero. TIC036

Padre, realiza esa obra de regeneración y renovación. Hazme primero un adorador, a fin de que después pueda ser un obrero aceptable en tu reino. Amén.

Llamados a ser buenos, no grandes

El hombre bueno de su buen tesoro saca cosas buenas.
MATEO 12:35, lbla

Todo pastor conoce [...] a las personas sencillas que no tienen nada que recomendarles más que su profunda devoción a su Señor y el fruto del Espíritu que todas muestran sin darse cuenta siquiera. Sin ellas, las iglesias [...] no podrían seguir adelante.

Estas son las primeras en pasar al frente cuando hay que trabajar y las últimas en irse a casa cuando hay que orar. No se les conoce más allá de los límites de su propia parroquia, pues no hay nada dramático en la fidelidad ni relevante en la bondad, pero su presencia es una bendición adondequiera que van.

No tienen ninguna grandeza que atraiga las miradas de admiración de los hombres carnales, sino que se contentan con ser buenos hombres y llenos del Espíritu Santo [...]

Cuando mueren, dejan tras sí una fragancia de Cristo que perdura mucho tiempo después que se olvidan a las celebridades baratas de la época [...]

Solo queda decir que no todos los hombres pueden ser grandes, pero todos los hombres tienen el llamado a ser buenos por la sangre del Cordero y el poder del Espíritu Santo. GTM100, 102

Padre santo, permite que me contente con ser una buena persona, llena de tu Espíritu Santo, viviendo fielmente de acuerdo con el evangelio de Jesucristo. Amén.

El Espíritu Santo es indispensable

—Arrepiéntase y bautícese cada uno de ustedes en el nombre de
Jesucristo para perdón de sus pecados [...] y recibirán el
don del Espíritu Santo.

HECHOS 2:38

El continuo descuido del Espíritu Santo por parte de los cristianos evangélicos es demasiado evidente para negarlo e imposible de justificar.

El cristianismo evangélico es Trinitario: «A Dios el Padre celestial, al Hijo nuestro Redentor, y al eternal Consolador unidos todos alabad» se canta en casi todas las iglesias cada domingo del año; y ya sea que quien lo canta se dé cuenta o no, reconoce que el Espíritu Santo es Dios con igual derecho a ser adorado junto con el Padre y el Hijo. Sin embargo, después que se canta esta declaración al principio del servicio o cerca de este, poco o nada se escucha del Espíritu de nuevo hasta la bendición [...]

No cabe duda de que existe una enorme disparidad entre el lugar que se le da al Espíritu en las Sagradas Escrituras y el que ocupa en el cristianismo evangélico popular. En las Escrituras, el Espíritu Santo es necesario. GTM108, 110

---

*Espíritu Santo, te alabo hoy, reconociendo tu poder y tu gloria.
Lléname para que pueda vivir dignamente para ti. Amén.*

Si ungió a Cristo, qué de nosotros

Dios ungió a Jesús de Nazaret con el Espíritu Santo y con poder,
el cual anduvo haciendo bien y sanando a todos los oprimidos
por el diablo; porque Dios estaba con Él.

HECHOS 10:38, LBLA

Según las Escrituras, todo lo que Dios hizo en la creación y la redención lo hizo por medio de su Espíritu. El Espíritu se movía por el mundo en el momento en que Dios lo llamó a existir. Su presencia allí era necesaria.

La obra vivificadora del Espíritu se ve en toda la Biblia; y es precisamente porque Él es el Señor y dador de vida que pudo ocurrir el misterio de la Encarnación. «El Espíritu Santo vendrá sobre ti, y el poder del Altísimo te cubrirá con su sombra; por lo cual también el Santo Ser que nacerá, será llamado Hijo de Dios» (Lucas 1:35).

Es muy significativo que nuestro Señor, aunque era tan Dios como Dios mismo, no obró hasta que le ungió con el Espíritu Santo (Hechos 10:38). El Hijo hizo su obra de amor como Hombre ungido por el Espíritu; su poder se derivó del Espíritu de poder.

GTMI 10-111

Oh Espíritu Santo, tú eres el agente por el cual Dios realiza todos sus grandes actos. Úngeme hoy, a fin de que pueda adorarte y servirte fielmente. Amén.

La única fuente de poder

Su obra se mostrará tal cual es, pues el día del juicio la dejará al descubierto.
El fuego la dará a conocer, y pondrá a prueba la calidad
del trabajo de cada uno.

1 CORINTIOS 3:13

El único poder que Dios reconoce en su iglesia es el poder de su Espíritu, mientras que el único poder que de veras reconoce hoy la mayoría de los evangélicos es el poder del hombre. Dios hace su obra por la operación del Espíritu, mientras que los líderes cristianos intentan hacer la suya mediante el poder de un intelecto competente y leal. La personalidad brillante ha ocupado el lugar del soplo divino.

Todo lo que los hombres hacen en sus propias fuerzas y a través de sus propias habilidades se hace solo para el tiempo; la naturaleza de la eternidad no está en ello. Solo lo que se hace por medio del Espíritu Eterno permanecerá eternamente; todo lo demás es madera, heno y hojarasca.

Es un pensamiento solemne que algunos de nosotros que nos imaginamos que somos líderes evangélicos importantes, al final descubramos que no hemos sido más que cosechadores ocupados de hojarascas. GTM111-112

Padre santo, perdóname por confiar en la fuerza del hombre y no en el poder de tu Espíritu. Permite que siempre me aferre a ti para todas mis necesidades. Amén.

Humildad: La evidencia de la piedad

No a nosotros, Señor, no a nosotros, sino a tu nombre da gloria,
por tu misericordia, por tu fidelidad.

SALMO 115:1, LBLA

Alguien le escribió al piadoso Macario de Óptina diciéndole que su consejo espiritual fue útil. «Esto no puede ser», escribió Macario en respuesta. «Solo los errores son míos. Todo buen consejo es el consejo del Espíritu de Dios, su consejo que escuché como es debido y que transmití sin distorsionarlo».

Aquí tienes una excelente lección que no debemos permitir que pase inadvertida. Es la dulce humildad del hombre de Dios. «Solo los errores son míos». Estaba plenamente convencido de que sus propios esfuerzos solo podían dar lugar a errores, y que cualquier bien que surgiera de sus consejos debían ser obra del Espíritu Santo obrando en él.

Al parecer, esto fue más que un impulso repentino de desprecio propio, que a veces puede sentir el más orgulloso de los hombres; era más bien una convicción firme asentada en él, una convicción que le daba dirección a toda su vida. TWP063

Dios Todopoderoso, hazme humilde para que pueda reconocer que todo el bien proviene de ti por el poder de tu Espíritu. Amén.

El Espíritu Santo está aquí

Cuando llegó el día de Pentecostés, estaban todos juntos
en el mismo lugar.

HECHOS 2:1

El Pentecostés no vino y se fue, el Pentecostés vino y se quedó. De manera cronológica, el día se puede encontrar en el calendario histórico; de manera dinámica, permanece con nosotros en toda su plenitud de poder.

Hoy es el día de Pentecostés. Con el bendito Espíritu Santo no existe el Ayer ni el Mañana, solo existe el eterno Ahora. Y puesto que Él es Dios por completo, y disfruta de todos los atributos de la Deidad, con Él no hay ningún Otro Lugar; Él habita en un Aquí eterno. Su centro está en Todas Partes; su destino es Ninguna Parte. Es imposible dejar su presencia, aunque es posible hacer que Él retire la manifestación de esa presencia.

Nuestra insensibilidad a la presencia del Espíritu es una de las mayores pérdidas que nos ha costado nuestra incredulidad y preocupación. Lo hemos convertido en un principio de nuestro credo, lo hemos encerrado en una palabra religiosa, pero lo hemos conocido poco en nuestra experiencia personal. TWP091

Espíritu de Dios, reconozco que estás presente conmigo ahora, morando en mí, animándome y guiándome. Permite que pueda experimentar más de ti en este día. Amén.

Vidas fructíferas llenas del Espíritu

«Pues, si ustedes, aun siendo malos, saben dar cosas buenas a sus hijos,
¡cuánto más el Padre celestial dará el Espíritu Santo
a quienes se lo pidan!».

LUCAS 11:13

Sostengo que los creyentes que componen la membresía de nuestras iglesias cristianas evangélicas deberían llevar vidas fructíferas, felices y llenas del Espíritu.

Si dedicas el tiempo necesario para escudriñar las Escrituras con un ser sincero y dispuesto, te convencerás de que la fructificación, el gozo, la paz, la bendición y el contentamiento son parte integral de lo que el Espíritu Santo espera proporcionar en la vida rendida, y a través de ella, del creyente cristiano [...]

Como creyente cristiano, ¿acaso no debería influir en mi vida y mi perspectiva, y la propia vida de mi iglesia, la promesa de Dios Padre de que Él les daría a sus hijos el don del Espíritu?

Los miembros de la Iglesia redimida deberían estar atados en un manojo de amor con el Espíritu Santo. La verdad es que Dios nunca engendró a su Iglesia sin el Espíritu Santo. El Espíritu nos debe ungir. El Espíritu nos debe guiar. El Espíritu nos debe enseñar. El Espíritu, entonces, es el medio, la solución divina, con el que Dios sostiene a su Iglesia. cou097-099

Gracias, Padre, por el don del Espíritu. Permite que pueda estar «atado en un manojo de amor» con Él hoy. Amén.

Espera... recibe

¡Dichosa tú que has creído, porque lo que el Señor
te ha dicho se cumplirá!

LUCAS 1:45

La expectativa siempre ha estado presente en la iglesia en los tiempos de su mayor poder. Cuando creyó, esperó, y su Señor nunca la decepcionó [...]

A cada gran movimiento de Dios en la historia, a cada avance poco común en la iglesia, a cada avivamiento, le han precedido un sentido de gran anticipación. La expectativa acompañó siempre las operaciones del Espíritu. Sus dones apenas sorprendieron a su pueblo porque miraban expectantes al Señor resucitado y esperaban con confianza que se cumpliera su palabra. Sus bendiciones coincidían con sus expectativas [...]

Hoy necesitamos un nuevo espíritu de anticipación que brote de las promesas de Dios. Debemos declararle la guerra a la falta de expectativa y estar unidos con una fe infantil. Solo entonces podremos volver a conocer la belleza y la maravilla de la presencia del Señor entre nosotros. GTM168, 170

Espíritu Santo, lléname de expectativas piadosas y ven con intervenciones tan grandes que la voluntad del Padre se cumpla en mi vida en este día. Amén.

Los restos mortales

«Escribe al ángel de la iglesia de Sardis: Esto dice el que tiene los siete espíritus de Dios y las siete estrellas: Conozco tus obras; tienes fama de estar vivo, pero en realidad estás muerto».

APOCALIPSIS 3:1

Creo que vamos a tener que volver a estudiar toda esta enseñanza del lugar del Espíritu Santo en la Iglesia, a fin de que el Cuerpo pueda funcionar de nuevo. Si la vida sale del cuerpo de un hombre, se dice que es un cadáver. Es lo que llaman «los restos mortales» […] Todos los restos del hombre, y la menor parte suya, es lo que se puede ver en la funeraria. El hombre vivo ya no está. Solo tienes el cuerpo. El cuerpo son «los restos mortales».

Lo mismo sucede en la Iglesia de Cristo. De manera literal es cierto que algunas iglesias están muertas. El Espíritu Santo se marchó de ellas y todo lo que te queda son «los restos mortales». Tienes el potencial de la iglesia, pero no tienes la iglesia, así como tienes en un hombre muerto el potencial de un hombre vivo, pero no tienes un hombre vivo. No puede hablar, no puede saborear, no puede tocar, no puede sentir, no puede oler, no puede ver, no puede oír, ¡pues está muerto! El alma salió del hombre, y cuando el Espíritu Santo no está presente en la Iglesia, hay que arreglárselas con los métodos de los negocios, de la política, de la psicología o del esfuerzo humano. COUI 20-121

Dios permita que dejemos de solo seguir los movimientos sin la verdadera vida. ¡Infúndenos tu Espíritu, Padre, para que la Iglesia viva! Amén.

Nuestro pecado: La negligencia

¿No saben que ustedes son templo de Dios y que
el Espíritu de Dios habita en ustedes?
1 CORINTIOS 3:16

Una doctrina tiene valor práctico solo en la medida en que sea prominente en nuestros pensamientos y marque una diferencia en nuestras vidas. Según esta prueba, la doctrina del Espíritu Santo, tal como la sostienen los cristianos evangélicos hoy en día, no tiene casi ningún valor práctico. En la mayoría de las iglesias cristianas, el Espíritu se ignora por completo. El hecho de que esté presente o ausente no supone ninguna diferencia para nadie. Se hace una breve referencia a Él en la doxología y la bendición. Más allá de eso, es como si no existiera. Lo pasamos por alto de manera tan total que solo por cortesía nos pueden llamar Trinitarios. La doctrina cristiana de la Trinidad declara con audacia la igualdad de las Tres Personas y el derecho del Espíritu Santo a que se le adore y glorifique. Todo lo que no sea esto es algo menos que el Trinitarismo. POM060-061

Padre, ayúdame a ser consciente del Espíritu Santo dentro de mí hoy. Le entrego mi templo, a fin de que Él pueda marcar de veras una diferencia en mi vida. Amén.

Convirtámonos en lo que amamos

Volvió a decirle la segunda vez: Simón, hijo de Jonás, ¿me amas?
Pedro le respondió: Sí, Señor; tú sabes que te amo.

JUAN 21:16, RVR60

Nos convertimos en lo que amamos. Somos en gran medida la suma de nuestros amores y, por necesidad moral, creceremos a la imagen de lo que más amamos; pues el amor es, entre otras cosas, una afinidad creativa; cambia, moldea, da forma y transforma. Sin duda, es el agente más poderoso que influye en la naturaleza humana junto a la acción directa del Espíritu Santo de Dios dentro del alma.

Por lo tanto, lo que amamos no es un asunto menor que se deba echar a un lado a la ligera; más bien, es de importancia presente, crítica y eterna. Es profético de nuestro futuro. Nos dice lo que seremos y así predice con exactitud nuestro destino eterno.

Amar los objetos indebidos es fatal para el crecimiento espiritual; tuerce y deforma la vida e imposibilita la aparición de la imagen de Cristo en el alma. Solo cuando amamos los objetos adecuados llegamos a ser rectos, y solo en la medida en que seguimos amándolos, continuamos experimentando una lenta pero continua transmutación hacia los objetos de nuestro afecto purificado.

GTM 196-197

Señor, reconozco que me convierto en lo que amo. Cultiva en mí un gran afecto por ti por medio de tu Espíritu y concédeme que sea más semejante a ti en este día. Amén.

No hay lugar para posarse la paloma

Si alguno no tiene el Espíritu de Cristo, no es de Cristo.
ROMANOS 8:9

Cuando el Espíritu Santo convence a un hombre y lo regenera, hay un depósito del Espíritu Santo en la vida de ese hombre.

El Espíritu Santo mora en alguna medida en el pecho de todo el que se convierte. De lo contrario, no habría conversión. El Espíritu Santo no está fuera de un hombre y lo regenera; Él viene a regenerarlo. Esto es una cosa, y nos alegramos y lo agradecemos, pero otra muy distinta es que el Espíritu Santo descienda con sus alas extendidas, desinhibido, libre y complacido para llenar vidas, llenar iglesias y llenar denominaciones.

Es bueno, justo y real que en el pecho de todo hombre convertido haya alguna medida del Espíritu. También es cierto que el Espíritu Santo quiere descender, ya que la paloma quería posarse en la tierra seca y no encontraba lugar para plantar su pie. cou174

Padre, gracias por morar dentro de mí y regenerarme por medio de tu Espíritu Santo. Lléname y santifícame en este día, a fin de que pueda ser más semejante a tu Hijo Jesucristo. Amén.

Sin contienda

Así que sométanse a Dios. Resistan al diablo,
y él huirá de ustedes.

SANTIAGO 4:7

La verdad es una amante gloriosa, pero dura. Nunca consulta, negocia ni se compromete. Desde la cima de los lugares altos clama: «Recibid mi enseñanza, y no plata; y ciencia antes que el oro escogido» (Proverbios 8:10). Después de eso, cada hombre decide por su cuenta. Puede aceptar o rechazar [...]

Si este fuera un mundo no caído, el camino de la verdad sería suave y fácil. Si la naturaleza del hombre no hubiera sufrido un enorme distanciamiento moral, no habría discordia entre el camino de Dios y el camino del hombre.

Supongo que en el cielo los ángeles viven mil milenios serenos sin sentir la más mínima discordia entre sus deseos y la voluntad de Dios. Sin embargo, no es así entre los hombres de la tierra. Aquí el deseo de la carne es contra el Espíritu y el Espíritu es contra la carne, y estos son contrarios entre sí.

En esa contienda solo puede haber un resultado. Debemos rendirnos y Dios debe hacer lo que Él quiere. OCN008-009

Dios santo, dame el poder de tu Espíritu para hacerle la guerra a mi carne pecaminosa, a fin de que pueda ir tras la verdad y aceptarla con todas mis fuerzas. Amén.

Derramamientos y más derramamientos

Si andamos en la luz, como Él está en la luz, tenemos
comunión los unos con los otros.

1 JUAN 1:7, LBLA

Dios desea llevar su obra adelante entre los hombres mediante frecuentes derramamientos del Espíritu sobre su pueblo a medida que lo necesitan y están preparados para recibirlos [...]

La Biblia [...] nos anima a esperar «lluvias de bendición» y la inundación de «aguas sobre el sequedal». Era imposible que el derramamiento que descendió en Pentecostés afectara a personas que no estuvieron presentes ni a congregaciones que no existían aún.

La Biblia no patrocina [la] escalofriante doctrina de la bendición de una vez por todas. Es obvio que los beneficios espirituales de Pentecostés deben prolongarse más allá de la vida de las personas que fueron las primeras en recibirlos [...]

En resumen, la enseñanza del Nuevo Testamento es que el derramamiento de Pentecostés fue el comienzo histórico de una era que se caracterizaría por un derramamiento continuo del Espíritu Santo. PTP049-051

Dios santo, concédeme estar continuamente lleno del Espíritu Santo, a fin de que pueda experimentar lluvias de bendiciones. Amén.

El sentimiento frente a la fe

Ahora bien, la fe es la garantía de lo que se espera,
la certeza de lo que no se ve.

HEBREOS 11:1

Si Dios desea derramar su Espíritu sobre nosotros, ¿por qué no más cristianos y más iglesias reciben una experiencia de poder como la de la iglesia primitiva? Con gozo admitimos que algunos lo han recibido, ¿pero por qué son tan pocos? Cuando la provisión es tan amplia y la promesa tan segura, ¿qué nos lo impide? [...]

Un obstáculo para la recepción del poder es el miedo generalizado a nuestras emociones allí donde tocan la vida religiosa [...]

La enseñanza contra la emotividad [...] es una inferencia injustificada, no una doctrina bíblica, y está en violenta oposición a la psicología y al sentido común. ¿En qué parte de la Biblia se dice que el sentimiento y la fe están en desacuerdo?

El hecho es que *la fe engendra sentimientos* [...] Podemos tener sentimientos sin fe, es cierto, pero nunca podemos tener fe sin sentimientos. La fe, como una luz fría y sin emociones, se desconoce por completo en las Escrituras. La fe de los héroes bíblicos que se mencionan en el libro de Hebreos siempre despertó emoción y condujo a acciones positivas en la dirección de su fe. PTP052-054

Padre, elimina todos los obstáculos en mi vida que impidan la plena recepción del poder de tu Espíritu Santo. Amén.

El Espíritu Santo es misericordioso

Y el Espíritu Santo descendió sobre Él en forma corporal,
como una paloma.

LUCAS 3:22, LBLA

O tro obstáculo [para recibir el poder del Espíritu Santo] es el miedo al fanatismo. La repulsión instintiva de los excesos carnales y la conducta necia e indisciplinada de algunos que profesan elevados logros espirituales les ha cerrado la puerta a una vida de poder a muchos de los verdaderos hijos de Dios [...]

Han cometido el error de poner todas las enseñanzas sobre el Espíritu Santo en la misma categoría y, en consecuencia, no tendrán nada que ver con ninguna de ellas. Esto es tan lamentable como fácil de entender.

A tales víctimas se les debe enseñar que el Espíritu Santo es el Espíritu de Jesús, y que es tan misericordioso y hermoso como el Salvador mismo. Hay que tener en cuenta las palabras de Pablo: «Porque no nos ha dado Dios espíritu de cobardía, sino de poder, de amor y de dominio propio» (2 Timoteo 1:7).

El Espíritu Santo es la cura para el fanatismo, no su causa.

PTP054-055

Señor santo, permite que no descuide el ministerio del Espíritu Santo por miedo al fanatismo. Que tu Espíritu more en mí en abundancia y me llene por completo. Amén.

La fe conduce a la obediencia

Si me aman, obedezcan mis mandamientos.
JUAN 14:15, NTV

Otra cosa que de seguro les impide a los creyentes disfrutar del poder del Espíritu Santo [...] es el hábito de instruir a quienes lo buscan a «recibirlo por fe» cuando se preocupan por su necesidad de la plenitud del Espíritu Santo.

Ahora bien, en todo el Nuevo Testamento es evidente que los beneficios de la expiación deben recibirse por fe. Esto es básico en la teología de la redención, y cualquier desviación de esta es fatal para la verdadera experiencia cristiana. Pablo enseña de manera enfática que el Espíritu se recibe a través de la fe y reprende a cualquiera que enseñe lo contrario. Así que parecería, a simple vista, un procedimiento sólido para instruir a un buscador a «recibirlo por fe» [...]

El problema parece estar en nuestra concepción de la fe. La fe, como la veía Pablo, era algo vivo y ardiente que conducía a la entrega y la obediencia a los mandamientos de Cristo. Muchas personas, convencidas de su necesidad de poder, pero que no están dispuestas a pasar por la dolorosa lucha de morir a la vieja vida, se vuelven con alivio a esta doctrina de «recibirlo por fe» como una salida a sus dificultades. PTP055-057

Padre, perdóname por no rendirme y obedecer los mandamientos de Cristo. Dame el deseo de obedecer a tu Hijo, a fin de que seas glorificado y que pueda experimentar más el poder de tu Espíritu. Amén.

La evidencia del poder

Pero tenemos este tesoro en vasijas de barro para que se vea que tan sublime
poder viene de Dios y no de nosotros.

2 CORINTIOS 4:7

Se observa un marcado contraste entre los cristianos llenos del Espíritu de la época de San Pablo y muchos que dicen estar llenos del Espíritu hoy en día. Sin duda, los convertidos con Pablo recibieron el Espíritu por la fe, *pero lo recibieron en realidad*, mientras que miles ahora fingen recibirlo por fe, y creen que lo reciben, pero por su continua debilidad muestran que no lo conocen en el verdadero poder [...]

Y a menos que lo vean de manera diferente más adelante y decidan seguir el camino difícil, están destinados a pasar el resto de sus vidas en una desilusión secreta.

Recordemos que nadie recibió jamás el poder del Espíritu Santo sin conocerlo. Él siempre se anuncia a la conciencia interior. Dios derramará su Espíritu sobre nosotros en respuesta a una fe sencilla, pero a la verdadera fe le acompañará una profunda pobreza de espíritu y de poderosos anhelos del corazón. PTP056-057

---

*Padre, concédeme que reciba de veras tu Espíritu, y que no solo
diga o finja que lo recibí. Amén.*

Él quiere llenarnos

No se emborrachen con vino, que lleva al desenfreno. Al contrario,
sean llenos del Espíritu.

EFESIOS 5:18

Las Escrituras dejan claro que el Espíritu Santo, que es bueno y manso, quiere llenarnos y poseernos si somos cristianos. Este Espíritu es como Jesús. ¿Quieres que te posea un Espíritu que sea como Jesús, un Espíritu puro, manso, sensato, sabio y amoroso? Así es exactamente Él.

El Espíritu Santo es puro, porque es el Espíritu Santo. Él es sabio, porque es el Espíritu de sabiduría. Él es verdad, porque es el Espíritu de verdad. Es como Jesús, porque es el Espíritu de Cristo. Es como el Padre, porque es el Espíritu del Padre. Él quiere ser el Señor de tu vida y quiere poseerte para que ya no estés al mando de la pequeña embarcación en la que navegas. Puedes ser un pasajero a bordo o uno de la tripulación, pero de seguro que no estás a cargo. Otra Persona está al mando del barco [...]

¿Estás seguro de que quieres que te posea el bendito Espíritu del Padre y del Hijo? ¿Estás listo y dispuesto a que alguien así se encargue de tu personalidad? cou081-082

Señor, ¿por qué debería tener miedo de entregarle mi vida al Espíritu Santo? Sin embargo, ¡cuán fuerte es la carne! Elimina mi miedo y toma el control de mi vida hoy, te lo ruego. Amén.

El Espíritu es Dios mismo

¿A dónde podría alejarme de tu Espíritu? [...] aun allí tu mano
me guiaría, ¡me sostendría tu mano derecha!

SALMO 139:7, 10

Satanás nos ha entorpecido todo lo que ha podido provocando opiniones contradictorias sobre el Espíritu, al convertirlo en un tema de debate acalorado y poco caritativo entre los cristianos [...]

Nos ayudaría si pudiéramos recordar que el Espíritu es Dios mismo, la propia naturaleza de la Deidad subsistiendo en una forma que puede impartirse a nuestra conciencia. Solo conocemos lo que Él nos revela de las otras personas de la Trinidad.

Su luz sobre el rostro de Cristo es la que nos permite conocerlo. Su luz dentro de nosotros es la que nos permite comprender las Escrituras. Sin Él, la Palabra de verdad es solo tinieblas.

El Espíritu es enviado para ser nuestro Amigo, para guiarnos en el largo camino a casa. Él es el propio Ser de Cristo que vino a vivir con nosotros, permitiéndole cumplir su palabra: «He aquí, yo estoy con vosotros todos los días», incluso mientras está sentado a la diestra de la Majestad en los cielos. TWP091-092

Espíritu Santo, ven a mí en este día y permíteme conocer a Cristo más íntimamente. Ilumina mi corazón para que pueda entender las Escrituras de manera más profunda. Y dame poder para que pueda obedecer tus mandamientos con mayor fidelidad. Amén.

El Creador

El Espíritu de Dios me ha creado; me infunde vida
el hálito del Todopoderoso.

JOB 33:4

En Job 26:13, se le describe como poseedor del poder para crear. Dice: «Su espíritu adornó los cielos». También en Job 33:4: «El espíritu de Dios me hizo, y el soplo del Omnipotente me dio vida». Aquí tenemos el soplo, el huésped, el alma, el espíritu del Todopoderoso dando vida, afirmando así que el Espíritu Santo es el Creador.

Él da órdenes: «como dice el Espíritu Santo» (Hebreos 3:7), y solo Dios puede hacer eso. Se le llama Señor en 2 Corintios 3:17: «Porque el Señor es el Espíritu», y está en el precepto del bautismo: «Yo te bautizo en el nombre del Padre, del Hijo y del Espíritu Santo» [...]

Sí, el Espíritu Santo es Dios, y lo más importante es que el Espíritu Santo está presente ahora. Hay una deidad invisible presente. No puedo mostrártelo; solo puedo decirte que Él está aquí. Puedo decirte que Él está presente en medio de nosotros, una personalidad que sabe y siente.

Él sabe cómo estás reaccionando a la verdad de su ser, personalidad y presencia. Él sabe lo que estás pensando en este momento. De Él no te puedes esconder; Él está presente ahora. cou054-055

---

*Padre, gracias por enviar a tu único Hijo para salvarme a mí,
¡pobre pecador! ¡Qué grande es tu amor! Amén.*

El amor que brota

Queridos amigos, sigamos amándonos unos a otros,
porque el amor viene de Dios. Todo el que ama es un hijo
de Dios y conoce a Dios.

1 JUAN 4:7, NTV

¿Cuál [...] es la conclusión del asunto? Que los problemas son el precio del progreso, que la fricción es simultánea al movimiento, que una iglesia viva y en expansión tendrá una cierta cuota de dificultades como resultado de su vida y actividad. Una iglesia llena del Espíritu provocará la ira del enemigo.

¿Cómo, entonces, afrontaremos nuestros problemas? En primer lugar, espéralos para que no te tomen por sorpresa. En segundo lugar, comprende que cada cuerpo vivo de cristianos tiene sus problemas, desde Cristo y sus apóstoles hasta el día de hoy, por lo que los tuyos no son únicos. En tercer lugar, vierte abundantes cantidades de amor, el mejor lubricante del mundo. El amor reducirá la fricción al mínimo y mantendrá todo el cuerpo funcionando sin problemas y sin dañar sus partes.

¿De dónde viene este amor? El amor de Dios brota del Espíritu Santo en nuestros corazones. TWP I 13

Padre, lléname hoy del amor de tu Espíritu, a fin de que ame con fidelidad a los demás en el cuerpo de Cristo, tal como me has llamado. Amén.

El poder en acción

«No por el poder ni por la fuerza, sino por mi Espíritu»
—dice el Señor de los ejércitos.

ZACARÍAS 4:6, LBLA

El acontecimiento más grande de la historia fue la venida de Jesucristo al mundo para vivir y morir por la humanidad. El siguiente gran acontecimiento fue la salida de la iglesia para encarnar la vida de Cristo y difundir el conocimiento de su salvación por toda la tierra.

No fue una tarea fácil la que enfrentó la iglesia […] Llevar a cabo la obra de un hombre que se sabía que había muerto, persuadir a otros de que este hombre había resucitado de entre los muertos, y que era el Hijo de Dios y Salvador: esta misión estaba, por su propia naturaleza, condenada al fracaso desde el principio. ¿Quién le daría crédito a una historia tan fantástica? […]

Que la iglesia no […] pereciera se debió por completo al elemento milagroso que tenía dentro. Ese elemento lo proveyó el Espíritu Santo que vino en Pentecostés, a fin de darle el poder para su tarea. PTP007-008

Espíritu Santo, llena y dale poder a la iglesia para que no perezca, sino que continúe fielmente la obra de Cristo. Amén.

ABRIL

Dios es la vida más profunda

Si alguien ha de gloriarse, que se gloríe de conocerme y de comprender que yo soy el Señor.
JEREMÍAS 9:24

A la vida más profunda se le ha [...] llamado la «vida victoriosa», pero no me gusta ese término. Me parece que centra la atención exclusivamente en un rasgo de la vida cristiana, el de la victoria personal sobre el pecado, cuando lo cierto es que este es solo un aspecto de la vida más profunda, uno importante, sin duda, pero solo uno.

Esa vida en el Espíritu que denota el término «vida más profunda» es mucho más amplia y rica que la simple victoria sobre el pecado, por muy vital que sea esa victoria. También incluye el pensamiento de la morada de Cristo, la profundísima conciencia de Dios, la adoración extasiada, la separación del mundo, la entrega gozosa de todo a Dios, la unión interna con la Trinidad, la práctica de la presencia de Dios, la comunión de los santos y la oración sin cesar. TWP 120

Oh Espíritu Santo, concédeme que Cristo more de manera abundante en mí, que tenga una profunda conciencia de Dios, que me lleve a una vehemente adoración, que me separe del mundo, que me entregue con gozo a Dios, que practique la presencia de Dios, y que así disfrute de una comunión más profunda contigo junto al Padre y al Hijo. Amén.

La verdadera iluminación

Nadie conoce los pensamientos de Dios sino el Espíritu de Dios.
1 CORINTIOS 2:11

La ortodoxia moderna ha cometido un gran error al suponer de manera equivocada que las verdades espirituales pueden percibirse de forma intelectual. Este concepto ha provocado problemas de gran alcance, y se están manifestando en nuestra predicación, nuestra oración y nuestro canto, en nuestra actividad y en nuestro pensamiento.

Sostengo que fallamos al creer que el estudio de la Biblia puede quitar el velo que nos impide la percepción espiritual.

Sé que cuando vamos a la Escuela Bíblica tenemos que aprender teología, introducción al Antiguo y Nuevo Testamento, síntesis del Antiguo y Nuevo Testamento, y así sucesivamente [...] Hasta que no reciban esa iluminación, esa iluminación interior, no tendrán nada, pues el estudio de la Biblia, por sí mismo, no levanta el velo ni lo penetra. La Palabra no dice que «nadie conoce las cosas de Dios, excepto el que estudia su Biblia». Sí dice que ningún hombre conoce las cosas de Dios, excepto por el Espíritu Santo.

El Espíritu es quien escribió la Biblia y quien debe inspirar la Biblia. TSS167

Padre, evita que confíe en mis propios poderes naturales al tratar de comprenderte a ti y a tu Palabra. Permite que me someta al Espíritu Santo y que confíe siempre en Él para obtener la verdadera comprensión. Amén.

Deshagámonos de los asideros

Hay gozo en la presencia de los ángeles de Dios por un
pecador que se arrepiente.

LUCAS 15:10, LBLA

En la categoría de las cosas que Dios no puede hacer está la siguiente: *Dios no puede arrepentirse por nosotros*. En nuestros esfuerzos por magnificar la gracia, hemos predicado la verdad de tal manera que hemos dado la impresión de que el arrepentimiento es una obra de Dios. Esto es un grave error [...] Dios les ha ordenado a todos los hombres que se arrepientan. Es una obra que solo pueden hacer ellos. Es moralmente imposible que una persona se arrepienta por otra. Ni siquiera Cristo pudo hacer esto. Él murió por nosotros, pero no puede arrepentirse por nosotros.

Dios, en su misericordia, puede «inclinarnos» al arrepentimiento y mediante la acción de su Espíritu, ayudarnos a arrepentirnos; pero antes de que podamos ser salvos, debemos arrepentirnos por nuestra propia voluntad hacia Dios y creer en Jesucristo [...]

El arrepentimiento implica una reforma moral. Las prácticas erróneas están en el lado del hombre y solo el hombre puede corregirlas. Mentir, por ejemplo, es un acto del hombre, y este debe asumir toda la responsabilidad. Cuando se arrepienta, dejará de mentir. Dios no lo dejará por él; sino que él lo dejará por sí mismo.

PTP017-018

Padre, concédeme que por la obra de tu Espíritu me arrepienta de mi pecado y me renueve moralmente. Amén.

Confirmar y convencer

Cuando llegó el día de Pentecostés, estaban todos juntos en el mismo lugar [...]
Todos fueron llenos del Espíritu Santo y comenzaron a hablar en
diferentes lenguas, según el Espíritu les concedía expresarse.

HECHOS 2:1, 4

En Juan 16:14, Jesús dijo: «Él [...] tomará de lo mío, y os lo hará saber».

Esta era la promesa: Alguien iba a venir que tendría la autoridad, la habilidad y la capacidad de hacer que Jesucristo fuera real para los que creyeran.

Ahora, recuerda lo que sucedió cuando el Espíritu Santo vino y descendió sobre los que estaban reunidos. Esto fue lo que sucedió: Pedro se puso de pie de un salto y dijo que estos hombres no estaban borrachos en absoluto, sino que les había sucedido algo maravilloso, pues «a este Jesús a quien vosotros crucificasteis, Dios le ha hecho Señor y Cristo» (Hechos 2:36). Pedro les dijo que lo que ahora veían y oían, esta efusión la derramó el Hombre que está a la diestra de Dios, es decir, el Señor Jesucristo.

En Juan 16, Jesús también dijo: «Yo os digo la verdad [...] os lo enviaré [...] Y cuando él venga, convencerá al mundo de pecado» (vv. 7-8). Se promete la presencia del Espíritu Santo para mostrarles a los pecadores su pecado y para mostrarles a Cristo a los creyentes. TSS200-201

Padre, no permitas que me resista al poder de convicción
y confirmación de tu Espíritu. Mantenme sensible a su obra
mientras busca alejarme del pecado y acercarme a tu Hijo,
Jesucristo. Amén.

Nuestra vida

Él nos salvó, no por nuestras propias obras de justicia, sino por su
misericordia. Nos salvó mediante el lavamiento de la regeneración
y de la renovación por el Espíritu Santo.

TITO 3:5

Nada en el mundo entero está creado de manera tan maravillosa como el cuerpo humano, y no es de extrañar que el Espíritu Santo dijera a través de David: «Me formaste de una manera formidable y maravillosa» [Salmo 139:14, JBS]. Las manos, los ojos, los oídos, el sentido del olfato, el sentido del gusto, el sentido del tacto, los pies y las manos trabajando juntos; solo la sabiduría creativa y el poder de Dios pueden explicar el sorprendente cuerpo humano.

Llamo tu atención sobre el hecho de que en tres de sus epístolas, el apóstol Pablo usó los miembros del cuerpo físico para ilustrar las relaciones espirituales en el cuerpo de Cristo, la iglesia. Usó la relación cuerpo-miembro en Romanos, en 1 Corintios y en Efesios.

En Romanos 12, Pablo, siendo un gran ilustrador, nos desglosó las cosas para que pudiéramos entender con facilidad cuando dijo que la Iglesia es un cuerpo: Cristo es la cabeza y el verdadero cristiano es un miembro de ese cuerpo.

Ahora bien, el Espíritu Santo es para la Iglesia lo que tu espíritu es para el cuerpo que Dios te otorgó. Es la vida, la unión, la conciencia, y mientras cada miembro resume la iglesia local, cada iglesia local resume toda la Iglesia de Cristo, afirma Pablo. TSS242-243

---

*Padre, gracias por darme vida en tu Hijo Jesucristo por el poder
del Espíritu Santo. Permite que continuamente muera a mí mismo
y que esté más vivo en el Espíritu. Amén.*

Inhalar y exhalar

Quien teme al Señor aborrece lo malo; yo aborrezco el orgullo y la
arrogancia, la mala conducta y el lenguaje perverso.

PROVERBIOS 8:13

Nuestro apego a la persona de Cristo debe excluir todo lo que
sea contrario a Cristo. Estos son los días en los que intentamos ser cien por cien positivos. Sin embargo, la Escritura dice
de Jesús: «Has amado la justicia y aborrecido la maldad» (Salmo
45:7) [...] Si Él tuvo que aborrecer para amar, tú y yo también
tenemos que hacerlo.

Ser cien por cien positivo sería tan fatal como inhalar constantemente toda la vida sin exhalar. Eso no se puede hacer [...]

Cuando la iglesia inhala el Espíritu Santo, debe exhalar todo lo
que sea contrario a Él.

No creo que ningún hombre pueda amar hasta que sea capaz
de aborrecer [...] No creo que pueda amar la justicia a menos que
aborrezca el pecado; pues la Escritura nos deja la convicción de que
para aceptar, hay algunas cosas que debes rechazar. Para afirmar,
hay cosas que se deben negar; para decir sí, hay que poder decir no.

TCC008-009

---

*Padre santo, dame fuerzas hoy para recibir el Espíritu Santo
y evitar el mal, a fin de que seas glorificado y yo pueda
experimentar más de tus bendiciones. Amén.*

Él está cerca

Y les aseguro que estaré con ustedes siempre,
hasta el fin del mundo.
MATEO 28:20

El Espíritu del Señor está aquí. Está más cerca de nosotros que nuestro cuerpo y nuestro aliento, y es Dios. Él no es como el éter, la gravitación ni la energía, sino que es uno de los tres santos de la Deidad. Así se enseña a lo largo de las Escrituras que el Ser divino está formado por el Padre, el Hijo y el Espíritu Santo. El Espíritu Santo es el último en nuestra fórmula, pero no hay último en la Deidad. El Credo de Atanasio dice:

> Y en esta Trinidad nadie es primero ni postrero, ni nadie mayor ni menor; sino que todas las tres Personas son coeternas juntamente y coiguales. De manera que en todo, como queda dicho, se ha de adorar la Unidad en Trinidad, y la Trinidad en Unidad.

Los credos de la iglesia siempre han enseñado que el Espíritu Santo es Dios, incluyendo el Credo de los Apóstoles. Y si no lo hicieran, sigue estando en toda la Biblia. El punto es que no tratamos con los demás principalmente, sino con el Espíritu Santo de Dios en la tierra. El Espíritu Santo está aquí y siempre ha estado aquí.

TSS035-036

Padre misericordioso, reconozco que tú y el Hijo están presentes conmigo por el poder de tu Espíritu. Ayúdame a comprender de todo corazón que nunca me dejarás ni me abandonarás. Amén.

El adorador primero, el obrero después

«Adora al Señor tu Dios y sírvele solamente a él».
MATEO 4:10

Estamos aquí para ser adoradores en primer lugar y obreros después. Tomamos a un convertido y de inmediato lo transformamos en un obrero. Dios nunca quiso que fuera así. Dios quería que un convertido aprendiera a ser un adorador, y después de eso puede aprender a ser un obrero.

Jesús dijo: «Id por todo el mundo y predicad el evangelio» (Marcos 16:15). Pedro quería irse de inmediato, pero Cristo dijo: «No se vayan todavía. Esperen hasta que sean investidos de poder». (Lee Lucas 24:49).

¿Poder para el servicio? Sí, pero eso es solo la mitad; tal vez eso solo sea una décima parte. Las otras nueve décimas partes son para que el Espíritu Santo nos restaure el espíritu de adoración. De las almas embelesadas, admiradoras, adoradoras y fervientes, entonces, Dios hace su obra. La obra realizada por un adorador tendrá la eternidad en ella. WMJO10

Espíritu Santo, devuélveme el deseo de adorar. Transforma mi alma para que pueda adorarte junto al Padre y al Hijo. Amén.

Adoración y obra en el Espíritu

Dios es espíritu, y quienes lo adoran deben
hacerlo en espíritu y en verdad.
JUAN 4:24

Solo el Espíritu Santo puede permitir que un hombre caído adore a Dios de manera aceptable. En lo que a eso se refiere, solo el Espíritu Santo puede orar de manera aceptable; solo el Espíritu Santo puede hacer algo de manera aceptable. Hermanos míos, no conozco su posición acerca de los dones del Espíritu, pero creo que todos los dones del Espíritu no solo deberían estar presentes, sino que han estado presentes en su iglesia a lo largo de los siglos [...]

No podemos explicar a personas como Agustín, Crisóstomo, Lutero, Charnock, Wesley y Finney, excepto diciendo que eran hombres dotados por el Espíritu Santo.

Creo que el Espíritu Santo distribuye sus dones de forma individual según Él quiere [...] La iglesia se ha propagado por el Espíritu Santo, así que solo podemos adorar en el Espíritu, solo podemos orar en el Espíritu y solo podemos predicar con eficacia en el Espíritu, y lo que hacemos debe realizarse por el poder del Espíritu.

WMJ014-015

Padre santo, permíteme, por tu Espíritu, adorarte de manera aceptable y servirte con fidelidad a través de Cristo, mi Señor. Amén.

El arte de la adoración

Honren al Señor por la gloria de su nombre; adoren al Señor
en la magnificencia de su santidad.

SALMO 29:2, NTV

La adoración es la joya ausente en el evangelicalismo moderno. Estamos organizados; trabajamos; tenemos nuestras agendas. Poseemos casi todo, pero hay una cosa que las iglesias, incluso las iglesias evangélicas, no tienen: la capacidad de adorar. No estamos cultivando el arte de la adoración. Es la única joya brillante que se ha perdido en la iglesia moderna, y creo que deberíamos buscarla hasta encontrarla.

Creo que debo hablar un poco más sobre lo que es la adoración y cómo sería si estuviera en la iglesia. Bueno, es una actitud, un estado de ánimo, un acto sostenido, sujeto a grados de perfección e intensidad. En cuanto Él envía el Espíritu de su Hijo a nuestros corazones, decimos «Abba» y estamos adorando. Eso es una cosa. Otra cosa, en cambio, es ser adoradores en el pleno sentido neo-testamentario de la palabra y a la altura de nuestras posibilidades.

WMJ020

---

*Oh Espíritu de Dios, anímame para que pueda clamar «Abba»
al Padre y adorarlo en el pleno sentido neotestamentario
de la adoración, a fin de que Él, junto contigo y con el Hijo,
sea magnificado. Amén.*

La Trinidad es inmanente

Que la gracia del Señor Jesucristo, el amor de Dios y la comunión
del Espíritu Santo sean con todos ustedes.

2 CORINTIOS 13:14

La Escritura confirma, en efecto, que la Trinidad llenará nuestros corazones. «Nadie ha visto jamás a Dios. Si nos amamos unos a otros, Dios permanece en nosotros, y su amor se ha perfeccionado en nosotros. En esto conocemos que permanecemos en él, y él en nosotros, en que nos ha dado de su Espíritu» (1 Juan 4:12-13). Ahí tienes al Padre y al Espíritu. «Y nosotros hemos visto y testificamos que el Padre ha enviado al Hijo, el Salvador del mundo. Todo aquel que confiese que Jesús es el Hijo de Dios, Dios permanece en él, y él en Dios» (4:14-15). Ahí tienes al Padre y al Hijo, o la Trinidad […]

¿Crees en Jesucristo por la palabra de los apóstoles? Si es así, Jesús dijo muy claro aquí: «Oro para que todos sean uno como el Padre es en mí y yo en Él, que ustedes sean uno en nosotros. Yo en ustedes y el Padre en mí». AOG002-003

Oh Espíritu Santo, lléname hoy con el amor que tú, el Padre y el Hijo se tienen entre sí, a fin de que yo sea uno contigo. Amén.

Ilimitado e infinito

Excelso es nuestro Señor, y grande su poder;
su entendimiento es infinito.

SALMO 147:5

Una madre no tiene que levantarse a las dos de la madrugada para alimentar a su bebé. No hay ninguna ley que la obligue a hacerlo [...]

Lo mismo sucede con este Dios asombroso, eterno, invisible, infinito, omnisapiente y omnisciente, el Dios de nuestros padres, el Dios y Padre de nuestro Señor Jesucristo, y el Dios que llamamos «Padre nuestro que estás en los cielos». Él es ilimitado e infinito; no se le puede pesar ni medir; no se le puede aplicar distancia, tiempo ni espacio, pues Él lo hizo todo y lo contiene todo en su propio corazón. Si bien Él se eleva por encima de todo, al mismo tiempo este Dios es un Dios afectuoso y agradable, y se deleita consigo mismo. El Padre se deleita en el Hijo: «Este es mi Hijo amado, en quien tengo complacencia» (Mateo 3:17). El Hijo se deleitó en el Padre: «Te alabo, Padre, Señor del cielo y de la tierra» (Mateo 11:25). Y de seguro que el Espíritu Santo se deleita en el Padre y en el Hijo. AOG009

Padre, concédeme que me deleite en ti, el Hijo y el Espíritu, como ustedes se deleitan entre sí. Sé mi gozo para siempre. Amén.

La maravilla de la creación

Por la palabra del Señor fueron creados los cielos, y por el
soplo de su boca, las estrellas.

SALMO 33:6

El entusiasmo se ve en la creación; se ve en la luz. ¿Alguna vez te detuviste a pensar cómo serían las cosas si no hubiera luz? Si el Dios Todopoderoso pusiera un saco de plomo alrededor de todos los cuerpos celestes y de repente apagara toda la luz que hay, yo no querría estar vivo. Querría apagarme como una bombilla y pedirle a Dios de favor que me aniquilara, y no creo en la aniquilación. Imagínate: ¡sin luz, sin velocidad, sin color ni sonido!

Algunas personas le tienen miedo al color. Piensan que la espiritualidad consiste en ser monótono. ¡Pero Dios creó el color! Creó todos los matices de colores. Mira la puesta de sol... ¿qué es, solo algo científico? ¿Crees que Dios salpicó el bonito y hermoso cielo con rosa, rojo cereza, azul y blanco y no sonreía cuando lo creaba? ¿Es solo un accidente de la naturaleza, explicado científicamente? Entonces, ¡haz aprendido demasiado para tu propio bien! Ve a vaciar tu cabeza y a llenar tu corazón, y estarás mejor. El Espíritu Santo escribió ciento cincuenta salmos y en esos salmos celebra las maravillas de la creación de Dios. AOGOI I

Espíritu de Dios, despierta dentro de mí un temor reverencial por Dios y sus obras, de modo que pueda celebrarlo y bendecirlo en este día. Amén.

El Libro de Dios: Fresco como el rocío

Al oír ustedes la palabra de Dios que les predicamos, la aceptaron no como palabra humana, sino como lo que realmente es, palabra de Dios.

1 TESALONICENSES 2:13

No hay nada fechado en el Libro de Dios. Cuando voy a mi Biblia, encuentro citas, pero no fechas. Quiero decir que encuentro el sentido y la sensación de que todo aquí me pertenece [...]

Cuando el Espíritu Santo escribió las epístolas, a través de Pedro, Pablo y los demás, las escribió y las dirigió a determinadas personas y luego las hizo tan universalmente aplicables que todo cristiano que las lea hoy en cualquier parte del mundo, en cualquier idioma o dialecto, se olvida de que se escribieron para otra persona y dice: «Esto iba dirigido a mí. El Espíritu Santo me tenía en mente. Esto no es anticuado ni obsoleto. Esta es la Verdad viva para mí, ¡ahora!» [...]

Hermanos, esta es la razón por la que [...] la Palabra del Señor Dios es tan reciente como cada nuevo amanecer, tan dulce y agradablemente fresca como el rocío sobre la hierba en la mañana después de la noche clara, ¡porque es la Palabra de Dios para el hombre! ICH027-028

Padre, gracias por inspirar a los hombres con tu Espíritu a escribir las Escrituras, a fin de que yo pueda conocer tus obras, que son tan nuevas y relevantes hoy como siempre. Amén.

¡Es hora de levantarse!

Ustedes son la sal de la tierra. Pero, si la sal se vuelve insípida, ¿cómo recobrará su sabor?

MATEO 5:13

Muchos cristianos emplean mucho tiempo y energía en poner excusas, ¡pues nunca han incurrido en una verdadera ofensa contra Dios por el ilimitado poder del Espíritu Santo!

El mundo no tiene nada que nosotros queramos, porque somos creyentes de una fe que está tan acreditada como cualquier hecho sólido de la vida. Las verdades que creemos y los eslabones de la cadena de evidencia son claros y racionales.

¡Sostengo que la iglesia tiene derecho a regocijarse y que este no es el momento en la historia del mundo para que los creyentes cristianos se conformen con una acción de contención defensiva! ICH030

Dios Todopoderoso, dame gracia y fuerza por tu Espíritu para hacer un verdadero impacto por Cristo en la tierra. Amén.

Un sonido, luego una voz, después una palabra

Los que viven al amparo del Altísimo encontrarán descanso
a la sombra del Todopoderoso.

SALMO 91:1, NTV

Es importante que nos quedemos quietos para esperar en Dios. Y es mejor que estemos solos, preferiblemente con nuestra Biblia extendida ante nosotros. Entonces, si lo deseamos, podemos acercarnos a Dios y empezar a escucharle hablar en nuestro corazón.

Creo que para la persona promedio la progresión será algo así: Primero, un sonido como de una Presencia caminando en el huerto. Luego, una voz, más inteligible, pero aún lejos de ser clara.

Después, el feliz momento en que el Espíritu comienza a iluminar las Escrituras, y lo que solo fue un sonido o una voz, en el mejor de los casos, ahora se convierte en una palabra inteligible, amorosa, íntima y clara como la palabra de un querido amigo.

Entonces, vendrá la vida y la luz, y lo que es mejor, la capacidad de ver, descansar y aceptar a Jesucristo como Salvador, Señor y Todo. POG074

Oh Espíritu de Dios, ilumina mi corazón para entender las Escrituras, a fin de que me llenes de vida y luz, y acepte a Jesucristo con más firmeza en este día. Amén.

El nuevo nacimiento es inexplicable

Por lo tanto, si alguno está en Cristo, es una nueva creación.
¡Lo viejo ha pasado, ha llegado ya lo nuevo!

2 CORINTIOS 5:17

Insisto en que el nuevo nacimiento se proveyó en el amor, la gracia y la sabiduría de Dios para trazar una línea clara entre los que adquieren el cristianismo por cualquier otro método y los que experimentan la regeneración […]

Algunos cristianos profesantes siguen tratando de encontrar explicaciones naturales y razonables para lo que Dios dijo que haría de forma milagrosa por su Espíritu.

Permíteme advertirte que si eres un creyente cristiano y encontraste un psicólogo que pueda explicarte con exactitud lo que te sucedió en el asunto de la fe, ¡te apartó de la fe! El psicólogo sincero solo puede mantenerse a la distancia con respeto y decir: «Contemplemos las obras del Señor». ¡Nunca podrá explicarlo!

ICH035-036

Dios, en tu sabiduría y gracia me has regenerado y obrado un milagro en mi vida. Permite que siempre esté agradecido por lo que has hecho y que siempre tenga ojos para ver cómo estás obrando en mi vida. Amén.

No hay desperdicio, sino gloria

Anhela mi alma, y aun desea con ansias los atrios del SEÑOR; mi corazón
y mi carne cantan con gozo al Dios vivo.

SALMO 84:2, LBLA

En nuestras oraciones privadas y en nuestros servicios públicos, siempre le pedimos a Dios que haga cosas que ya ha hecho o que no puede hacer debido a nuestra incredulidad. Le rogamos que hable, cuando ya ha hablado y está hablando en ese mismo momento. Le pedimos que venga, cuando ya está presente y esperando que lo reconozcamos. Le suplicamos al Espíritu Santo que nos llene, mientras todo el tiempo se lo impedimos con nuestras dudas.

Por supuesto, el cristiano no puede esperar ninguna manifestación de Dios mientras viva en un estado de desobediencia. Si un hombre se niega a obedecer a Dios en algún punto claro, si con toda obstinación predispone su voluntad para resistir cualquier mandamiento de Cristo, el resto de sus actividades religiosas será un desperdicio. «El obedecer es mejor que los sacrificios» (1 Samuel 15:22). Solo necesito agregar que todo este trágico desperdicio es innecesario. El cristiano creyente disfrutará de cada momento en la iglesia y se beneficiará de ello. El cristiano instruido y obediente se rendirá a Dios como el barro al alfarero, y el resultado no será desperdicio, sino gloria eterna. BAM102

Oh Padre, haz que, por el poder de tu Espíritu, me someta a ti como el barro al alfarero, a fin de que el resultado sea gloria eterna. Amén.

La poda viene antes que los frutos

Ofrézcanse más bien a Dios como quienes han vuelto de la muerte
a la vida, presentando los miembros de su cuerpo como
instrumentos de justicia.

ROMANOS 6:13

Quiero enfatizar la manera en que los apóstoles eran guiados por el Espíritu. No se les conocía como hombres de estados de ánimo impetuosos e impulsivos, que cambiaban constantemente de decisiones y juicios. Guiados por el Espíritu de Dios, siempre querían hacer lo que Dios deseaba que hicieran. Como resultado, las cosas que Dios quería que hicieran siempre parecían encajar a la perfección en el esquema total de redención y en toda la voluntad de Dios en el Nuevo Testamento.

Esto me permite decir que Pedro fue de poca utilidad para Dios hasta que obtuvo la victoria sobre ser caprichoso, temperamental e impulsivo [...]

Sin embargo, cuando Pedro fue lleno del Espíritu Santo, recibió una visión divina y comenzó a sufrir por causa de Jesús, logró nivelarse y se convirtió en el gran apóstol, solo superado por Pablo en el Nuevo Testamento. De modo que Dios tuvo que quitarle esas descargas de carácter a Pedro y estabilizarlo en el equipo donde trabajaría de manera eficiente y fructífera para el Señor. ICH047

Dios Todopoderoso, guíame por tu Espíritu para que siempre
quiera lo que tú quieres para mí y haga lo que me ordenaste.
Amén.

Conceptos materiales

«Puesto que en él vivimos, nos movemos y existimos».
HECHOS 17:28

Cuando se trata de personalidad, cuando se trata de espíritus, cuando se trata de lo que no es material, la distancia no significa nada. Jesús podía ir a la diestra de Dios el Padre y aún decirle a la gente de la tierra: «Yo estoy con vosotros todos los días» (Mateo 28:20), pues Jesucristo es Dios, y Dios siendo espíritu puede estar al instante en todas partes al mismo tiempo.

Sin embargo, estamos separados de Dios, no porque Dios esté espacialmente lejos de nosotros, no porque esté alejado como una galaxia o estrella lejana, sino porque hay una diferencia en la naturaleza. Cuando pensamos en cosas espirituales, proyectamos nuestros propios conceptos humanos sobre estas. Uno de los desafíos del maestro de la Biblia es romper esos conceptos humanos, aunque no muchos maestros de la Biblia tratan de hacerlo. Uno de los desafíos del Espíritu Santo, si es que Él tiene alguno, es lograr que su pueblo se espiritualice tanto que ya no piense en conceptos materiales. AOG 120

Oh Espíritu de Dios, reconozco que con demasiada frecuencia pienso en conceptos materiales y no comprendo tu obra. Concédeme que pueda pensar espiritualmente y así acercarme más a ti con el Padre y el Hijo. Amén..

Un pueblo adorador

¡Denle al Señor la gloria que merece! Lleven ofrendas y entren en
su presencia. Adoren al Señor en todo su santo esplendor.
1 CRÓNICAS 16:29, ntv

Somos llevados a Dios, a la fe y a la salvación para que podamos
adorarlo y reverenciarlo. No venimos a Dios para ser cristianos automáticos, cristianos de molde, cristianos estampados con
un troquel.

Dios ha provisto su salvación para que podamos ser, de manera
individual y personal, hijos entusiastas de Dios, amándolo con todo
nuestro corazón y adorándolo en la hermosura de la santidad.

Esto no significa, ni lo digo, que todos debamos adorar igual.
El Espíritu Santo no obra según la idea o fórmula preconcebida
de nadie. Sin embargo, esto sé: cuando el Espíritu Santo de Dios
viene entre nosotros con su unción, nos convertimos en un pueblo
adorador. WHT014

---

*Dios Todopoderoso, anímame con tu Espíritu para ser una
persona adoradora, a fin de que te dé el debido honor y gloria
en este día. Amén.*

Vidas manchadas

Más bien, sean ustedes santos en todo lo que hagan, como también
es santo quien los llamó; pues está escrito: «Sean santos,
porque yo soy santo».

1 PEDRO 1:15-16

Nuestro Dios es santo y nuestro Señor es santo, y al Espíritu
le llamamos Espíritu Santo. Ahora, piensa en lo manchado,
contaminado y carnal que es el cristiano promedio. Permitimos
las manchas, y pasan meses sin arrepentimiento. Pasan los años
sin que pidamos purificación ni la tomemos. Después cantamos:
«Ponme cerca, cerca, cerca, Salvador». Incluso oramos: «Ven, Señor, ven a esta reunión». Bueno, el Señor está allí.

Lo que oramos es: «Oh Señor, muéstrate», pero el Señor no
puede hacerlo; un Dios santo no puede mostrársele en plena comunión a un cristiano impío. Preguntas: «¿Es posible ser cristiano y ser
impío?». Es posible ser un cristiano carnal. Puedes tener la semilla
de Dios en ti, ser regenerado y justificado, y aún ser impío en algunos de tus sentimientos, deseos y disposición internos. AOG 146-147

---

*Padre santo, te ruego en este día que me llenes de nuevo con
tu Espíritu, de modo que pueda ser santo como tú eres santo.
Santifica mis sentimientos, deseos internos y mi voluntad con
ese fin. Amén.*

La adoración: Una respuesta dada por el Espíritu

Adoren al Señor en todo su santo esplendor; que toda
la tierra tiemble delante de él.

SALMO 96:9, NTV

Cuán agradecidos deberíamos estar al descubrir que el deseo de Dios es llevar a cada corazón dispuesto a las profundidades y alturas del conocimiento y de la comunión divinos. Tan pronto como Dios envía el Espíritu de su Hijo a nuestros corazones, decimos «Abba», y estamos adorando, pero es probable que no lo sea en el pleno sentido neotestamentario de la palabra.

Dios desea llevarnos a lo más profundo de sí mismo. Tendremos mucho que aprender en la escuela del Espíritu. Quiere guiarnos en nuestro amor por Aquel que nos amó primero.

Quiere cultivar en nosotros la adoración y la admiración de la que Él es digno. Quiere revelarnos a cada uno de nosotros el bendito elemento de la fascinación espiritual en la verdadera adoración. Quiere enseñarnos la maravilla de estar llenos de entusiasmo moral en nuestra adoración, embelesados con el conocimiento de quién es Dios. ¡Él quiere que nos asombremos ante la inconcebible elevación, magnitud y esplendor del Dios Todopoderoso!

No puede haber ningún sustituto humano para este tipo de adoración y para este tipo de respuesta dada por el Espíritu al Dios que es nuestro Creador, Redentor y Señor. WHT026

Padre santo, permite que el Espíritu de tu Hijo cultive en mí la adoración y la admiración por ti, a fin de que me sienta atraído de manera más profunda hacia ti y tenga una comunión más íntima contigo. Amén.

Un versículo inquietante

Esfuércense por vivir en paz con todos y procuren llevar una vida santa,
porque los que no son santos no verán al Señor.

HEBREOS 12:14, NTV

La palabra *santo* se usa para describir el carácter de los ángeles, la naturaleza del cielo y el carácter de Dios. Está escrito que los ángeles son santos, y a los ángeles que contemplan las escenas de la humanidad, se les llaman vigilantes y santos.

Se dice que el cielo es un lugar santo en el que no puede entrar nada impuro.

Dios mismo se describe con el adjetivo *santo*: Espíritu Santo, Señor Santo y Señor Santo Dios Todopoderoso. Estas palabras se usan en toda la Biblia para referirse a Dios, mostrando que es el adjetivo más alto que se le puede atribuir a Dios, el atributo más alto que se le puede atribuir a Dios es el de la santidad y, en un sentido relativo, incluso los ángeles en el cielo participan de la santidad de Dios.

También observamos en la Biblia que la ausencia de la santidad se da como razón para no ver a Dios [...] Este texto tiene un significado y debería perturbarnos hasta que descubramos lo que significa y cómo podemos cumplir sus condiciones. ICH064-065

Dios santo, te confieso que la ausencia de santidad en mi vida me impide verte con claridad. Concédeme que tu Espíritu me limpie de mi pecado y me dé ojos para verte como eres en realidad. Amén.

Revelado por el Espíritu

Dios nos ha revelado esto por medio de su Espíritu.
1 CORINTIOS 2:10

La verdad es que Dios se eleva de manera trascendente por encima de todo lo que podemos entender. La mente humana debe postrarse ante el gran Dios Todopoderoso. La mente nunca puede captar todo lo que es Dios; solo se puede revelar por el Espíritu Santo. Si el Espíritu Santo no revela lo que estoy tratando de decirte acerca de Dios, solo sabes *acerca* de Dios.

La pequeña canción dice: «Más de Jesús quiero aprender», pero no es más acerca de Jesús lo que anhela el corazón, ¡es *a Jesús mismo!* Es el conocimiento *de* Dios, no el conocimiento *acerca* de Dios [...]

Cuando hablamos de los atributos de Dios, nos referimos a su esencia misma, de la que Él dice: «YO SOY». Aun así, estamos hablando solo de lo que el intelecto puede captar. Gracias a Dios, hay algunas cosas que el intelecto puede saber acerca de Dios. Y aunque no podemos saber acerca de Dios, excepto por el Espíritu Santo, la mente nunca está mejor empleada que cuando busca conocer a este gran Dios Todopoderoso. AOG018-019

Espíritu Santo, ilumina mi corazón este día para que pueda ver a Jesús con más claridad y pueda aferrarme a Él con más firmeza. Amén.

Ver a Dios de nuevo

No agravien al Espíritu Santo de Dios, con el cual fueron sellados
para el día de la redención.

EFESIOS 4:30

M e pregunto cuántas iglesias evangélicas, por su frivolidad, superficialidad, tosquedad y mundanalidad han contristado al Espíritu Santo hasta que Él se retira dolido en silencio. Debemos ver a Dios de nuevo; debemos sentir a Dios de nuevo; debemos conocer a Dios de nuevo; debemos escuchar a Dios de nuevo. Nada menos que esto nos salvará.

Espero que seas una persona de oración, que seas digno de escuchar esto y que yo sea digno de hablar acerca de Dios, el Dios Trino: Padre, Hijo y Espíritu Santo, lo que es Él. Si podemos restaurarles de nuevo el conocimiento de Dios a los hombres, podemos ayudar de alguna manera a que se produzca una reforma que les restaure a Dios a los hombres. Quiero terminar con estas palabras de Frederick Faber:

Lleno de gloria, lleno de maravillas,
　　¡Majestad Divina!
Entre tus truenos eternos
　　Cuánto brillan tus relámpagos.
¡Océano sin límites! ¿Quién te hará sonar?
Tu propia eternidad te rodea,
¡Majestad Divina! AOGII012-013

Dios santo, me arrepiento de las formas en que he sido frívolo,
superficial, carnal y mundano, y por eso he contristado a tu Espíritu.
Devuélveme un verdadero conocimiento de ti y transforma mi
corazón para que pueda amarte y servirte más. Amén.

Cerca como los latidos de tu corazón

Sin embargo, ustedes no viven según la naturaleza pecaminosa, sino según el Espíritu, si es que el Espíritu de Dios vive en ustedes.

ROMANOS 8:9

¡Te señalo a Dios el Trascendente! Y luego te señalo la cruz. Sin embargo, nunca sabrás el significado ni el valor de la cruz hasta que Dios el Espíritu Santo haya hecho algo dentro de ti para quebrantarte y destruir tu orgullo, humillar tu terquedad, cambiar tu opinión acerca de tu propia bondad, derribar tus defensas y quitarte las armas. Él hará lo que los cuáqueros llaman «manso»: hará que te abatas, que te vuelvas manso [...]

Y Él está lejos, en un sentido, pero en otro está tan cerca como los latidos de tu corazón, pues la cruz ha tendido un puente sobre el abismo. Dejemos que la sangre de Jesús nos limpie de todo pecado. El que es Dios Trascendente dice: «Venid a mí todos los que estáis trabajados y cargados, y yo os haré descansar. Llevad mi yugo sobre vosotros, y aprended de mí, que soy manso y humilde de corazón; y hallaréis descanso para vuestras almas» (Mateo 11:28-29).

AOGII054-055

Oh Espíritu Santo, ven a mí hoy y derriba mi terquedad, haz que cambie de opinión acerca de mi propia bondad, y que sea manso y humilde. Porque tú resistes a los orgullosos, pero te acercas a los humildes. Amén.

Andemos por caminos santos

Conságrense a mí, y sean santos,
porque yo soy el Señor su Dios.
LEVÍTICO 20:7

Los hombres de Dios nos recuerdan en la Palabra que Dios nos pide y espera que seamos hombres y mujeres santos de Dios, pues somos hijos de Dios, que es santo.

A la doctrina de la santidad puede que la hayan maltratado con crueldad, pero la provisión de Dios por su Espíritu puro, amable y amoroso sigue siendo la respuesta positiva para los que tienen hambre y sed de una vida y un espíritu agradables a Dios.

Cuando un buen hombre con esta cualidad especial y presencia misteriosa es moralmente recto, anda en todos los santos caminos de Dios y lleva sobre sí mismo sin siquiera saberlo la fragancia de un reino que es supremo sobre los reinos de este mundo, ¡estoy dispuesto a aceptar que eso es de Dios y para Dios mismo! ICHo68

Dios Todopoderoso, concédeme por tu Espíritu puro, bondadoso y amoroso que siempre tenga hambre y sed de una vida y un espíritu que te agraden. Amén.

La obligación de adorar

Vengan, postrémonos reverentes, doblemos la rodilla ante el Señor
nuestro Hacedor. Porque él es nuestro Dios.

SALMO 95:6-7

Si el Espíritu Santo viniera de nuevo sobre nosotros como en tiempos antiguos, visitando las congregaciones de la iglesia con el soplo apacible, pero ardiente de Pentecostés, seríamos mejores cristianos y almas más santas [...]

Los hombres y las mujeres continúan tratando de persuadirse a sí mismos de que hay muchas formas y maneras que parecen adecuadas en la adoración. Sin embargo, en su revelación, Dios nos dice que Él es espíritu, y que los que le adoran deben hacerlo en espíritu y en verdad. Dios quita el asunto de la adoración de las manos de los hombres y lo pone en las manos del Espíritu Santo.

Para cualquiera de nosotros, es imposible adorar a Dios sin la impartición del Espíritu Santo. La operación del Espíritu de Dios dentro de nosotros es lo que nos permite adorar a Dios de manera aceptable a través de esa Persona que llamamos Jesucristo, quien es Dios mismo. Así que la adoración se origina en Dios, y vuelve a nosotros y se refleja en nosotros, como en un espejo. Dios no acepta ningún otro tipo de adoración. WHT044-045

Espíritu Santo, ven a visitar la iglesia con el soplo apacible pero ardiente de Pentecostés, de modo que seamos cristianos mejores y santos, y que podamos adorarte con más fidelidad y pasión junto al Padre y al Hijo. Amén.

En espíritu y en verdad

Sabemos que Dios no escucha a los pecadores, pero sí a los piadosos
y a quienes hacen su voluntad.

JUAN 9:31

Necesitamos redoblar nuestros esfuerzos para decirle al mundo que Dios es Espíritu y que quienes lo adoran deben hacerlo en espíritu y en verdad.

Debe ser por el Espíritu Santo y la verdad. No podemos adorar solo en el espíritu, pues el espíritu sin la verdad carece de poder.

No podemos adorar solo en la verdad, pues eso sería teología sin fuego.

¡La adoración debe ser en espíritu y en verdad!

Debe ser la verdad de Dios y el Espíritu de Dios. Cuando una persona, rindiéndose a Dios y creyendo en la verdad de Dios, está llena del Espíritu de Dios, hasta su más débil susurro será adoración. WHT045-046

Padre santo, fortaléceme con tu Palabra y tu Espíritu en este día, a fin de que pueda contarle al mundo tu grandeza. Amén.

MAYO

Cuando se glorifica a Jesús

Él me glorificará porque tomará de lo mío
y se lo dará a conocer a ustedes.

JUAN 16:14

Cuando llegamos a este importante pasaje de las Escrituras, el segundo capítulo de Hechos, quiero que consideremos algo que a menudo se pasa por alto: el hecho de que siempre que se glorifica a Jesús, ¡viene el Espíritu Santo!

Contrario a lo que la mayoría de la gente supone sin proponérselo, lo importante aquí no es que viniera el Espíritu; lo importante es que se exaltó a Jesús [...] En los versículos 32 y 33, Pedro testificó que «a este Jesús resucitó Dios, de lo cual todos nosotros somos testigos. Así que, exaltado por la diestra de Dios, y habiendo recibido del Padre la promesa del Espíritu Santo, ha derramado esto que vosotros veis y oís». Luego, en el versículo 36: «Sepa, pues, ciertísimamente toda la casa de Israel, que a este Jesús a quien vosotros crucificasteis, Dios le ha hecho Señor y Cristo» [...]

Es evidente que la glorificación de Jesús trajo consigo al Espíritu Santo, y deberíamos ser capaces de captar ese pensamiento al instante. Por lo tanto, repetimos: Donde se glorifica a Jesús, viene el Espíritu Santo. No hay que rogarle; el Espíritu Santo viene cuando se glorifica al Salvador. Cuando Cristo se honra de veras, viene el Espíritu. COU007, 009

¡Oh Cristo, hoy te exalto, pues eres grande, poderoso y digno de toda alabanza! Derrama tu Espíritu de nuevo sobre mí hoy, a fin de que pueda motivarme para adorarte con mayor fidelidad y seguirte más de cerca. Amén.

El fruto de la obediencia amorosa

El Señor tu Dios circuncidará tu corazón y el corazón de tus descendientes,
para que ames al Señor tu Dios con todo tu corazón
y con toda tu alma, a fin de que vivas.

DEUTERONOMIO 30:6, LBLA

La obediencia es tanto la evidencia como la definición de nuestro amor por Cristo y la condición para recibir el Espíritu Santo. No solo demostramos nuestro amor en una comprensión intelectual de las enseñanzas de Cristo, sino aplicándolas a nuestras vidas.

Un joven casado me llamó una vez expresándome su deseo de ser lleno del Espíritu. Impulsado por el Espíritu, le dije: «¡Ve y haz lo siguiente que Dios te diga que hagas!». Se marchó de mi estudio dolido por no haberle dedicado más tiempo.

Durante varias semanas no lo vi. Cuando volvió a venir, supe con solo mirarlo que Dios había cumplido el deseo de su corazón. Me confió que en el momento en que me visitó, él y su esposa estaban separados. Lo siguiente que Dios le dijo que hiciera fue ir a la ciudad donde estaba su esposa y que se reconciliara con ella. Obedeció la voz de Dios, y su obediencia resultó en la morada del Santo Consejero. Como dijo un predicador: «¡La bendición siempre le sigue a la obediencia!». JJJ336

Padre santo, dame la capacidad de obedecer a Cristo más fielmente, a fin de que pueda recibir más de la morada del Espíritu para la gloria de tu nombre. Amén.

El sentido de la presencia

Cuando Moisés descendió del monte Sinaí [...] no se daba cuenta de que su rostro resplandecía porque había hablado con el Señor.

ÉXODO 34:29, NTV

He conocido a algunos de los santos de Dios que parecían tener este brillo santo sobre sí, pero no lo sabían debido a su humildad y mansedumbre de espíritu. No vacilo en confesar que mi comunión con ellos ha significado más para mí que toda la enseñanza que he recibido.

Estoy profundamente en deuda con todos los maestros de la Biblia que he tenido a lo largo de los años, pero no hicieron más que instruir mi cabeza. Los hermanos que he conocido que tenían esta extraña y misteriosa cualidad y conciencia de la persona y presencia de Dios instruyeron mi corazón.

¿Comprendemos la gracia que supone poder decir de un hombre, un hermano en el Señor: «Es de veras un hombre de Dios»? No tiene que decirnos eso, ¡pero vive de manera tranquila y confiada día a día con el sentido de esta presencia misteriosa e inspiradora que [...] significa más que todas las lenguas locuaces del mundo!

ICH072-073

Padre santo, gracias por las formas en que he recibido las fieles enseñanzas bíblicas de otros. Mientras continúo en la fe, haz que mi corazón y no solo mi cabeza sean edificados para que experimente más tu presencia. Amén.

¿Qué le sucedió a la moralidad?

Aparentarán ser piadosos, pero su conducta desmentirá el poder
de la piedad. ¡Con esa gente ni te metas!

2 TIMOTEO 3:5

La pregunta que muchos discuten en estos días: por qué la religión aumenta y la moralidad disminuye, todo al mismo tiempo, encuentra su respuesta en el [...] error del intelectualismo religioso. Los hombres tienen apariencia de piedad, pero niegan su poder.

El texto por sí solo no elevará la vida moral. Para llegar a ser moralmente eficiente, la verdad debe ir acompañada de un elemento místico, el mismo elemento provisto por el Espíritu de la verdad. El Espíritu Santo no será desterrado a una nota a pie de página sin tomar una terrible venganza contra quienes le destierran [...]

La presencia misteriosa del Espíritu es necesaria de forma vital si queremos evitar las trampas de la religión. Al igual que la columna de fuego guio a Israel a través del desierto, así el Espíritu de verdad debe guiarnos por toda nuestra peregrinación. Un solo texto podría mejorar mucho las cosas para nosotros si lo obedeciéramos: «Fíate de Jehová de todo tu corazón, y no te apoyes en tu propia prudencia» (Proverbios 3:5). WTA097-098

---

*Dios santo, dame en este día una experiencia mística provista por
tu Espíritu, a fin de que pueda ser moralmente eficiente para la
alabanza y gloria de tu nombre. Amén.*

La humildad invadida por la Presencia

Recompensa de la humildad y del temor del Señor son
las riquezas, la honra y la vida.
PROVERBIOS 22:4

Pon tu vida en una línea moral que Dios pueda hacer santa; luego, pon tu vida espiritual en línea, a fin de que Dios pueda establecerse en ti por medio del Espíritu Santo, con esa cualidad del Maravilloso, Misterioso y Divino.

Tú no la cultivas y ni siquiera la conoces, pero está ahí, y esta cualidad de humildad invadida por la Presencia de Dios es de la que carece la iglesia de nuestros días. Oh, cuánto deseo que anhelemos el conocimiento y la Presencia de Dios en nuestras vidas de momento a momento de modo que, sin el cultivo humano y sin la búsqueda laboriosa, ¡nos sobrevenga esta investidura que le da sentido a nuestro testimonio! Es una fragancia dulce y radiante, y aconsejo que en algunas de nuestras iglesias esto se pueda percibir y sentir con fuerza. ICH073-074

Padre glorioso, dame la capacidad de alinear mi vida moralmente, a fin de que puedas santificarla y establecerte en mí con más firmeza mediante tu Espíritu Santo. Amén.

La presencia de Dios... maravillosamente real

Dios bendice a los que tienen hambre y sed de justicia,
porque serán saciados.

MATEO 5:6, NTV

Hay cualidades en Dios que nunca pueden explicársele al intelecto y solo pueden conocerse por el corazón, el ser más íntimo. Por eso digo que sí creo en el sentimiento.

Creo en lo que los antiguos escritores llamaban afecto religioso, y tenemos muy poco porque no hemos sentado las bases para ello. ¡La base es el arrepentimiento, la obediencia, la separación y una vida santa!

Estoy seguro de que siempre que se establezcan estas bases, vendrá a nosotros esta sensación de la presencia de Dios en el otro mundo y se volverá maravillosa, maravillosamente real. ICH075

Padre, concédeme por tu Espíritu que pueda arrepentirme y obedecer a tu Hijo, de modo que me llene de verdaderos afectos religiosos con el fin de experimentar de forma más maravillosa tu presencia. Amén.

La misteriosa presencia

Mi presencia irá contigo, y yo te daré descanso.
ÉXODO 33:14, LBLA

Las personas serias y sinceras se han alejado de toda la idea de la santidad a causa de quienes la han reclamado y, luego, han vivido vidas egoístas y engreídas.

Sin embargo, hermanos, todavía estamos bajo la santa autoridad del mandato apostólico. Los hombres de Dios nos recuerdan en la Palabra que Dios nos pide y espera que seamos hombres y mujeres santos de Dios, pues somos hijos de Dios, que es santo.

A la doctrina de la santidad puede que la hayan maltratado con crueldad, pero la provisión de Dios por su Espíritu puro, amable y amoroso sigue siendo la respuesta positiva para los que tienen hambre y sed de una vida y un espíritu agradables a Dios.

Cuando un buen hombre con esta cualidad especial y presencia misteriosa es moralmente recto, anda en todos los santos caminos de Dios y lleva sobre sí mismo sin siquiera saberlo la fragancia de un reino que es supremo sobre los reinos de este mundo, ¡estoy dispuesto a aceptar que eso es de Dios y para Dios mismo! ICH067-068

Padre, me arrepiento de las formas en que he descuidado la santidad como reacción a las faltas morales de los demás. Concédeme, por tu Espíritu, que pueda llegar a ser santo como tú eres santo. Amén.

La verdadera esencia de la fe

Nosotros no hemos recibido el espíritu del mundo, sino el Espíritu que
procede de Dios, para que entendamos lo que por su
gracia él nos ha concedido.

1 CORINTIOS 2:12

El testimonio del Espíritu es algo sagrado e interno que no se
puede explicar. Es personal por completo y no puede trans-
mitirse de uno a otro […] El oído externo no puede escuchar lo
que dice. Mucho menos el espectador mundano puede saber
lo que está sucediendo.

El Espíritu susurra su misteriosa Presencia al corazón, y el corazón lo sabe sin saber *cómo* lo sabe. Al igual que sabemos que estamos vivos por conocimiento inmediato y sin recurso a la prueba,
también sabemos que estamos vivos en el Espíritu Santo […] El
testimonio está en las regiones ocultas del espíritu, demasiado profundo para la prueba, donde la evidencia externa no es válida y los
«signos» no sirven de nada.

Cuando todo está dicho, puede ser fácilmente que la gran diferencia entre los que profesan ser cristianos (la diferencia *importante* en estos días) sea entre los que han reducido el cristianismo a
una fórmula intelectual y los que creen que la verdadera esencia de
nuestra fe reside en la obra sobrenatural del Espíritu en una región
del alma no accesible a la simple razón. WTA089-090

---

*Espíritu Santo, obra de manera sobrenatural dentro de mí en
este día para que me abstenga de convertir el cristianismo en
una religión intelectual y que siga adelante para conocerte más
profundamente junto con al Padre y al Hijo. Amén.*

Apoyo y compasión

Sean bondadosos y compasivos unos con otros, y perdónense
mutuamente, así como Dios los perdonó a ustedes en Cristo.

EFESIOS 4:32

Creo que estaría mal mencionar las cosas benditas que el Espíritu Santo quiere hacer entre nosotros y no agregar el apoyo y la compasión a la lista.

Me atrevo a confiar en que somos un cuerpo de creyentes compasivo. Espero que ninguno de nosotros pueda oír hablar de un compañero cristiano que esté en problemas o que esté pasando por pruebas sin sentir preocupación, sufrir por ello y llevarle el asunto a Dios en oración.

Este tipo de preocupación por los demás surge del amor y la comprensión. Si tenemos esta gracia por el Espíritu de Dios, no asumiremos actitudes de superioridad; no censuraremos a los demás.

Cada uno de nosotros debería ser muy consciente de que, si el Señor quitara su mano de debajo de nosotros, todos nos hundiríamos y desapareceríamos para siempre. Damos gracias a Dios por su bondad, la cual nos sigue revelando a pesar de nuestras muchas debilidades y faltas. TSSII430-431

Padre, concédeme que, por tu Espíritu, le pueda agregar apoyo y compasión a mi fe, a fin de que pueda llegar a ser más semejante a Cristo. Amén.

La hora de la seriedad

Dispónganse para actuar con inteligencia; tengan dominio propio;
pongan su esperanza completamente en la gracia que se les
dará cuando se revele Jesucristo.

1 PEDRO 1:13

El espíritu del profeta siempre está sujeto al profeta. Cuando el Espíritu de Dios se mueve en el corazón de un hombre, nunca lo dejará en ridículo. Él hará feliz al hombre, pero nunca lo hará tonto.

Puede que lo entristezca con la aflicción y el peso del dolor del mundo, pero nunca permitirá que se convierta en un cínico sombrío. El Espíritu Santo lo hará tener un corazón afectuoso y receptivo, pero nunca lo hará hacer cosas de las que se avergonzará después.

Pedro no promovía ni predecía una espiritualidad formal, fría y sin vida en la iglesia cristiana cuando les aconsejó a los creyentes que ciñeran los lomos de su entendimiento y fueran sobrios. Les decía a los primeros cristianos, como espera decirnos ahora: «Hermanos, si alguna vez hubo una hora en la que necesitamos tomarnos en serio nuestra fe cristiana, ¡esta es la hora!». ICH135

Padre, permite que tu Espíritu cree hoy en mí emociones piadosas
que te agraden. Amén.

Estudia, luego hazlo

Este libro de la ley no se apartará de tu boca, sino que meditarás
en él día y noche, para que cuides de hacer todo
lo que en él está escrito.
JOSUÉ 1:8, LBLA

El gran evangelista estadounidense Charles Finney llegó a declarar sin rodeos que es pecado enseñar la Biblia sin aplicación moral. Preguntó de qué sirve estudiar un curso de la Biblia para averiguar lo que dice, si no hay obligación de hacer nada como resultado de lo aprendido.

Puede haber un énfasis adecuado e inadecuado al dirigir las clases bíblicas. Estoy convencido de que algunas clases de Biblia no son más que un medio por el que los hombres se estabilizan aún más en sus prejuicios religiosos.

¡Solo cuando tenemos aplicación moral estamos en el método bíblico! Cuando nos dedicamos al estudio serio de la Biblia, descubrimos el método del Espíritu Santo. «Esto y esto es lo que hizo. Por lo tanto, ¡esto es lo que debes hacer!». Ese es siempre el método bíblico. ICH137

---

*Espíritu de Dios, dame poder en este día para poner en práctica
las enseñanzas de la Biblia en mi vida, a fin de que tú seas
glorificado y mi prójimo se beneficie. Amén.*

La disciplina del pensamiento recto

Sed de espíritu sobrio, estad alerta. Vuestro adversario, el diablo, anda
al acecho como león rugiente, buscando a quien devorar.

1 PEDRO 5:8, LBLA

¡El Espíritu Santo nos conoce bien y refuerza la exhortación a ceñir nuestras mentes, elevar nuestros estándares espirituales, a eliminar el descuido en la palabra, en el pensamiento, en la acción, y en actividades e intereses!

Ahora, pensemos en lo que Pedro debió haber tenido en mente cuando agregó las palabras «sed sobrios» a la disciplina del pensamiento recto.

La sobriedad es esa actitud humana de la mente cuando el juicio sereno tiene el control. La mente está equilibrada y tranquila, y los sentimientos están sujetos a la razón, y esta declaración es prueba suficiente para mí de que el Espíritu Santo nunca instará a los creyentes a ningún tipo de experiencia espiritual que viole y destrone la razón.

Todos conocemos casos en los que hombres y mujeres han participado en actos irrazonables e indecorosos, y luego los excusaron con el argumento de que fueron inspirados por el Espíritu.

A decir verdad, ¡debo dudar de eso! Dudo que el Espíritu Santo se mueva alguna vez para destronar a la razón en la mente de cualquier hombre. ICH146

---

*Oh Espíritu Santo, dame sobriedad en este día para que mis
emociones permanezcan en calma y estén sujetas a la razón
piadosa para la gloria de tu nombre. Amén.*

Adoración que se desborda

¿No saben que ustedes son templo de Dios y que el
Espíritu de Dios habita en ustedes?
1 CORINTIOS 3:16

Hay otro tipo de obra divina que puede ocurrir sin que seamos conscientes de ella, o al menos sin que la reconozcamos por lo que es. Se trata de esa maravillosa operación de Dios conocida en teología como *gracia preveniente*. Puede ser una simple «convicción», un extraño anhelo que nada puede satisfacer, una poderosa aspiración a los valores eternos o un sentimiento de repugnancia por el pecado y el deseo de ser liberado de sus repulsivas prisiones. Estas extrañas acciones internas son los movimientos del Espíritu Santo, pero el alma que está pasando por la experiencia rara vez la identifica como tales.

Sin embargo, hay dos actos de Dios dentro de la vida del hombre que busca y que nunca se realizan sin su conocimiento. Uno es el milagro del nuevo nacimiento y el otro es la unción del Espíritu Santo [...]

Las obras de Dios en los corazones de los redimidos siempre se desbordan en una conducta observable. Ciertos cambios morales ocurrirán de inmediato en la vida del nuevo convertido. Una revolución moral exterior acompañará a la revolución espiritual que ocurre dentro. WTA088-089

Dios Todopoderoso, te alabo por regenerarme y ungirme con el poder de tu Espíritu Santo. Permite que la obra que has hecho en mi corazón me lleve a una mayor obediencia a tu Hijo, Jesucristo, mi Señor. Amén.

Las emociones bajo control

No se emborrachen con vino, que lleva al desenfreno. Al contrario,
sean llenos del Espíritu.

EFESIOS 5:18

Pedro y Pablo […] se unen para exhortarnos a practicar y mostrar los frutos más elevados del Espíritu de Dios con el Espíritu mismo en control de nuestras emociones y nuestros afectos, nuestra adoración y nuestra alabanza. Sí, hermanos, el Espíritu hará que el hijo creyente de Dios sea generoso, ¡pero nunca lo hará insensato! Lo hará feliz, ¡pero nunca lo hará tonto! El Espíritu avivará la vida interior del ser del cristiano, pero nunca lo inducirá a que haga cosas que lo llevarían a agachar la cabeza con vergüenza después.

Digo: «Gracias a Dios» por el tipo de gozo perdurable que recibe el creyente cuya vida emocional está bajo el cuidado del Espíritu. Apoyo al querido hijo de Dios cuya razón está santificada y que se niega a que le aparten de la seguridad de la Palabra de Dios, ya sea por la última moda popular en el ámbito religioso o por el ascenso de la más reciente personalidad sensacional en los círculos evangélicos. ICH148-149

Gracias, Señor, por darme un gozo perdurable que solo fluye de tu Espíritu. Santifica siempre mi mente y corazón, a fin de que piense y sienta como debo para la gloria de tu nombre. Amén.

Demasiado ocupado para estar triste

Por la fe que tienen, Dios los protege con su poder hasta que reciban esta salvación, la cual está lista para ser revelada en el día final, a fin de que todos la vean. Así que alégrense de verdad.

1 PEDRO 1:5-6, NTV

La vida del hijo de Dios normal y creyente nunca puede convertirse en una vida de tristeza y pesimismo. En todas las épocas tendremos algunas personas cuyo concepto del cristianismo es una especie de resignación sombría ante lo inevitable. Sin embargo, el Espíritu Santo es quien le promete al cristiano la capacidad de regocijarse en las promesas de Dios día a día […]

Pedro lo expresa como una paradoja: el cristiano obediente se regocija mucho incluso en medio de gran abatimiento, pruebas y sufrimiento. El pueblo de Dios sabe que las cosas aquí no son todo lo que deberían ser, pero no le dedica tiempo a preocuparse por ello. ¡Están demasiado ocupados regocijándose en la misericordiosa perspectiva de todo lo que sucederá cuando Dios les cumpla todas sus promesas a sus hijos redimidos! ICH158-159

Espíritu de Dios, crea en mí tal felicidad piadosa que pueda regocijarme cada vez más en las promesas de Dios en este día. Amén.

El cambio puede ser extraño

Nosotros, que hemos muerto al pecado, ¿cómo podemos
seguir viviendo en él?
ROMANOS 6:2

Debemos admitir que el verdadero cristiano es una persona
bastante extraña a los ojos del incrédulo. Utilizo el adjetivo
verdadero con respecto al cristiano no solo para señalar la necesidad del nuevo nacimiento, sino también para indicar al cristiano
que está viviendo según su nuevo nacimiento. Aquí me refiero a
una vida transformada que agrada a Dios, pues si quieres ser cristiano, debes aceptar una vida muy diferente.

La vida de obediencia a Jesucristo significa vivir momento a
momento en el Espíritu de Dios y será tan diferente de tu vida anterior que a menudo te considerarán extraño [...]

El verdadero cristiano puede parecer una persona extraña de
veras para los que hacen sus observaciones solo desde el punto de
vista de este mundo presente, que está alejado de Dios y de su misericordioso plan de salvación.

Considera ahora esta gloriosa contradicción [...] El cristiano
está muerto y, sin embargo, vive para siempre. Murió a sí mismo
y, sin embargo, vive en Cristo. La razón por la que vive es por la
muerte de otro. ICH 159-160

---

*Padre, dame el poder de tu Espíritu para vivir en fiel obediencia a
tu Hijo, Jesucristo, y que los incrédulos que me rodean se sientan
atraídos hacia ti. Amén.*

Una morada del Espíritu

A fin de que las justas demandas de la ley se cumplieran en nosotros,
que no vivimos según la naturaleza pecaminosa,
sino según el Espíritu.

ROMANOS 8:4

El verdadero cristiano teme a Dios con una reverencia temerosa y, aun así, no le teme a Dios en absoluto. Se acerca a Dios con la plena seguridad de fe y victoria, pero al mismo tiempo tiembla con santo temor y devoción.

Temer y, sin embargo, acercarse: esta es la actitud de fe y amor, pero la santa contradicción lo clasifica también como un fanático.

Hoy en día, como en todos los siglos, los verdaderos cristianos son un enigma para el mundo, una espina en la carne de Adán, un rompecabezas para los ángeles, el deleite de Dios y una morada del Espíritu Santo.

Nuestra comunión debe incluir a todos los verdaderos hijos de Dios, sin importar quiénes sean, dónde estén y qué hagan, si son lavados en la sangre, nacidos del Espíritu, caminando con Dios el Padre, engendrados para una esperanza viva por medio de la resurrección de Jesucristo, y regocijándose en la salvación que se revelará. ICH 164-165

Espíritu de Dios, gracias por morar en mí y llevarme a temer a Dios con santa reverencia. Concédeme que pueda acercarme cada vez más a ti junto con el Padre y el Hijo. Amén.

Gracias desconocidas

Si la gente tiene problemas y tú dices:
«Ayúdalos», Dios los salvará.

JOB 22:29, NTV

Nadie fue jamás lleno del Espíritu Santo sin saberlo. El Espíritu Santo siempre se anuncia a sí mismo a la conciencia humana. ¿Cuál [...] [es] la naturaleza de este «anuncio»? ¿En qué consiste? ¿Cómo podemos reconocerlo? ¿Es una especie de evidencia física o qué? [...]

Existe algo así como la obra secreta del Espíritu en el alma del hombre, durante un tiempo desconocido e insospechado por el individuo. Es más, la mayoría de los frutos del Espíritu no los sospecha el hombre en el que se encuentran.

Es poco probable que el alma más amorosa, paciente y compasiva se dé cuenta de estas gracias [...] Otros descubrirán mucho antes las obras del Espíritu dentro de sí y le darán gracias a Dios por su dulce carácter cristiano mientras que pueda al mismo tiempo estar caminando con gran humildad ante Dios, lamentando la ausencia de las mismas gracias que otros saben que posee. WTA087-088

Espíritu Santo, obra en mí un gran amor, paciencia y compasión, a fin de que pueda crecer siempre en la gracia de Dios. Amén.

A medio camino hacia la cima

Elijan ustedes mismos a quiénes van a servir [...]
Por mi parte, mi familia y yo serviremos al Señor.
JOSUÉ 24:15

La palabra mediocre proviene de dos palabras latinas y literalmente significa «a medio camino hacia la cima». Esto hace que sea una descripción adecuada del progreso de muchos cristianos. Están a medio camino de la cima [...] En lo moral están por arriba del pecador empedernido, pero en lo espiritual están por debajo del santo resplandeciente [...]

¿En realidad pensamos que esta vida cristiana a medio camino es lo mejor que ofrece Cristo, lo mejor que podemos conocer? Frente a lo que Cristo nos ofrece, ¿cómo podemos conformarnos con tan poco? ¡Piensa en todo lo que Él nos ofrece por su sangre y por su Espíritu, por su muerte sacrificial en la cruz, por su resurrección de entre los muertos, por su ascensión a la diestra del Padre, por su envío del Espíritu Santo! ITB043-044

Padre, evita que sea un cristiano mediocre. Lléname hoy de tu Espíritu para que pueda vivir a plenitud en Cristo para la gloria de tu nombre. Amén.

El intercambio de amor

Dios es uno solo y que no hay otro fuera de él. Amarlo con todo el corazón, con todo el entendimiento y con todas las fuerzas.

MARCOS 12:32-33

Habiendo sido hechos a su imagen, tenemos dentro de nosotros la capacidad de conocer a Dios y el instinto de que debemos adorarlo. En el mismo momento en que el Espíritu de Dios nos ha hecho revivir en su vida en la regeneración, ¡todo nuestro ser siente su parentesco con Dios y salta en reconocimiento gozoso!

Esa respuesta dentro de nuestro ser, una respuesta al perdón, a la compasión y a la regeneración, señala el milagro del nacimiento celestial, sin el cual no podemos ver el reino de Dios.

Sí, Dios desea y se complace en comunicarse con nosotros a través de las vías de nuestra mente, nuestra voluntad y nuestras emociones. El intercambio continuo y sereno de amor y pensamiento entre Dios y las almas de hombres y mujeres redimidos es el corazón palpitante de la religión del Nuevo Testamento. WHTO25

Padre, te alabo por regenerarme por tu Espíritu y reconciliarme contigo mismo a través de la maravillosa obra de Cristo. Crea en mí un mayor gozo para que pueda deleitarme en ti. Amén..

Testifiquemos por el Espíritu

Entonces Pedro dio un paso adelante junto con los otros once
apóstoles y gritó a la multitud.

HECHOS 2:14, NTV

Se puso de pie y luego alzó la voz. Les recuerdo que aquí Pedro representa a toda la iglesia de Dios. Pedro fue el primer hombre que se puso de pie después que el Espíritu Santo descendió a la iglesia. Pedro había creído en la palabra del Señor y había recibido confirmación en su propio corazón. La diferencia entre la fe tal como se encuentra en el Nuevo Testamento y la fe tal como se encuentra ahora es que la fe en el Nuevo Testamento produjo algo en realidad: hubo una confirmación [...]

Pedro testificó de algo más allá de lo humano y lo terrenal. Algún poder que estaba más allá de la escena terrenal se interesaba por nosotros, y estaba dispuesto a entrar y darse a conocer a nosotros. Resulta que ese poder es nada menos que el propio Espíritu de Dios. COU019-011

---

*Padre santo, gracias por darle a la iglesia tu Espíritu Santo.
Permite que tu Espíritu le dé el poder para vivir con fidelidad en
este mundo oscuro y proclamar con valentía el evangelio de tu
Hijo para la gloria de tu nombre. Amén.*

La paloma silenciosa

Tan pronto como Jesús fue bautizado, subió del agua. En ese momento
se abrió el cielo, y él vio al Espíritu de Dios bajar como
una paloma y posarse sobre él.

MATEO 3:16

Dios espera tu fe y tu amor, y no pregunta de quién es la interpretación de las Escrituras que aceptaste. El Nuevo Testamento habla de los creyentes que se reunieron y oraron juntos, los fuertes tomando las cargas de los débiles, y todos orando por los que caían. El lugar se estremeció y todos fueron llenos del Espíritu Santo.

«No le presten atención a eso», nos han dicho los «intérpretes». «Eso no es para nosotros». Así que se ha descartado por la interpretación y la bendita Paloma se ha visto obligada a plegar sus alas y guardar silencio.

Nuestro corazón nos dice que estos escribas modernos que se empeñan en la interpretación están equivocados en espíritu. ¡Nuestras propias almas anhelantes nos dicen que los antiguos santos y escritores de himnos, y los gigantes en la devoción tenían razón!

ITBI 119-120

Padre santo, perdóname por las veces que he descuidado tu deseo de llenarme más plenamente de tu Espíritu. Permite que tu Espíritu descanse sobre mí hoy, a fin de que pueda progresar en mi devoción a ti. Amén.

¿Qué tan bien conozco mi corazón?

Crea en mí, oh Dios, un corazón limpio, y renueva
la firmeza de mi espíritu.
SALMO 51:10

En realidad, ninguno de nosotros puede decir cuán débiles e inútiles somos hasta que Dios nos deje expuestos, ¡y nadie quiere que le descubran! Sin embargo, Dios sabe mucho mejor que nosotros que debe exponernos por nuestro propio bien.

Ninguno de nosotros sabe de veras cuán inestables somos hasta que el Espíritu Santo nos deje expuestos. Pedro era un gran pescador valiente y fuerte, y le pareció fácil decirle al Señor: «Que todos los demás huyan, pero yo siempre estaré a tu lado. ¡Puedes contar conmigo, Maestro!». Estoy seguro de que le resultó difícil aceptar la respuesta que le dio Jesús: «¡Antes de que cante el gallo esta noche, dirás tres veces que no me conoces!». (Lee Mateo 26:33-34). No obstante, Jesús conocía la inestabilidad del hombre que seguía intentando mantenerse firme en sus propias fuerzas y en su propia confianza.

Lo cierto es que no sabemos cuán inestables somos y, a menudo, nos negamos a admitir la verdad cuando la descubrimos, cuando quedamos expuestos. Por eso es demasiado peligroso confiar en nuestros buenos hábitos y virtudes, ¡y por eso nuestra desconfianza en nosotros mismos debe ser obra de la mano de Dios! ɪᴛʙ131-132

Oh Señor Dios, exponme. Revélame la pecaminosidad de mi corazón y la debilidad de mi carne, a fin de que pueda depender más de ti. Amén.

«Ser» primero, luego «hacer»

Todo árbol bueno da fruto bueno, pero el árbol
malo da fruto malo.

MATEO 7:17

Si bien las buenas acciones no pueden hacer bueno a un hombre, también es cierto que todo lo que hace un buen hombre es bueno, pues es un hombre bueno. Las obras santas no son santas porque sean una clase de acción en lugar de otra, sino porque las realiza un hombre santo [...]

Cada persona debe asegurarse de estar limpia por completo de todo pecado, rendida por entero a la voluntad total de Dios y llena del Espíritu Santo. Entonces, no le conocerán como lo que hace, sino como lo que *es*. Será un hombre de Dios primero y cualquier otra cosa en segundo lugar: un hombre de Dios que pinta o extrae carbón, cultiva o predica, pero siempre un hombre de Dios. Eso, y no el tipo de trabajo que hace, determinará la calidad de sus obras. WTA060

Espíritu de Dios, lléname y límpiame hoy para que pueda ser más bueno y hacer más bien. Amén.

El camino de Dios es el mejor

Reconócele en todos tus caminos,
y Él enderezará tus sendas.
PROVERBIOS 3:6, LBLA

El cristiano que ha aceptado en principio la verdad de Dios como su norma de conducta y se ha sometido a Cristo como su Señor, aún puede verse tentado a trazar sus propios planes e incluso a luchar por ellos cuando siente el desafío de la Palabra de Dios o de la voz interior del Espíritu.

Los seres humanos somos un género calculador y planificador, y nos gusta decir: «Mañana lo haré [...]». Sin embargo, nuestro Padre celestial nos conoce demasiado bien como para confiar nuestro camino a nuestra planificación, por lo que muy a menudo nos somete a sus propios planes y exige que los aceptemos.

Justo ahí se suscita a veces una controversia entre el alma y Dios. Aun así, será mejor que no insistamos en nuestro camino. Siempre será malo para nosotros a la larga. El camino de Dios es el mejor. WTA045

Espíritu de Dios, dame el poder que necesito para negarme a mí mismo y resistir a mis planes egoístas, de modo que pueda someterme siempre a Cristo y a su norma de conducta. Amén.

¿Irritante o atractivo?

El Señor ama a los que odian el mal; él protege
la vida de sus fieles.

SALMO 97:10

En ocasiones, los cristianos sufrimos oposición y persecución que nada tienen que ver con nuestra piedad. Nos gusta pensar que nuestra espiritualidad es lo que irrita a las personas, cuando puede que en realidad sea nuestra personalidad.

Es cierto que el espíritu de este mundo se opone al Espíritu de Dios; el que nació según la carne perseguirá al que nació del Espíritu. Sin embargo, haciendo todas las concesiones, sigue siendo cierto que algunos cristianos se meten en problemas por sus faltas en lugar de por su semejanza con el carácter de Cristo. Debemos admitir esto y hacer algo al respecto. Nada bueno puede salir de tratar de ocultar nuestros rasgos de disposición desagradables y molestos detrás de un versículo de las Escrituras.

Uno de los hechos más extraños de la vida es que los pecados graves a menudo son menos ofensivos y siempre más atractivos que los espirituales. El mundo puede tolerar a un borracho, un glotón o un fanfarrón sonriente, pero se volverá con furia salvaje contra el hombre de vida aparentemente justa que es culpable de esos pecados refinados, que no reconoce como pecados, pero que pueden ser muchísimo más pecaminosos que los pecados de la carne. WTA036

Padre santo, concédeme por tu Espíritu que solo me persigan por vivir con fidelidad a Cristo y no por vivir de manera vergonzosa. Amén.

¿Separado o unido?

*Y como [Enoc] anduvo fielmente con Dios, un día desapareció
porque Dios se lo llevó.*

GÉNESIS 5:24

Enoc fue una reprensión espiritual para su propia generación. Luchó contra las artimañas y las tentaciones del diablo. Se propuso dentro de sí mismo: «Caminaré con Dios por fe, incluso si eso significa que deba separarme de mi generación».

¿Estás de veras separado de tu generación porque resistes al diablo y caminas en la plenitud del Espíritu Santo? ¿Yo lo estoy? Esa es una pregunta muy personal, y no nos atrevemos a tratar de responderla por los demás.

Nuestra generación en este sistema mundial afirma que no existe un demonio personal, ningún enemigo de nuestras almas. Sin embargo, Satanás está ocupado todo el tiempo. Está usando una táctica antigua y exitosa con muchas personas. Les asegura de diversas maneras que no hay urgencia en los asuntos de la fe. «Aplaza la decisión hasta que sientas que estás preparado». Ese es el llamado del diablo a los que están perdidos. Como resultado, millones han esperado. Y en la espera, nunca han venido a Dios en arrepentimiento y fe. JAF026-027

Padre, dame el poder de tu Espíritu para luchar contra las artimañas y tentaciones del diablo. Permite que me separe de este mundo y me llene de tu Espíritu. Amén.

Llenos de gozo

En cambio, el fruto del Espíritu es amor, alegría, paz, paciencia, amabilidad, bondad, fidelidad, humildad y dominio propio.

GÁLATAS 5:22-23

La historia de los moravos revela cómo el Espíritu Santo descendió a este movimiento una mañana de octubre de 1727. Celebraban la comunión. Salieron gozosos de ese lugar, sin saber apenas si estaban en la tierra, o si habían muerto y ya habían ido al cielo. Ese gozo fue característico de los moravos durante cien años. No solo eran un pueblo feliz en el sentido de desarrollar su felicidad, su gozo venía de adentro.

Tenemos muchos cristianos que profesan serlo en nuestros días que no están gozosos, pero pasan tiempo tratando de conseguirlo. Ahora bien, hermanos, yo digo que cuando le damos a Dios su lugar en la Iglesia, cuando reconocemos a Cristo como Señor sublime y lo exaltamos, cuando le damos al Espíritu Santo su lugar, habrá gozo que no precisa de nuestro esfuerzo. Será un gozo que brota como una fuente. Jesús dijo que debía ser una fuente, un pozo artesiano, que brota de adentro. Esa es una característica de una congregación llena del Espíritu. Serán un pueblo gozoso y será fácil distinguirlos de los hijos del mundo. cou013-014

Padre santo, lléname del gozo de tu Espíritu, a fin de que siempre me deleite en ti y de que le muestre al mundo lo maravilloso que es vivir en comunión contigo. Amén.

¡Celebra la diversidad!

Aunque el cuerpo es uno solo, tiene muchos miembros, y todos los miembros, no obstante ser muchos, forman un solo cuerpo. Así sucede con Cristo [...] Ahora bien, el cuerpo no consta de un solo miembro, sino de muchos.

1 CORINTIOS 12:12, 14

Dios nos hace a todos diferentes unos de otros, pero por su Espíritu traerá la iluminación y el poder divinos a nuestro ser [...] Es la variedad planeada por Dios y no la similitud lo que crea la belleza y el interés en nuestro mundo.

Debemos agradecerle a Dios por darnos nuestras propias personalidades, temperamentos y habilidades individuales. Nunca deberíamos perder tiempo y energía intentando parecernos a otra persona, por mucho que la admiremos. Dios no espera que nos convirtamos en copias idénticas de nuestros héroes espirituales [...]

Solo en estos aspectos debemos intentar parecernos: Debemos amar a Dios más que a nada ni a nadie, debemos odiar el pecado y la iniquidad como los odió Jesús, y debemos estar siempre dispuestos a obedecer a Dios mediante la dirección de su Palabra y su Espíritu. Aparte de eso, es perfectamente natural que seamos nosotros mismos; es decir, diferentes unos de otros. JAF068-069

Padre, gracias por las formas en que nos creaste para ser diferentes unos de otros. Dame el poder, por medio de tu Espíritu, para amar a todas las personas sin distinción, ya que tú no muestras parcialidad alguna. Amén.

Un enemigo, un objetivo

Despojémonos del lastre que nos estorba, en especial del pecado
que nos asedia, y corramos con perseverancia la carrera
que tenemos por delante.

HEBREOS 12:1

Todos los cristianos tenemos un enemigo común, ese viejo diablo, Satanás. Al estar juntos, al orar juntos, al adorar juntos, lo repudiamos a él y a sus engaños. Él es nuestro enemigo común, y utiliza una variedad de manipulaciones para obstaculizar nuestra vida espiritual.

Cuando por fe entramos en este curso espiritual de toda la vida, el Espíritu Santo susurra: «¿De verdad quieres estar entre los vencedores en esta disciplina?». Cuando musitamos nuestro «¡Sí! ¡Sí!», Él nos susurra caminos que nos ayudarán y nos llevarán a una victoria segura.

El Espíritu nos dice que nos despojemos de todo lo que nos estorbe en la carrera. Nos dice que seamos conscientes de los pequeños pecados y errores que podrían desviarnos de la voluntad de Dios mientras corremos. Sin embargo, aquí está lo importante: Él nos dice que mantengamos nuestros ojos en Jesús, pues solo Él nos marca el paso y es nuestro ejemplo victorioso. JAF076-077

Dios Todopoderoso, ayúdame a ser receptivo a la enseñanza del Espíritu Santo, a fin de que sepa desechar todo lo que me impida obedecerte. Amén.

Influyente

Ustedes se hicieron imitadores nuestros y del Señor cuando, a pesar
de mucho sufrimiento, recibieron el mensaje con la alegría
que infunde el Espíritu Santo.

1 TESALONICENSES 1:6

Me gustaría ver una iglesia tan piadosa, tan llena del Espíritu, que tuviera una influencia espiritual en todas las iglesias de una región entera. Pablo les dijo a algunos de su pueblo: «Habéis sido ejemplo a todos los que han creído» y «en todo lugar vuestra fe, que es en Dios, se ha extendido» (1 Tesalonicenses 1:7-8, JBS).

Es del todo adecuado que yo espere esto de ustedes. Podría esperar que llegáramos a estar tan llenos del Espíritu, caminando con Dios, aprendiendo a adorar, viviendo tan puros y tan apartados, que todo el mundo lo supiera, y las otras iglesias en nuestra zona fueran bendecidas por esta causa [...]

No hay ninguna razón por la que no podamos ser un pueblo tan lleno del Espíritu, que cante con tanto gozo sus alabanzas y que viva tan puro en nuestro negocio, hogar y escuela, que la gente y otras iglesias lo sepan y lo reconozcan. COU015-016

Padre, permite que la iglesia esté tan llena de tu Espíritu que tu poder llegue a todo el mundo con gran influencia, a fin de que los perdidos sean salvos y tu nombre sea glorificado. Amén.

JUNIO

Mi actitud hacia la cruz

En cuanto a mí, jamás se me ocurra jactarme de otra cosa sino de
la cruz de nuestro Señor Jesucristo, por quien el mundo ha
sido crucificado para mí, y yo para el mundo.

GÁLATAS 6:14

Encuentro un mensaje profundo y convincente en las palabras de
un antiguo himno que ya no se canta. Y me preocupa el deseo
espiritual que ahora parece haberse perdido con el himno:

> Danos el fuego que ardió
> en hombres tales cual Daniel,
> que en rudas pruebas lo guardó
> y lo mantuvo siempre fiel.
> Danos la llama que animó
> la fe potente de Abrahán,
> que a Pablo un gran valor le dio,
> y amor profundo al joven Juan.
> Danos del cielo la virtud,
> la que a Elías dio poder […]
> y te imploramos además:
> Danos tu Espíritu, Señor.

¿Dónde está ese Espíritu, Señor? ¿Por qué debemos implorar de
manera patética y quejumbrosa: «Danos tu Espíritu, Señor»? Creo que
se debe a que nos diferenciamos de los santos de antaño en nuestra
relación con la cruz, en nuestra actitud hacia la cruz. JAF081-082

---

*Padre, concédeme aferrarme a la cruz y así experimentar más el
Espíritu en mi vida. Amén.*

La cruz del poder

Sin embargo, todo aquello que para mí era ganancia, ahora lo
considero pérdida por causa de Cristo [...] Lo he perdido todo a fin
de conocer a Cristo, experimentar el poder que se manifestó
en su resurrección, participar en sus sufrimientos.

FILIPENSES 3:7, 10

Los cristianos han decidido dónde poner la cruz. Han hecho que la cruz sea objetiva en lugar de subjetiva. Han hecho que la cruz sea externa en lugar de interna. La han hecho institucional en lugar de experiencial.

Ahora bien, lo terrible es que están tan equivocados porque tienen la mitad de la razón. Tienen razón al hacer que la cruz sea objetiva. Fue algo que una vez estuvo en un monte con un hombre muriendo en ella, el justo por los injustos. Tienen razón en que fue una cruz externa, porque en esa cruz Dios realizó un acto judicial que durará mientras las edades se consuman [...]

Sin embargo, aquí tienes donde se equivocan: No ven que hay una cruz muy real para ti y para mí. Hay una cruz para cada uno de nosotros, una cruz que es subjetiva, interna, vivencial. Nuestra cruz es una experiencia interior [...] Cuando esa cruz en el monte se transforma por la gracia milagrosa del Espíritu Santo en la cruz en el corazón, empezamos a conocer algo de su verdadero significado y se convertirá en nosotros la cruz del poder. JAF082-083

Padre santo, transfórmame por la gracia milagrosa del Espíritu Santo, a fin de que conozca el verdadero significado y poder de la cruz. Amén.

Escuchan su voz

Yo soy el buen pastor; conozco a mis ovejas,
y ellas me conocen a mí.

JUAN 10:14

Así que, también, los que han aprendido a reconocer la voz del buen Pastor se sentirán como en casa en una iglesia llena del Espíritu.

Para nosotros es triste que algunas personas nunca hayan escuchado la voz del Pastor. Su voz es tan tierna como una canción de cuna, tan fuerte como el viento y tan poderosa «como estruendo de muchas aguas» (Apocalipsis 1:15). Las personas que han aprendido a escuchar y reconocer la voz de Jesús, esa voz sanadora, musical, solemne y hermosa de Jesús en su iglesia, siempre están en casa donde todo se centra en Él.

La verdadera iglesia cristiana puede ser un conglomerado de todo lo que hay bajo el sol. Es decir, podemos tener calvinistas y arminianos, metodistas, bautistas y todo tipo de personas, pero estamos todos juntos en una sola cosa: ¡Jesucristo es sabiduría, justicia, santificación y redención! Él es Todo en todos, y el pueblo del Señor que ha aprendido a escuchar la voz del Pastor se siente atraído hacia ese tipo de iglesia. COU022-023

Espíritu de Dios, dame oídos para escuchar la voz del Buen Pastor, a fin de que pueda responderle y seguirle cuando me llame. Amén..

Solo el Espíritu

*Por eso les advierto que nadie que esté hablando por el Espíritu de Dios
puede maldecir a Jesús; ni nadie puede decir: «Jesús es
el Señor» sino por el Espíritu Santo.*

1 CORINTIOS 12:3

Creo que una de las tareas más urgentes del mundo es la de intentar crear algo de amor por Cristo nuestro Salvador entre quienes rechazan y niegan que haya una necesidad de una experiencia espiritual definitiva de Jesucristo en la vida humana.

No puedo entender las actividades de muchas iglesias: su inútil ejercicio de tratar de despertar el amor y la preocupación por Jesucristo cuando no hay ninguna enseñanza del nuevo nacimiento, de la redención a través de su sangre, ¡ni dependencia de la iluminación espiritual del Espíritu de Dios!

Nadie puede amar al Señor Jesucristo a menos que se le dé al Espíritu de Dios la oportunidad de revelarlo en la vida. Nadie puede decir que Jesús es el Señor a menos que el Espíritu Santo lo capacite a través de la vida espiritual y la experiencia. wpj200

---

*Espíritu Santo, revélame más claramente quién es Jesús y lo que
ha hecho por mí, a fin de que todas mis actividades religiosas te
sean agradables. Amén.*

Yo y yo mismo

Antes ofrecían ustedes los miembros de su cuerpo para servir
a la impureza, que lleva más y más a la maldad; ofrézcanlos ahora
para servir a la justicia que lleva a la santidad.

ROMANOS 6:19

El verdadero cristianismo se ocupa del problema humano de la vida del yo, con la cuestión básica del «yo y yo mismo». El Espíritu de Dios lo trata con una destrucción final e intolerante, diciendo: «Este *yo* egoísta no puede vivir si Dios ha de ser glorificado en esta vida humana».

El propio Dios se ocupa de este aspecto de la naturaleza humana: la suma de toda nuestra orgullosa vida, y pronuncia una severa condena sobre ella, desaprobándola de manera rotunda y franca, rechazándola de manera total y completa.

¿Y qué dice Dios al respecto? «Soy solo Dios y no quiero tener nada que ver con el ego ambicioso del hombre, en el que encuentro la esencia de la rebelión, la desobediencia y la incredulidad. La naturaleza del hombre, en su orgullo de sí mismo y egoísmo, es contraria a Dios, ¡y de seguro pecaminosa!». wpj161-162

Dios santo y amoroso, permite que tu Espíritu Santo destruya mis tendencias egoístas, y me haga humilde y desinteresado. Amén.

Planes elevados para los humanos

Solamente al Señor tu Dios debes seguir y rendir culto. Cumple
sus mandamientos y obedécelo; sírvele y permanece fiel a él.

DEUTERONOMIO 13:4

Cuando la maravilla de la regeneración tiene lugar en nosotros, viene la vida de preparación con la guía del Espíritu Santo.

Dios nos dice que el cielo y las glorias del reino celestial son
más de lo que los humanos pueden soñar o imaginar. No será una
exhibición de lo común ni una democracia para los espiritualmente mediocres.

¿Por qué deberíamos tratar de ser detractores del clemente y
gratificante plan de discipulado de Dios? Dios tiene grandes planes
para todos sus redimidos. Es inherente a su ser infinito que sus motivos son el amor y la bondad. Sus planes para nosotros provienen
de su sabiduría, y poder eternos y creativos.

Más allá de eso está su conocimiento y consideración por el
asombroso potencial que reside en la naturaleza humana, dormida
durante mucho tiempo en el pecado, pero despertada por el Espíritu Santo en la regeneración. JAF093-094

---

*Señor amado, gracias por hacerme nuevo por el poder de tu
Espíritu. Permite que pueda caminar en esta novedad de vida hoy
y experimentar más de tu bondad. Amén..*

Revelado por el Espíritu

Respondió Juan y dijo: Un hombre no puede recibir nada
si no le es dado del cielo.

JUAN 3:27, LBLA

Al considerar este pasaje, debemos tener en mente dos cosas. Afirma que los seres humanos no tenemos la capacidad de entender las cosas divinas, pero también afirma que esa capacidad la podemos recibir del cielo.

En la revelación de las Escrituras queda bastante claro que las cosas espirituales se encuentran ocultas por un velo, y el ser humano, por naturaleza, no tiene la capacidad de comprenderlas y poseerlas. Se tropieza contra una pared. Toma doctrina, pasajes, pruebas, credos y teología, y los coloca como un muro, ¡pero no puede encontrar la puerta! Se encuentra en la oscuridad y todo a su alrededor es el conocimiento intelectual de Dios, pero no el verdadero conocimiento de Dios, pues hay una diferencia entre el conocimiento intelectual de Dios y el conocimiento revelado por el Espíritu. cou025-026

Padre, concédeme en este día, por tu Espíritu, el verdadero conocimiento de ti. Amén.

El imperativo de la vida

El que es espiritual lo juzga todo, aunque él mismo
no está sujeto al juicio de nadie.

1 CORINTIOS 2:15

Verás, se trata del Espíritu Santo o de las tinieblas. El Espíritu Santo es el imperativo de Dios para la vida. Si la fe debe ser como la fe del Nuevo Testamento, si Cristo debe ser el Cristo de Dios en lugar del Cristo del intelecto, debemos entrar más allá del velo. Tenemos que atravesar el velo hasta que la iluminación del Espíritu Santo llene nuestro corazón y estemos aprendiendo a los pies de Jesús, no a los pies de los hombres [...]

Verás, el Espíritu Santo descarta y excluye toda la carne de Adán, todo el resplandor humano, toda esa deslumbrante personalidad, capacidad y eficiencia humanas. Hace que el cristianismo dependa de un milagro perpetuo. El hombre de Dios, el verdadero hombre de Dios lleno del Espíritu, es un milagro perpetuo. Es alguien a quien la gente del mundo no entiende en absoluto. Es un extranjero. Vino al mundo por la maravilla del nuevo nacimiento y la iluminación del Espíritu, y su vida es diferente por completo a la del mundo. cou039-041

Dios santo, gracias por darme un nuevo nacimiento por el poder del Espíritu. Haz que, por el mismo Espíritu, no me apoye en el entendimiento humano, sino en la revelación divina y viva así en la luz. Amén.

El pecado imperdonable

Dios no envió a su Hijo al mundo para condenar al mundo,
sino para salvarlo por medio de él.

JUAN 3:17

Son muchos los cristianos que a menudo agonizan ante la posibilidad de haber cometido el pecado imperdonable. He descubierto una regla muy útil en este asunto. Creo que es válida para toda la iglesia de Dios en el mundo entero. *Cualquiera que esté preocupado por haber cometido el pecado imperdonable puede estar seguro de que no lo ha cometido.*

Cualquier persona que alguna vez haya cometido ese oscuro y terrible pecado imperdonable no se siente culpable ni confiesa preocupación. Jesús lidió con los fariseos [...] pero su advertencia no les causó preocupación. ¡Todavía se creían justos por completo! No sentían ninguna necesidad de arrepentimiento, ningún dolor por el pecado, ninguna culpa por la incredulidad. «No te preocupes por nosotros», fue su actitud. «¡No tenemos ningún problema!».

Volviendo a nuestra regla para los cristianos con culpa y preocupación, el mismo hecho de que una persona esté preocupada e inquieta indica que el Espíritu de Dios todavía está obrando en su vida. JAF103

Señor, reconozco que soy pecador, pero también tu hijo. Gracias por darme tu Espíritu para que pueda ver mi pecado y apartarme de él con el santo deseo de agradarte. Amén.

Agradecido por la gracia

Te basta con mi gracia, pues mi poder
se perfecciona en la debilidad.
2 CORINTIOS 12:9

La Palabra inspirada de Dios insiste en que la realidad y las bendiciones del corazón del Cristo vivo no están reservadas para algún tiempo futuro y celestial [...]

Podemos encontrarnos con Dios y su Espíritu en una bendita realidad, ¡ahora! Podemos conocer y estar en comunión con nuestro Señor Jesucristo en nuestro fuero interno, ¡ahora! Podemos conocer el gozo de sentir a nuestro alrededor la infinita compañía de Dios y la comunión con la iglesia del Primogénito, ¡ahora!

Como cristianos comprometidos, sabemos lo que creemos y sabemos lo que Dios ha hecho por nosotros. Queremos dejarle claro a nuestra época que tenemos el gran privilegio de ser parte de una iglesia cristiana en el plan y la voluntad de Dios. Estamos agradecidos por las dimensiones de su gracia y amor. JAFI 111-112

Padre, te agradezco y te alabo porque puedo conocerte y experimentarte ahora. Permite que tu Espíritu me llene en este día, a fin de que pueda encontrar más de tus bendiciones celestiales. Amén.

Reunirse: Una bendita comunión

Por lo tanto, siempre que tengamos la oportunidad, hagamos
bien a todos, y en especial a los de la familia de la fe.

GÁLATAS 6:10

La iglesia de Jesucristo, su cuerpo de creyentes en la tierra, reconoce que «nuestra ciudadanía está en los cielos, de donde también esperamos al Salvador, al Señor Jesucristo» (Filipenses 3:20). El cristiano creyente está de acuerdo en que es un emigrante y un peregrino.

A estos creyentes, Dios les imparte su propia naturaleza. Tienen un sentido distintivo de pertenencia unos con otros mientras viven, casi como exiliados, en un mundo hostil. Estos ciudadanos terrenales del cielo hablan un idioma común: el de su constitución, que es la Biblia, la Palabra de Dios. Les encanta entonar los cánticos de Sion, pues le son leales al mismo Señor y Rey. Así, los cristianos se reúnen donde la vida de la asamblea es la vida de Cristo.

Este es el modelo bíblico. Dios el Padre está presente. Cristo el Hijo está presente. El Espíritu Santo habita en cada miembro [...] El espíritu dentro de nosotros puede experimentar y saborear las glorias de Dios en una bendita comunión ahora. ¡Tal es el gozoso propósito de la iglesia! JAFI 18

Oh Dios santo, anhelo experimentar y saborear más de tus glorias en este día. Lléname con tu Espíritu para que pueda tener una comunión más rica contigo. Amén.

¡Ven! ¡Ven pronto!

Aunque no lo ven ahora, creen en él y se alegran con un gozo indescriptible y glorioso.

1 PEDRO 1:8

¡El pueblo de Dios debería ser la gente más feliz de todo el mundo! La gente debería acudir a nosotros constantemente y preguntar por la fuente de nuestro gozo y deleite: redimidos por la sangre del Cordero, nuestros días pasados quedaron atrás, nuestro pecado bajo la sangre por siempre, a fin de que nunca más se nos recuerde contra nosotros. Dios es nuestro Padre, Cristo es nuestro Hermano, el Espíritu Santo es nuestro Abogado y Consolador. Nuestro Hermano se marchó a la casa del Padre para prepararnos un lugar, ¡dejándonos la promesa de que volverá!

¡No envíes a Moisés, Señor, no envíes a Moisés! Rompió las tablas de piedra. ¡No envíes a Elías por mí, Señor! Le tengo miedo a Elías; clamó por fuego del cielo.

¡No envíes a Pablo, Señor! Es tan culto que me siento como un niño cuando leo sus epístolas.

¡Oh, Señor Jesús, ven tú mismo! No te tengo miedo. Llevaste en brazos a los niños pequeños como corderos a tu redil. Perdonaste a la mujer sorprendida en adulterio. Sanaste a la tímida mujer que se acercó a la multitud para tocarte. ¡No te tenemos miedo!

Así que, ¡ven, Señor Jesús! ¡Ven pronto! wpj154

Oh Abogado y Consolador, gracias por darme un gozo inexplicable. Permite que tu gozo abunde siempre en mi vida, a fin de que otros se acerquen a Cristo. Amén.

En la planicie celestial

Y en unión con Cristo Jesús, Dios nos resucitó y nos hizo sentar
con él en las regiones celestiales.

EFESIOS 2:6

La tierra puede que fuera lo bastante buena para esa criatura que se creó del polvo y del barro, ¡pero no es lo bastante buena para el alma viviente que es redimida por la sangre real!

La tierra era adecuada y apropiada para que fuera la morada eterna de esa criatura que creó la mano de Dios, pero no es apropiada ni suficiente para que sea la morada eterna de ese ser redimido que engendra el Espíritu Santo. A todo cristiano nacido de nuevo se le ha elevado desde el nivel de la raza adámica caída hasta el plano celestial del Cristo victorioso y no caído. ¡Él pertenece allá arriba! WPJ150

Espíritu de Dios, gracias por sentarme con Cristo en los lugares celestiales. Crea en mí un mayor anhelo por el cielo, mi futuro hogar, donde estaré contigo junto con el Padre y el Hijo para siempre. Amén.

Transformado a su imagen

No se amolden al mundo actual, sino sean transformados mediante
la renovación de su mente. Así podrán comprobar cuál es la
voluntad de Dios, buena, agradable y perfecta.

ROMANOS 12:2

Al parecer, algunas personas piensan que Jesús solo vino para reclamarnos o restaurarnos de modo que pudiéramos recuperar la imagen original de Adán [...] Cristo hizo infinitamente más en su muerte y resurrección que solo deshacer el daño de la caída. Vino para elevarnos a la imagen de Jesucristo [...] El primer hombre, Adán, fue un alma viviente; el segundo hombre, Adán, fue un Espíritu vivificante. El primer hombre, Adán, se creó de la tierra, ¡pero el segundo hombre es el Señor del cielo!

La redención en Cristo, entonces, no es devolver dólar por dólar ni enderezar al hombre y restaurarlo a la gracia adámica. El propósito y la obra de la redención en Cristo Jesús es elevar al hombre tan por encima del nivel de Adán como el mismo Cristo está por encima del nivel de Adán. Debemos mirar a Cristo, no a Adán, y al hacerlo, el Espíritu de Dios nos transforma a la imagen de Cristo.

WPJ149-150

---

*Padre, gracias por enviar al Hijo para redimirme y elevarme.
Confórmame, por el poder de tu Espíritu, a la imagen de Cristo,
que es más grande que el primer Adán. Amén.*

El amor: Dios en forma humana

Cuán grande es tu bondad, que atesoras para
los que te temen.

SALMO 31:19

El Espíritu Santo [...] nos ayuda a reconocer la clase de amor que recibimos de Jesucristo, quien por su sangre nos ha liberado de nuestros pecados. ¿Has aprendido ya que el amor no es cosa de la razón? El amor trata de ser razonable, pero rara vez lo consigue. Hay una dulce sabiduría en el amor que está por encima de la razón, se eleva por encima de ella y va mucho más allá. ¿Quién podría imaginar que el Dios de todo el universo se redujera a la forma humana y que, por su amor, muriera por su pueblo alejado? Parece algo irrazonable, pero fue razonable en el sentido de que se trataba de la suprema sabiduría del Dios poderoso.

La santa Juliana de Norwich, hace siglos, acarició este amor que es nuestro en Cristo. Escribió: «Por su bondad, Dios nos hizo. Por su bondad, Él nos guarda. Cuando el hombre pecó, nos redimió de nuevo por su bondad. Entonces, ¿no crees que Dios les dará a sus hijos lo mejor de todo por su bondad?». jiv045

Espíritu Santo, gracias por llenar mi corazón de gratitud por lo que Cristo ha hecho. Aumenta dentro de mí el asombro por su amor y que pueda recibirlo más en este día. Amén.

De preguntar a desear

Porque el Señor cuida el camino de los justos, mas la senda
de los malos lleva a la perdición.

SALMO 1:6

No basta con indagar sobre el poder de la vida crucificada y la vida llena del Espíritu. No basta con desearlo: se debe desear y reclamar por encima de todo. Debe haber un abandono a Jesucristo para realizarlo. ¡El individuo debe desear la plenitud de Cristo con tal ansia que le dé la espalda a cualquier otra cosa que importe en su vida y caminar directamente a los brazos de Jesús!

Ya está bien con el caso del joven rico. Se le quitó el velo y se apartó de Jesucristo. Seguía siendo el hipócrita, todavía un hombre codicioso, un amante del dinero, un infractor de la ley. Sobre todo, seguía siendo un pecador, y sin Cristo.

Tuvo que pagar un gran precio para conservar lo que más amaba [...] No tenemos idea en términos de dinero, tierras y posesiones lo que pagó el joven rico al negarse a seguir a Jesús. WPJ071

Padre, me arrepiento de las veces en las que solo pregunté acerca de la vida cristiana en lugar de vivirla. Lléname hoy de nuevo con tu Espíritu, a fin de que pueda negarme a mí mismo, aceptar a Cristo y vivir para tu gloria. Amén.

Honremos al Espíritu Santo

El que tenga oídos, que oiga lo que el Espíritu dice a las iglesias.
APOCALIPSIS 2:29

Hay una pregunta que debe responderse en cada iglesia cristiana: ¿Estamos honrando al Espíritu Santo de Dios? Es decir, ¿le estamos permitiendo hacer lo que Él quiere hacer hoy entre nosotros?

Más de una vez en Apocalipsis, Juan menciona de siete maneras al Espíritu de Dios y su presencia ante el trono celestial. Jesús no comenzó su ministerio terrenal hasta que, en su bautismo en agua, el Espíritu vivo de Dios se convirtió en todas esas cosas para Él.

Tengo razones para sospechar que muchas personas tratan de tener el liderazgo en las iglesias cristianas hoy en día sin haber cedido nunca a la dirección sabia y eficaz del Espíritu Santo. A decir verdad, Él es el Espíritu de sabiduría, entendimiento y consejo. Solo Él puede traer la presencia misericordiosa del Dios vivo a nuestras vidas y ministerios. JIV047-048

Espíritu Santo de Dios, quiero honrarte y permitirte hacer lo que quieras en mi medio hoy. Reina en mi vida. Amén.

Cada vez más, cada vez menos

Acto seguido, sopló sobre ellos y les dijo:
—Reciban el Espíritu Santo.
JUAN 20:22

En nuestras iglesias de hoy, nos apoyamos demasiado en los talentos humanos y las habilidades cultivadas. Olvidamos que la iluminación del Espíritu Santo de Dios no solo es una necesidad en nuestra preparación ministerial, sino en las funciones administrativas y de liderazgo de nuestras iglesias.

¡Necesitamos la investidura del Espíritu de Dios! Necesitamos con urgencia más de su sabiduría, su consejo, su poder, su conocimiento. Necesitamos reverenciar y temer al Dios Todopoderoso. Si conociéramos la provisión completa y la unción espiritual que Jesús prometió a través del Espíritu Santo, seríamos mucho menos dependientes de tantas otras cosas.

Los psiquiatras, psicólogos, antropólogos, sociólogos, y la mayoría de los demás «ólogos», tienen su lugar en nuestra sociedad. No lo dudo. Sin embargo, muchos de estos profesionales tienen ahora credenciales en la iglesia, y me temo que su consejo se pone por encima del ministerio del Espíritu Santo. Lo dije antes, y lo repito ahora: ¡Necesitamos cada vez más al Espíritu Santo, y necesitamos cada vez menos ayudas humanas! JIV048

Señor, reconozco el bien que los humanos pueden lograr, pero permite que confíe cada vez menos en los esfuerzos humanos y cada vez más en tu Espíritu Santo. Amén.

Sea cual sea tu necesidad

Y ponerse el ropaje de la nueva naturaleza, creada a imagen de Dios,
en verdadera justicia y santidad.

EFESIOS 4:24

Dios no tiene reservas mentales sobre ninguno de nosotros cuando nos convertimos en sus hijos por la fe. Cuando nos perdona, confía en nosotros como si nunca hubiéramos pecado. Cuando Satanás viene para burlarse de mis pecados pasados, le recuerdo que todo sobre lo que se me acusaba venía de él, y ahora todo lo que tengo, perdón, paz y libertad, ¡lo he recibido gratuitamente de mi Señor Jesucristo!

Mientras permanezcas en esta tierra, Dios no ha completado su obra en ti. El Espíritu de Dios te ayudará a discernir cuándo la mano disciplinaria de Dios esté sobre ti. No obstante, si el diablo es el que trata de alterar tu vida y testimonio cristianos, atrévete a resistirlo con el poder victorioso del Cristo vivo [...]

Él nos dice: «Sea cual sea tu necesidad, ven al trono de la gracia. ¡Cualquier cosa que necesites, puedes tenerla!». ¿Por qué no le crees y ejerces el dominio que Él te ha dado? . JIV049-050

Espíritu Santo, ayúdame a discernir cuándo la mano disciplinaria de Dios está sobre mí, a fin de que pueda rendirme a Él y dejarte que obres en mí. Amén.

La propuesta de Cristo

En medio de los candelabros estaba alguien «semejante
al Hijo del hombre».

APOCALIPSIS 1:13

Sin duda, esos célebres pintores europeos, cuyas obras ador-
nan las grandes galerías de arte del mundo, hicieron todo lo
posible por representar a nuestro Señor. Sin embargo, estaban
limitados por sus conceptos finitos del Sujeto. Para ser sincero, no quiero tener en mi mente un concepto indigno de mi divino Salvador. ¡Los cristianos debemos desear fervientemente que
el Espíritu Santo dibuje un retrato verdadero y transformador
de Jesucristo en lo más íntimo de nuestro ser! Nuestro deleite
debe estar en la seguridad de que Cristo vive dentro de nosotros,
momento a momento. Y esa seguridad debe provenir de la santa
Palabra de Dios.

¿Deseas personalmente conmigo que el Espíritu Santo moje su
pincel y comience a pintar en el lienzo de nuestras almas un retrato
vivo de Jesucristo, acabado con sangre y fuego? JIV053-054

---

*Padre misericordioso, haz que tu Espíritu Santo dibuje en lo
más íntimo de mi ser un retrato verdadero y transformador de
Jesucristo, para que siempre esté admirado de su persona y
obra. Amén.*

Luz del interior del corazón

Cuando venga el Espíritu de la verdad, él los guiará
a toda la verdad.
JUAN 16:13

El Espíritu Santo es un Iluminador. Él es la Luz del interior del corazón, y nos revelará en un instante más de Dios de lo que podemos aprender en toda una vida sin Él. Cuando Él viene, todo lo que aprendimos y todo lo que aprendemos ocupará el lugar que le corresponde en la totalidad de nuestra personalidad, nuestro credo y nuestro pensamiento. No perderemos nada por lo que hemos aprendido. Él no desechará lo que hemos aprendido si es verdad; lo prenderá en fuego, eso es todo. Le añadirá fuego al altar.

El bendito Espíritu Santo espera que se le honre. Él honrará a Cristo como nosotros honramos a Cristo. Él espera, y si le abrimos nuestro corazón, un nuevo sol nacerá sobre nosotros. Lo sé por experiencia personal. Si hay algo que Dios ha hecho a través de mí, se remonta a esa hora solemne, imponente y maravillosa cuando la Luz que nunca estuvo en la tierra ni en el mar, «la luz verdadera, que alumbra a todo hombre que viene a este mundo» (Juan 1:9, jbs), brilló en mi oscuridad. cou041-042

Oh Espíritu de Dios, te honro hoy y deseo con ansias que me reveles más acerca de Dios, a fin de que pueda amarlo y adorarlo fielmente hoy. Amén.

Ven a las aguas

El que beba del agua que yo le daré
no volverá a tener sed jamás.

JUAN 4:14

Doy gracias a Dios por los hombres y mujeres cristianos que quieren conocer los hechos y las verdades tal como provienen de Dios.

¡Gracias a Dios que no solo buscan a alguien que les dé un relajante masaje religioso! Estos son los hechos: la sangre de Jesucristo nos limpia. Hay un elemento de purificación en el cristianismo. Luego, está el Espíritu Santo, el Espíritu bendito de Dios que nos trae la paz y la tranquilidad de las aguas de Siloé.

El Dios vivo nos invita al arroyo, el único arroyo perenne del mundo, el único arroyo que nunca se seca, el único arroyo que nunca se desborda y destruye. WPJ047-048

Padre santo, te alabo por la purificación que me has dado en Cristo Jesús. Derrama tu Espíritu de nuevo sobre mí hoy, para que sea lleno de paz y tranquilidad. Amén.

Si pierdo...

En el hogar de mi Padre hay muchas viviendas; si no fuera así,
ya se lo habría dicho a ustedes. Voy a prepararles un lugar.

JUAN 14:2

Si pierdo el amor, la misericordia y la gracia de Dios en esta vida, ¿a
quién se debe culpar? De seguro que no es al Dios que se sienta en
el trono. Él hizo una plena provisión para mi salvación. De seguro que
no es al Cordero que está delante del trono. Él murió por mis pecados
y resucitó para mi justificación. De seguro que no es al Espíritu Santo
resplandeciente y brillante que se acerca a hombres y mujeres de todo el
mundo, intercediendo ante ellos el evangelio salvador de Cristo.

Presta atención a las palabras que Juan escuchó en la rocosa
Patmos al finalizar el Apocalipsis de Jesucristo:

> He aquí yo vengo pronto, y mi galardón conmigo,
> para recompensar a cada uno según sea su obra [...]
> Bienaventurados los que lavan sus ropas, para tener
> derecho al árbol de la vida, y para entrar por las puer-
> tas en la ciudad [...] Y el Espíritu y la Esposa dicen:
> Ven. Y el que oye, diga: Ven. Y el que tiene sed, venga;
> y el que quiera, tome del agua de la vida gratuitamen-
> te. (22:12, 14, 17)

Si pierdo la gran salvación de Dios, ¿ha valido la pena luchar por
esta vida? En lo personal, ¡creo que no! jiv076

---

*Dios santo, concédeme por tu Espíritu que no descuide tu amor,
misericordia y gracia en este día. Amén.*

La capacidad de esperar

¡Miren que vengo pronto! Traigo conmigo mi recompensa,
y le pagaré a cada uno según lo que haya hecho.

APOCALIPSIS 22:12

Cuando Jesús estuvo en la tierra hace dos mil años, les dijo a sus oyentes que se acercaba el «día del Señor». Les dijo que nadie, excepto el Padre que está en los cielos, conocía el día y la hora.

Entendemos que la paciencia de Dios y su tiempo de gracia perdurarán hasta que la copa de la iniquidad del mundo se desborde. Según las Escrituras, la paciencia, la capacidad de esperar, es uno de los frutos del Espíritu Santo.

A la parte humana y natural de nosotros no le gusta esperar nada. Sin embargo, el gran Dios Todopoderoso, que tiene toda la eternidad para cumplir sus propósitos, puede permitirse esperar. En nuestra impaciencia de criatura, somos propensos a clamar: «Oh Dios, ¿hasta cuándo? ¿Cuánto tiempo?».

Y, en efecto, Dios responde: «¿Por qué tienes tanta prisa? Tenemos una eternidad que se extiende ante nosotros». jivo94

Oh Dios misericordioso, espero con ansias el día en que regrese tu Hijo. Hasta entonces, o hasta que muera, dame paciencia por tu Espíritu, a fin de que permanezca fiel con toda perseverancia. Amén.

¡Ve al Libro!

Con labios jubilosos te alabará mi boca.
En mi lecho me acuerdo de ti.

SALMO 63:5-6

¿Qué permitimos que la Palabra de Dios nos diga, y cuál es nuestra reacción a esa Palabra? ¿Hemos consumido y digerido el Libro? ¿Hemos absorbido la Palabra de Dios en nuestras vidas? [...]

Cuando nosotros, como cristianos, amamos a nuestro Señor Jesucristo con el corazón, el alma y la mente, ¡la Palabra de Dios está de nuestro lado! ¡Si tan solo pudiéramos comprender el hecho de que la Palabra de Dios es más que un libro! Es la revelación de la verdad divina desde la persona de Dios mismo. Llega como una comunicación divina en las Sagradas Escrituras. Nos viene en la guía y la convicción impartidas por el Espíritu divino de Dios dentro de nuestro ser. Se presenta con exactitud para nosotros en Jesucristo, el Verbo encarnado y el Hijo eterno [...]

Dios *no* guarda silencio, y su amor por su creación es tal que nunca ha callado. JIV164-165

Oh, alabado seas, Señor, por no callar, sino por enviar tu Palabra y tu Espíritu para que te revelaras a mí. Permite que tu Espíritu ilumine hoy mi corazón para comprender de manera más profunda quién eres y qué has hecho tú. Amén.

El lugar que le corresponde

Si vivimos por el Espíritu, andemos también por el Espíritu.
GÁLATAS 5:25, LBLA

El Espíritu es fiel en su mensaje de que la restauración del Espíritu de Dios al lugar que le corresponde en la iglesia y en la vida del creyente es, por supuesto, lo más importante que podría tener lugar.

Si pudieras aumentar la asistencia de tu iglesia hasta que no quedara más espacio, si pudieras proporcionar todo lo que tienen en las iglesias que los hombres quieren, aman y valoran, y con todo no tuvieras al Espíritu Santo, más valdría que no tuvieras nada en absoluto. Puesto que «no [es] con ejército, ni con fuerza, sino con mi Espíritu, ha dicho Jehová de los ejércitos» (Zacarías 4:6). No es por la elocuencia de un hombre, la buena música ni la buena predicación, sino que es por el Espíritu que Dios realiza sus obras poderosas.

Ah, si pudiéramos darnos cuenta ahora de la importancia de apoyarnos en Dios y en el poder de su Espíritu, pues llegará el día en que no tendremos nada más que a Dios. Será mejor que actuemos ahora mientras podamos hacer algo al respecto y traer de vuelta al Espíritu Santo de Dios a la Iglesia. cou044-045

Dios santo y poderoso, me arrepiento de las formas en las que no he confiado en ti. Restaura en mí la confianza en tu Espíritu.
Amén.

Solo una revelación

Nos salvó mediante el lavamiento de la regeneración
y de la renovación por el Espíritu Santo.

TITO 3:5

Siempre he pensado que cuando leemos y estudiamos la Palabra de Dios, debemos tener grandes expectativas. Debemos pedirle al Espíritu Santo que nos revele la Persona, la gloria y el ministerio eterno de nuestro Señor Jesucristo. Quizá nuestro problema esté en nuestro enfoque. Tal vez solo leamos nuestras Biblias como leeríamos una obra literaria o un libro de texto.

En la sociedad actual, un gran número de personas parece incapaz de lidiar con la revelación de Dios en Cristo. Corren y se esconden, tal como lo hicieron Adán y Eva. Hoy en día, sin embargo, no se esconden detrás de los árboles, sino detrás de cosas como la filosofía y la razón, y hasta la teología, ¡lo creas o no! Esta actitud es difícil de entender.

En la muerte de Jesús por nuestros pecados, Dios ofrece mucho más que escapar de un infierno muy merecido. Dios nos promete un futuro asombroso, un futuro eterno. A menudo me pregunto si le estamos dejando lo bastante claro a nuestra generación que no habrá ninguna otra revelación de Dios, salvo la que Él habla por medio de nuestro Señor Jesucristo. JMI017-018

Padre, mientras leo y estudio tu Palabra, aumenta mis expectativas sobre lo que haces y harás. Permite que tu Espíritu me revele con más claridad la persona, obra y ministerio de Jesucristo, tu Hijo. Amén.

Revelación: Por su Espíritu, a través de su Palabra

Yo te busco con todo el corazón; no dejes que me desvíe
de tus mandamientos.

SALMO 119:10

Hace años, mi familia y yo disfrutamos del compañerismo cristiano con un médico judío que había llegado a la fe personal en Jesús, el Salvador y Mesías. Con mucho gusto habló conmigo sobre su participación anterior en los servicios sabáticos en la sinagoga [...]

«A menudo pienso en esos años de lectura del Antiguo Testamento», me dijo. «Tenía la persistente sensación de que era bueno y verdadero. Sabía que explicaba la historia de mi pueblo. Sin embargo, tenía la sensación de que faltaba algo». Luego, con una hermosa y radiante sonrisa, agregó: «Cuando encontré a Jesús como mi Salvador y Mesías personal, descubrí que Él era Aquel a quien el Antiguo Testamento señalaba en realidad. Descubrí que Él era la respuesta a mi realización como judío, como persona y como creyente».

Ya sea judío o gentil, nos crearon originalmente a la imagen de Dios, y la revelación de Dios por su Espíritu es una necesidad. La comprensión de la Palabra de Dios debe provenir del mismo Espíritu que la inspiró. JMI019-020

Padre, gracias por enviar tu Espíritu a fin de iluminar mi corazón para que pueda conocer a Jesús el Mesías. Dame la capacidad de verlo con más claridad en las Escrituras y de testificar de su grandeza. Amén.

Los hábitos de una vida santa

Pues aunque el ejercicio físico trae algún provecho,
la piedad es útil para todo.

1 TIMOTEO 4:8

Permíteme volver a la raíz de todo este asunto: ¿estamos los cristianos dispuestos a tener con regularidad los hábitos de una vida santa, aprendiendo así del Espíritu Santo a cómo ser confiables, fieles, desinteresados y semejantes a Cristo?

Las cosechas en el campo son regulares y las aves y los animales tienen una vida regular. Lo vemos en la salida y la puesta del sol, y en la regularidad de las fases de la luna.

La misma revelación del Antiguo Testamento se basó en la regularidad. Se dice del anciano de Dios que entró en el templo de Dios en el ejercicio del orden y todo en el templo estaba dispuesto en orden.

Dios también ordenó que el orden y la regularidad sean de inmenso valor para la vida cristiana. Aprende a ser regular en tu vida de oración, en tu ofrenda a Dios y su obra, y en tu asistencia a la iglesia. WPJ025-026

Espíritu Santo, haz que esté dispuesto y ansioso por aprender de ti cómo ser un cristiano confiable, fiel y desinteresado. Amén.

Imita a Cristo

Imítenme a mí, como yo imito a Cristo.
1 CORINTIOS 11:1

Existe una tendencia de la gente a relegar todo en el reino de la justicia o la iniquidad a la deidad, sea cual sea su concepto de la deidad. Sin embargo, para el verdadero cristiano, nuestro Señor nos dio una promesa antes de su muerte y resurrección. Esa promesa elimina de manera eficaz nuestras excusas y nos hace responsables:

> Pero cuando venga el Espíritu de verdad, él os guiará a toda la verdad; porque no hablará por su propia cuenta, sino que hablará todo lo que oyere, y os hará saber las cosas que habrán de venir. El me glorificará; porque tomará de lo mío, y os lo hará saber. Todo lo que tiene el Padre es mío; por eso dije que tomará de lo mío, y os lo hará saber. (Juan 16: 13-15)

Desde luego, reconozco que no somos Dios. No podemos hacer por nosotros mismos lo que puede hacer Dios. Aun así, Dios nos creó como seres humanos, y si tenemos la unción del Espíritu Santo y su presencia en nuestras vidas, deberíamos ser capaces de hacer lo que Jesús, el Hijo del Hombre, pudo hacer en su ministerio terrenal. JMI059-060

Padre santo, dame el poder de tu Espíritu en este día para imitar a Cristo, seguirlo con fidelidad y llegar a ser más semejante a Él: santo y justo. Amén.

JULIO

La vida fragante

Por tanto Dios, tu Dios, te ha ungido con óleo de alegría más que
a tus compañeros. Todas tus vestiduras están perfumadas
con mirra, áloe y casia.

SALMO 45:7-8, LBLA

En el Nuevo Testamento, cuando vino el Espíritu Santo, su presencia cumplió con toda la lista de fragancias que se encuentran en el aceite santo de la unción. Cuando se ungieron a los creyentes del Nuevo Testamento, esa unción fue evidente. Léelo en el libro de los Hechos. «Y fueron todos llenos del Espíritu Santo» (Hechos 2:4). «Y todos fueron llenos del Espíritu Santo, y hablaban con denuedo la palabra de Dios» (4:31). «Pero Esteban, lleno del Espíritu Santo, puestos los ojos en el cielo, vio la gloria de Dios» (7:55). «Estando aún hablando Pedro estas palabras, el Espíritu Santo cayó sobre todos los que oían la palabra» (10:44, JBS). La lista continúa.

El Espíritu Santo no ha cambiado. Su poder y autoridad no han cambiado. Sigue siendo la tercera persona de la Deidad eterna. Él está entre nosotros para enseñarnos todo lo que necesitamos saber acerca de Jesucristo, el eterno Hijo de Dios. Estoy sugiriendo, estoy afirmando en realidad, que nadie entre nosotros, hombre o mujer, puede ser ungido de manera genuina con el Espíritu Santo y esperar mantenerlo en secreto. Su unción será evidente. JMI062-063

Dios santo y poderoso, úngeme con tu Espíritu en este día, a fin de que sepa todo lo que necesito saber acerca de Cristo y hable tu Palabra con valentía. Amén.

La fragancia no se puede ocultar

María tomó entonces como medio litro de nardo puro, que era un perfume
muy caro, y lo derramó sobre los pies de Jesús, secándoselos
luego con sus cabellos. Y la casa se llenó de la
fragancia del perfume.

JUAN 12:3

Un hermano cristiano me confió una vez que había tratado de mantener en secreto la plenitud del Espíritu dentro de su propia vida. Le había consagrado su vida a Dios en fe. En respuesta a la oración, Dios lo llenó del Espíritu. Dijo para sus adentros: «¡No puedo contarle a nadie sobre esto!».

Pasaron tres días. Al tercer día, su esposa lo tocó en el brazo y le preguntó: «Everett, ¿qué te ha pasado? ¡Te ha sucedido algo!». Y como un arroyo reprimido, fluyó su testimonio. Había recibido la unción del Espíritu Santo. La fragancia no podía ocultarse. Su esposa se dio cuenta en casa. Su vida cambió. Las gracias y los frutos espirituales de la vida consagrada no se pueden ocultar. Es una unción con óleo de alegría y gozo. JM1063

Espíritu de Dios, lléname hasta rebosar en este día, y que tu bondad se desborde de mí y toque a todos los que encuentre, a fin de que seas glorificado. Amén.

Ama la justicia, odia la iniquidad

Al que no cometió pecado alguno, por nosotros Dios lo trató como pecador,
para que en él recibiéramos la justicia de Dios.

2 CORINTIOS 5:21

¡Estoy feliz de decirles a todos que el poder del Espíritu es poder de alegría! Nuestro Salvador, Jesucristo, vivió su hermosa y santa vida en la tierra e hizo sus obras de poder de sanidad y salvación en la fortaleza de este óleo de alegría.

Debemos admitir que había más del aceite santo de Dios en la cabeza de Jesús que en tu cabeza o en la mía, o en la cabeza de cualquier otra persona que haya vivido. Esto no quiere decir que Dios le niegue lo mejor a nadie. Sin embargo, el Espíritu de Dios solo puede ungir en proporción a la voluntad que Él encuentra en nuestra vida.

En el caso de Jesús, se nos dice que tenía una unción especial, pues amaba la justicia y odiaba la iniquidad. De seguro que eso nos da la clave que necesitamos con respecto a la clase de persona que debemos ser para recibir la unción y bendición total del Dios Todopoderoso. JMI063-064.

Dios todopoderoso, permite que por tu Espíritu esté dispuesto a someterme a ti y a tu voluntad, a fin de que pueda amar la justicia y aborrecer la iniquidad, y así reciba más unción del Espíritu por causa de tu gloria. Amén.

Ama el bien, odia el mal

¡Odien el mal y amen el bien!
Hagan que impere la justicia en los tribunales.

AMÓS 5:15

Si somos cristianos entregados, consagrados, verdaderamente discípulos de Cristo crucificado y resucitado, hay algunas cosas que tenemos que afrontar.

No podemos amar la honradez sin odiar la deshonestidad. No podemos amar la pureza sin aborrecer la impureza. No podemos amar la verdad sin aborrecer la mentira y el engaño.

Si pertenecemos a Jesucristo, tenemos que aborrecer el mal así como Él aborreció el mal en todas sus formas. La capacidad de Jesucristo para aborrecer lo que iba en contra de Dios y para amar lo que estaba lleno de Dios fue la fuerza que le capacitara para recibir la unción, el aceite de alegría, en una medida completa.

Desde nuestro lado humano, nuestra imperfección en amar lo bueno y odiar lo malo es lo que nos impide recibir el Espíritu Santo de una manera completa. Dios nos retiene de nosotros, debido a que nosotros no estamos dispuestos a seguir a Jesús en su gran amor derramado por lo bueno, y su puro y santo odio contra lo que es malo. JMI064-065

Señor, quiero recibir más de la bondad del Espíritu Santo en mi vida, pero hoy reconozco que todavía me aferro a las cosas que odias y me resisto a lo que amas. Santifica mis inclinaciones, de modo que pueda experimentar cada vez más de ti. Amén..

Ama a Dios, odia el pecado

El que va tras la justicia y el amor halla vida,
prosperidad y honra.

EFESIOS 1:10, DHH

La gente observa lo favorecida que es la iglesia en este país. No tiene que afrontar ni persecución ni rechazo. Si se supiera la verdad, el hecho de que estemos exentos de persecución se debe a que hemos adoptado el camino fácil, el popular.

Si amáramos la justicia hasta que ello viniera a ser en nosotros una pasión abrumadora, si quisiéramos renunciar a todo lo malo, pronto terminaría nuestro tiempo de popularidad y de complacencia. El mundo pronto se lanzaría contra nosotros.

¡Somos demasiado agradables! ¡Demasiado tolerantes! ¡Demasiado deseosos de la popularidad! ¡Estamos demasiado dispuestos a excusar el pecado en sus muchas formas! Si pudiera agitar a los cristianos a mi alrededor a amar a Dios y a aborrecer el pecado, hasta el punto de venir a ser una molestia, me regocijaría [...] Vance Havner solía decir que demasiados están corriendo por algo, cuando deberían mantenerse firmes por algo. ¡El pueblo de Dios debería estar dispuesto a mantenerse firme! JMI066-067

Padre santo, reconozco que puedo odiar el pecado y apartarme de él solo por el poder de tu Espíritu. Permite que Él obre hoy en mí para que huya del mal y siga el bien. Amén.

Deja a un lado la tolerancia

Insistiré en mi inocencia; no cederé.
Mientras viva, no me remorderá la conciencia.

JOB 27:6

La vía al poder espiritual y al favor para con Dios es estar dispuestos a eliminar las pusilánimes contemporizaciones y los males tentadores a los que somos propensos a asirnos. No hay victoria cristiana ni bendición si nos negamos a apartarnos de las cosas que Dios aborrece.

Aun si tu esposa lo ama, apártate de eso. Aun si tu esposo lo ama, apártate de eso. Aun si lo aceptan en toda la clase social y sistema del que formas parte, apártate de eso.

Incluso si se trata de algo que ha venido a ser aceptado por toda nuestra generación, apártate de eso si es malo y erróneo, y una ofensa a nuestro santo y justo Salvador [...]

Cada cristiano tiene la llave de su propio logro espiritual. Si no paga el precio de ser gozosamente guiado por el Espíritu Santo de Dios, si se niega a odiar el pecado, el mal y el error, nuestras iglesias bien podrían convertirse en logias o clubes. JMI066-068

Espíritu Santo, dame el poder de alejarme del mal, aun cuando quienes me rodean puedan apreciarlo. Confío en ti hoy para vivir como me manda Dios. Amén.

Dios no juega con nuestras emociones

¿No ardía nuestro corazón mientras conversaba con nosotros
en el camino y nos explicaba las Escrituras?
LUCAS 24:32

No sé hasta qué punto estás familiarizado con los caminos de Dios y el tierno mover de su Espíritu. Sin embargo, te diré esto con toda franqueza: Dios no juega con nuestras emociones para llevarnos al punto de la decisión espiritual.

La Palabra de Dios, que es la verdad de Dios, y el Espíritu de Dios se unen para despertar nuestras más elevadas emociones. Debido a que Él es Dios y digno de nuestra alabanza, encontraremos la capacidad de alabarlo y de glorificarlo. Algunas técnicas religiosas y evangelísticas están dirigidas casi en su totalidad a las emociones de quienes escuchan el llamamiento. Son psicología, no convicción dirigida por el Espíritu […]

Tengo que estar en desacuerdo con la apelación religiosa que supone que si alguien del público puede conmoverse hasta derramar una lágrima, se ha hecho un santo […] Por una parte, no hay relación alguna entre la manipulación humana de nuestras emociones, y por otra, la confirmación de la verdad revelada de Dios en nuestro ser a través del ministerio de su Espíritu Santo. Cuando en nuestra experiencia cristiana nuestras emociones se elevan, debe ser el resultado de lo que la verdad de Dios está haciendo por nosotros. JMI083-084

---

*Padre amoroso, permite que tu Espíritu me mueva tiernamente
hoy a aceptar la verdad y a comprenderla. Amén.*

Un atributo llamado omnipotencia

Nosotros hemos recibido, no el espíritu del mundo, sino el Espíritu
que viene de Dios, para que conozcamos lo que Dios nos
ha dado gratuitamente.
1 CORINTIOS 2:12, LBLA

Considera conmigo, si lo deseas, que el «espíritu» es otro estado del ser: el espíritu no es materia.

Puedes tomar algo material y hacerlo rebotar, y eso es materia. Tú estás compuesto de materia; esa cabeza y ese cuerpo son de materia, pero ese es solo un modo de existencia.

Hay otro estado, y ese es el espíritu. La diferencia radica en que la materia posee peso, tamaño, color y extensión en el espacio. Se puede medir y pesar, y tiene forma. El Espíritu Santo, en cambio, no es material. Por lo tanto, Él no tiene peso, dimensión, forma ni extensión en el espacio [...]

El Espíritu, por consiguiente, es otra clase de sustancia. Es diferente de las cosas materiales, y puede penetrar en la personalidad. Tu espíritu puede penetrar en tu personalidad. Una personalidad puede penetrar en otra personalidad. El Espíritu Santo puede penetrar en tu personalidad y tu propio espíritu. En 1 Corintios 2:11, la Biblia dice: «Porque ¿quién de los hombres sabe las cosas del hombre, sino el espíritu del hombre que está en él? Así tampoco nadie conoció las cosas de Dios, sino el Espíritu de Dios» [...] El Espíritu de Dios puede penetrar en el espíritu del hombre. cou048-049

Espíritu Santo, penetra en mí hoy, a fin de que pueda experimentar más de ti y así comprender de manera más profunda las cosas espirituales, para la gloria del Padre, por medio del Hijo. Amén.

A Dios le encantan los lugares difíciles

El que los llama es fiel, y así lo hará.
1 TESALONICENSES 5:24

Estamos en medio de la tormenta de la vida. Los santos creyentes de Dios están a bordo del barco. Alguien mira al horizonte y advierte: «¡Estamos justo en la trayectoria del tifón! Dará igual que estemos muertos. ¡De seguro que nos haremos pedazos contra las rocas!».

Entonces, con calma, otra persona aconseja: «¡Miren hacia abajo, miren hacia abajo! ¡Tenemos un ancla!». Miramos, pero la profundidad es demasiado grande. No podemos ver el ancla. Sin embargo, el ancla está ahí. Se aferra a la roca inamovible y se mantiene firme. Así, el barco supera la tormenta.

El Espíritu Santo nos ha asegurado que tenemos un Ancla, firme y segura, que guarda el alma [...] El Espíritu nos está diciendo: «Sigan creyendo. Persigan la santidad. Muestren diligencia y mantengan la plena certeza de la fe hasta el final. Sigan a los que por la fe y la paciencia heredan lo prometido».

«¡Él es fiel!». JMI089-090

Oh Espíritu de Dios, reconozco que eres mi ancla en las tormentas de la vida. Dame estabilidad y paz en este día, para que me mantenga firme en el Señor y viva con fidelidad para su gloria. Amén.

El Espíritu Santo está a la espera

Mi alma se aferra a ti; tu mano derecha me sostiene.

SALMO 63:8

Me acuerdo que a un santo anciano le preguntaron: «¿Qué es más importante: orar o leer la Palabra de Dios?». A lo que respondió: «¿Qué es más importante para un pájaro: el ala derecha o la izquierda?». El escritor de Hebreos les decía a sus lectores, y nos dice a nosotros, que los cristianos deben creer *todo* lo que hay que creer. Deben hacer todo lo que la Palabra les ordena a hacer. ¡Esas dos alas llevan al cristiano hasta Dios! [...]

Dios nos ha dado a propósito una capacidad mental con amplios límites humanos. Más allá de eso, si somos creyentes justificados y regenerados, Él nos ha dado una capacidad espiritual nueva por completo. Dios quiere que creamos, que pensemos, que meditemos y que consideremos su Palabra. Él ha prometido que el Espíritu Santo está a la espera para enseñarnos. Él nos ha dado la seguridad acerca de todas nuestras bendiciones en Jesucristo. JMI104-105

Padre, sé que tu Espíritu está deseoso y dispuesto a enseñarme. Permite que yo esté siempre dispuesto y deseoso de aprender, de someterme a su guía y de hacer todo lo que Él me ordene. Amén.

La Trinidad trabaja unida

En el principio ya existía el Verbo, y el Verbo estaba con Dios,
y el Verbo era Dios. Él estaba con Dios en el principio.

JUAN 1:1-2

Los críticos han declarado a menudo que la Biblia se contradice en cuestiones relacionadas con la Trinidad. Por ejemplo, Génesis habla de que Dios creó los cielos y la tierra. El Nuevo Testamento declara que el Verbo, Dios Hijo, creó todas las cosas. Incluso otras referencias hablan de la obra del Espíritu en la creación. Estas no son contradicciones. El Padre, el Hijo y el Espíritu trabajaron juntos en los milagros de la creación, así como obraron juntos en la planificación y ejecución de la redención humana. El Padre, el Hijo y el Espíritu Santo son consustanciales […] uno en sustancia y no pueden separarse.

Cuando Jesús iba a iniciar su ministerio terrenal, acudió a Juan en el río Jordán para ser bautizado. El registro habla de la participación de la Trinidad. Mientras Jesús estaba en la orilla del río justo después de su bautismo, el Espíritu Santo descendió sobre Él sobre Él como paloma y se escuchó la voz de Dios Padre desde el cielo diciendo: «Este es mi Hijo amado, en quien tengo complacencia» (Mateo 3:17). JMI106

Dios todopoderoso, qué maravilla que estés unido en todos tus propósitos y caminos. Concede que la iglesia esté unida y así refleje tu gloria. Amén.

Un dolor sentido en el cielo

Cuando hubo tomado el vinagre, [Jesús] dijo: ¡Consumado es!
E inclinando la cabeza, entregó el espíritu.

JUAN 19:30, LBLA

El Padre que está en los cielos amó de tal manera al mundo que dio a su Hijo unigénito. El amor del Padre fue el que envió al Hijo a nuestro mundo para morir por la humanidad. El Padre, el Hijo y el Espíritu estaban en perfecto acuerdo en que el Hijo eterno debía morir por los pecados del mundo. No nos equivocamos al creer, y proclamar, que mientras el Hijo de María, Jesús, moría solo, terriblemente solo, en esa cruz, el amoroso corazón de Dios Padre estaba dolido en lo más profundo por el sufrimiento como lo estaba el corazón del santo y moribundo Hijo.

Tenemos que pedirle a nuestro Señor que nos ayude a comprender lo que significó para la Trinidad que el Hijo muriera solo en la cruz. Cuando el Padre santo tuvo que ocultar su rostro del Hijo muriendo por necesidad de la justicia divina, creo que el dolor del Padre fue tan grande como el sufrimiento del Salvador al llevar nuestros pecados sobre su cuerpo. Cuando el soldado traspasó el costado de Jesús con la lanza romana, creo que se sintió en el cielo. JMI110

Cristo, el precio que pagaste por mis pecados es mucho mayor de lo que podía imaginar. Te doy gracias a ti, al Padre y al Espíritu Santo por el sacrificio que hiciste. Permite que el Espíritu me dé hoy el poder de vivir de manera sacrificial para tu gloria. Amén.

Llevados con Cristo

A estos Dios se propuso dar a conocer cuál es la gloriosa riqueza
de este misterio entre las naciones, que es Cristo en ustedes,
la esperanza de gloria.

COLOSENSES 1:27

Si queremos agradar al Espíritu que mora en nosotros, todos debemos tener una relación con Cristo. La obra actual del Espíritu es honrarlo, y todo lo que hace tiene esto como propósito supremo. Y debemos hacer de nuestros pensamientos un santuario limpio para su santa morada.

Él mora en nuestros pensamientos, y los pensamientos sucios son tan repugnantes para Él como la ropa sucia para un rey. Sobre todo, debemos tener una fe gozosa que siga creyendo por muy radical que sea la fluctuación de nuestros estados emocionales.

La vida en el Espíritu no es una edición especial de lujo del cristianismo, a fin de que la disfruten unos pocos privilegiados que están hechos de una materia más fina y sensible que el resto. Por el contrario, es el estado normal de cada mujer y hombre redimido en todo el mundo. POM 136-137

Espíritu Santo, anhelo agradarte en lugar de entristecerte. Dame el poder para honrar a Cristo en todo lo que haga en este día, de modo que yo también pueda honrarte a ti. Amén.

El Espíritu Santo está en los detalles

Dios los compró a un alto precio. Por lo tanto,
honren a Dios con su cuerpo.
1 CORINTIOS 6:20, NTV

Dios nos ha dado a cada uno de nosotros un temperamento individual y características distintas. Por lo tanto, el oficio del Espíritu Santo es el de obrar como Él quiera en los detalles de la experiencia cristiana. Estos variarán según la personalidad.

Dejemos que un cristiano insista en elevarse por encima del pobre promedio de la experiencia religiosa actual y pronto se encontrará con la necesidad de conocer a Dios mismo como el objetivo supremo de toda la doctrina cristiana.

Por supuesto que podemos estar seguros de esto: siempre que una persona se encuentre de veras con Dios en la fe y el compromiso con el evangelio, tendrá una conciencia y un conocimiento claro de los detalles de esa transacción espiritual. Puede que la experiencia fuera breve, pero los resultados serán evidentes en la vida de la persona alcanzada mientras viva [...]

Siempre podemos confiar en el mover y la dirección del Espíritu Santo en nuestras vidas y en nuestras experiencias. Por otro lado, no siempre podemos confiar en nuestras inclinaciones humanas ni en nuestros deseos mundanos y carnales. MMG017-018

Dios todopoderoso, permite que nunca ponga mi confianza en los seres humanos ni en el ingenio humano, sino en el poder de tu Espíritu Santo, que es siempre fiel. Amén.

Muestra a Cristo

Les conviene que yo me vaya. Porque si yo no me voy,
el Abogado no vendrá a ustedes.

JUAN 16:7, BLPH

Ahora, si vamos a reproducir a Cristo sobre la tierra y ser como Cristo, y demostrar a Cristo, ¿qué es lo que más vamos a necesitar?

¡Debemos tener el Espíritu de Cristo!

Si vamos a ser hijos de Dios, debemos tener el Espíritu del Padre para que respire en nuestros corazones y respire a través de nosotros. Por eso debemos tener el Espíritu de Dios. Por eso la Iglesia debe tener el Espíritu de Cristo.

La iglesia tiene el llamado a vivir por encima de su propia capacidad. Tiene el llamado a vivir en un plano tan elevado que ningún ser humano puede vivir de ese modo en su propia capacidad y poder. El cristiano más humilde tiene el llamado a vivir un milagro, una vida moral y espiritual con tal intensidad y pureza que ningún ser humano puede lograrlo por su cuenta, solo Jesucristo puede hacerlo. Él quiere que el Espíritu de Cristo venga a su pueblo. Esta inspiración divina, esta irrupción de lo alto, nos afecta de manera mental, moral y espiritual. cou072

Dios Todopoderoso, deseo fervientemente mostrar a Cristo en la tierra y actuar como hijo de Dios, pero reconozco que no puedo hacerlo por mi cuenta. Capacítame por tu Espíritu para hacer lo que me has ordenado. Amén.

¡Feliz solo con Él!

El Señor es mi fuerza y mi cántico; él es mi salvación.
Él es mi Dios, y lo alabaré.
ÉXODO 15:2

Estar apartado en este mundo solo te llevará a una comunión más cercana con el Dios que ha prometido nunca dejarte ni abandonarte. Él es bueno y fiel por completo. Nunca quebrantará su pacto ni alterará lo que ha salido de su boca. Ha prometido guardarte como a la niña de sus ojos. Ha prometido velar por ti como una madre vela por su hijo.

El ansia de Dios por ti es real, y su modelo para ti es claro. Te dice: «Esta es la señal de que agradas a mi Espíritu que mora en ti: estás entregado por completo a Cristo, haces de tus pensamientos un santuario limpio para su santa morada».

Construye ese altar invisible en tu interior. Deja que el Espíritu de Dios produzca la llama viva y purificadora que marca tu devoción a Cristo, nuestro Señor. MMG034-035

Señor misericordioso y amoroso, acércame más a ti. Permite que me sienta cada vez más insatisfecho con las cosas de este mundo, a fin de que anhele vivir en una comunión más profunda contigo. Concédeme esto por la potestad de tu poderoso Espíritu. Amén.

Dispuestos a obedecer

No agravien al Espíritu Santo de Dios, con el cual fueron
sellados para el día de la redención.

EFESIOS 4:30

Tenemos una realeza superior a la terrenal; tenemos al Señor de señores y al Rey de reyes; tenemos al bendito Espíritu Santo presente, y lo tratamos como si estuviera ausente en todo.

Nos resistimos a Él, lo desobedecemos, lo apagamos y lo cuestionamos en nuestro corazón. Escuchamos un sermón acerca de Él y nos proponemos aprender más y ponerlo por obra. Nuestra convicción se desvanece, y pronto volvemos al mismo nivel muerto en el que nos encontrábamos antes. Nos resistimos al bendito Consejero. Él ha venido a consolar. Ha venido a enseñar. Él es el Espíritu de instrucción. Ha venido a traer luz, porque Él es el Espíritu de luz. Viene a traer pureza, porque Él es el Espíritu de santidad. Viene a traer poder, porque Él es el Espíritu de poder.

Él viene a traer estas bendiciones a nuestro corazón, y quiere que tengamos esa clase de experiencia. Él no pregunta cuál es nuestro trasfondo denominacional. Él no nos pregunta si somos arminianos o calvinistas. Nada nos pide, sino que estemos dispuestos a obedecer, dispuestos a escuchar y dispuestos a dejar de desobedecer. COU075

Padre Santo, me arrepiento de las maneras en que he resistido y apagado tu Espíritu. Reconozco la presencia del Espíritu en mi vida hoy y le pido que me dé poder para escuchar tu Palabra y obedecerte. Amén.

Recupera los viejos pozos

Cuando piden, no reciben porque piden con malas intenciones,
para satisfacer sus propios placeres.
SANTIAGO 4:3, NBV

Amigo, ¡debemos recuperar los viejos pozos! Debemos reconocer nuestra sequedad de espíritu, nuestra frialdad de corazón. Debemos tomar la decisión de renovar nuestro deseo por Dios, por el derramamiento de su Espíritu y por las épocas de regocijo a medida que somos más semejantes a Jesús.

Muchas congregaciones han sido renovadas y bendecidas cuando los creyentes han estado dispuestos a reabrir los pozos bíblicos de reconciliación y confesión. Cuando los cristianos albergan resentimientos entre sí, necesitan reconciliarse. Necesitan confesarse y pedir perdón.

Me refiero aquí a los pecados y faltas reales. Hay personas en continua esclavitud por simples nimiedades y asuntos intrascendentes. Dios nos ha dado el Espíritu Santo para que nos impulse y nos guíe. Y también nos ha dado un buen sentido común para que acompañe nuestra conciencia. MMG042

Padre, hoy renuevo mi deseo por ti y por el derramamiento de tu Espíritu. Revélame cualquier forma en la que haya albergado malos sentimientos hacia otros cristianos, y concédeme la capacidad de confesar mi pecado y buscar la reconciliación. Amén.

La vida real

Sé diligente en estos asuntos; entrégate de lleno a ellos, de modo que
todos puedan ver que estás progresando.

1 TIMOTEO 4:15

Permíteme señalar que algunos cristianos piensan que pueden ser discípulos de Cristo sin siquiera pensar en la necesidad de la autodisciplina y del compromiso genuino con Él. Debemos enfrentar el hecho de que muchos hoy en día son en gran medida descuidados en su vida. Esta actitud encuentra su camino en la iglesia. Tenemos libertad, tenemos dinero, vivimos en un relativo lujo. Como resultado, la disciplina prácticamente ha desaparecido.

¿Cómo sonaría un solo de violín si las cuerdas del instrumento del músico estuvieran todas sueltas, no tensas, sin «disciplinar»? Siendo un artista, el músico no intentaría sacar el sonido de ese violín hasta que se afinara y probara cada cuerda, y todo estuviera en perfecta armonía.

En las cosas que le importan a Dios, las cosas importantes, debemos ser disciplinados, estar unidos y sintonizados con el Espíritu hasta que nos encontremos en armonía con todos los planes de Dios para nosotros. MMG044

Padre, me arrepiento de las formas en que he vivido imprudentemente, sin pensar en la autodisciplina y la devoción a ti. Permite que en este día pueda estar en sintonía con tu Espíritu, de modo que pueda vivir en armonía contigo. Amén.

Es una elección

Elijan ustedes mismos a quiénes van a servir [...] ¡Nosotros
no abandonaremos al Señor por servir a otros dioses!
JOSUÉ 24:15-16

Es la chispa de Dios dentro de una persona lo que la perturba.
Esa chispa la pone dentro el Espíritu de Dios. Convicción. Anhelo. Deseo. Esa chispa interior no salva. Sin embargo, esa chispa
debe estar allí para llevar a la persona a la salvación.

¿Por qué parece que algunos hombres y mujeres nunca son
conscientes de esa chispa de Dios? Pueden ser buenas personas,
buenos vecinos, buenos amigos. En cambio, viven cada día sin ninguna chispa de descontento, sin ninguna chispa de necesidad de
Dios [...]

Dios nos creó con el derecho a tomar nuestras propias decisiones. No nos crearon para ser robots. Dios nos hizo a su imagen
y semejanza, pero con el derecho y la capacidad de elegir. Somos
individuos moralmente libres.

Cuando nuestros primeros padres tomaron las elecciones equivocadas, el género humano se alejó de Dios. Desde entonces, cada
persona ha tenido que elegir y tomar decisiones. MMG063-064

---

*Espíritu de Dios, convénceme de nuevo en este día, para que
procure servirte con todo mi ser. Amén.*

Heridas santas

Padre, si es tu voluntad, aparta de mí esta copa;
pero no se haga mi voluntad, sino la tuya.
LUCAS 22:42, LBLA

Hay personas dentro de las filas del cristianismo a las que se les ha enseñado y que creen que Cristo protegerá a sus seguidores de heridas de todo tipo.

Si se supiera la verdad, los santos de Dios de todas las épocas solo fueron eficientes después que les hirieran. Experimentaron las heridas humillantes que trajeron contrición, compasión y anhelo por el conocimiento de Dios. Solo podría desear que más entre los seguidores de Cristo supieran lo que algunos de los primeros santos querían decir cuando hablaban de ser heridos por el Espíritu Santo.

Piensa por un momento en el apóstol Pablo. Supongo que no hay teólogo, vivo o muerto, que sepa muy bien lo que Pablo quería decir cuando dijo: «De aquí en adelante nadie me cause molestias; porque yo traigo en mi cuerpo las marcas del Señor Jesús» (Gálatas 6:17). Cada comentario tiene una idea diferente. Creo que Pablo se refería a las heridas que sufrió a causa de su fe y vida piadosa.

MMG059

Oh Espíritu Santo, hiéreme hoy humillándome y convenciéndome de pecado para que pueda ser eficiente y fructífero en todo mi servicio a ti. Amén.

Dios es santidad

Acérquense a Dios, y él se acercará a ustedes. ¡Límpiense las manos,
pecadores! ¡Purifiquen sus corazones, ustedes que quieren
amar a Dios y al mundo a la vez!

SANTIAGO 4:8, DHH

Dios mismo es la santidad y la pureza que necesitamos. Algunas personas piensan en la santidad como algo que tienen durante un tiempo, pero de repente Dios les permite perderla. La santidad en la vida cristiana no es otra cosa que el Espíritu de Dios morando, llenando y satisfaciendo al creyente rendido, comprometido y confiado.

¿Cuándo admitiremos y confesaremos que la santidad viene con la presencia de Dios? ¿Cuándo creeremos que un verdadero encuentro con Dios trae pureza de corazón?

Cristo no solo es nuestro Santificador. Él es nuestra santificación. Él mismo es nuestra santidad. Si Cristo vive dentro de nuestros corazones, al igual que el fuego habitó dentro de la zarza ardiente en el encuentro y la experiencia viviente, así nosotros seremos limpios y puros. ¿Cómo podría ser de otra manera si Cristo, que es santo y puro, vive en nosotros? MMG074

Dios todopoderoso, anhelo ser santo como tú eres santo. Lléname hoy con tu Espíritu para que pueda evitar el mal y seguir la justicia para la gloria de tu nombre. Amén.

La prueba de la verdad

Por tanto, todo el que me oye estas palabras y las pone en práctica es
como un hombre prudente que construyó su casa sobre la roca.

MATEO 7:24

Cada actividad que ahora se lleva a cabo en el nombre de Cristo debe pasar la última prueba suprema: ¿Tiene autoridad bíblica que la respalde? ¿Es conforme a la letra y al espíritu de la Escritura? ¿Su contenido espiritual es dado de manera divina?

Que tenga éxito no prueba nada. Que sea popular prueba menos. ¿Dónde están las pruebas de su nacimiento celestial? ¿Dónde están sus credenciales bíblicas? ¿Qué seguridad da que representa la operación del Espíritu Santo en el plan divino de los siglos? Estas preguntas exigen respuestas satisfactorias.

Nadie debería oponerse a un examen sincero de su obra a la luz pura de las Escrituras. Ningún hombre sincero retrocederá ante la luz, ni defenderá creencias y prácticas que no puedan justificarse por la prueba de la verdad. Por el contrario, buscará de manera afanosa construir según el modelo que se le mostró en el monte.

PON088-089

Dios santo, permite que tu Espíritu me dé la gracia que necesito para discernir lo que es tuyo y lo que no lo es, a fin de que pueda oponerme a la falsedad y vivir según la verdad. Amén.

Obediencia a la Palabra

Ábreme los ojos, para que contemple
las maravillas de tu ley.
SALMO 119:18

¿Estás seguro de que quieres que te posea el bendito Espíritu del Padre y del Hijo? ¿Estás preparado y dispuesto a que alguien como Él asuma el mando de tu personalidad?

Él espera obediencia a la Palabra escrita de Dios. Sin embargo, nuestro problema humano es que nos gustaría estar llenos del Espíritu y, al mismo tiempo, seguir por la vida haciendo lo que nos plazca. El Espíritu Santo que inspiró las Escrituras espera obediencia a las Escrituras, y si no obedecemos las Escrituras, lo apagamos. Este Espíritu pide obediencia, pero la gente no quiere obedecer al Señor. Todo el mundo está tan lleno como desea estar. Todo el mundo tiene tanto de Dios como desea tener. Hay un impulso fugitivo que nos sobreviene, a pesar de lo que pedimos cuando oramos en público o incluso en privado. Queremos la emoción de estar llenos, pero no queremos cumplir con las condiciones. Lo cierto es que no anhelamos la llenura con suficientes ansias como para recibirla [...]

Ahora bien, queremos estar llenos del Espíritu, pero no con esa clase de deseo extremo. Entonces, nos conformamos con algo menos. Decimos: «Señor, me gustaría estar lleno, ¡sería maravilloso!». En cambio, no estamos dispuestos a proceder para cumplir sus términos. No queremos pagar el precio. El Espíritu Santo espera obediencia a la Palabra de Dios. COU081-082

Señor, me arrepiento de las veces que he sido de doble ánimo, queriendo ser lleno y guiado por el Espíritu, pero también deseando ser el señor de mi vida. Permite que tu Espíritu me capacite hoy para obedecer tu Palabra y someterme a tus términos. Amén.

Majestad, gloria a su majestad

¡Alaba, alma mía, al Señor! Señor mi Dios, tú eres grandioso;
te has revestido de gloria y majestad.

SALMO 104:1

No hay predicador ni maestro en ninguna parte del mundo que pueda decir: «¡Déjame contarte todo acerca de Dios!». Dios le dijo a Moisés y a Israel, y nos lo dice a nosotros: «Siempre habrá una nube a mi alrededor. Siempre habrá un velo cubriendo mi persona. Mientras estés en mi tierra, sentirás esta oscuridad, ¡porque Yo Soy el que Soy!» […]

Y puedo decir esto por experiencia personal: Después que hayas conocido a Dios y caminado con Él por fe durante cincuenta años, creciendo cada día en su gracia y en el conocimiento de Él, todavía verás una nube en el monte Sinaí. Todavía sentirás la oscuridad. Tu mente y tu espíritu aún se inclinarán ante Él. Tu día de plena comprensión no ha llegado aún.

¡Innata dentro de nosotros está la necesidad de arrodillarnos en reverencia ante algo. Cuando Dios se nos aparece y, atónitos y sobrecogidos, caemos de rodillas, ¡tenemos un buen comienzo en la vida del Espíritu! MMG083

Oh Dios santo, aparece ante mí hoy, para que quede maravillado y abrumado por tu gloria, y así vivir de manera abundante en la vida del Espíritu. Amén.

Pongamos las prioridades en orden

¡Qué profundas son las riquezas de la sabiduría
y del conocimiento de Dios!

ROMANOS 11:33

Nuestro Señor nos conoce muy bien. Sin embargo, Él nos ha dado el poder de elegir. Creo que nuestro Señor Jesús, por el Espíritu de Dios, nos sigue susurrando: «¡Cuidado! ¡Es muy fácil poner el mundo de hoy en primer lugar y los tesoros espirituales en segundo o último lugar!».

Debemos elegir nuestra respuesta. ¿Cuál será?

Confieso que siento la compulsión de clamar en oración: «¡Señor mío, tengo tantos tesoros terrenales! Continuamente debo darte gracias, mi Dios, por tus bendiciones. Sin embargo, sé que algún día tendré que dejar estas cosas, tendré que dejarlas todas. Por lo tanto, elijo a propósito buscar con ahínco los tesoros espirituales, poniéndolos por encima de todo lo demás. Son los únicos tesoros que no perecerán» […]

Dios quiere que sigamos decidiendo por Él y por su reino.

MMG085

Dios misericordioso, confieso que he atesorado las cosas mundanas por encima de ti. Permite que tu Espíritu me guíe a atesorar las cosas espirituales por encima de las cosas de este mundo. Amén.

Tesoros y placeres

Concentren su atención en las cosas de arriba,
no en las de la tierra.

COLOSENSES 3:2

Que los expertos en la Biblia lo dividan como quieran; que lo dividan y subdividan, y luego añadan un par de verbos griegos. Entonces, cuando terminen, seguiré creyendo que el reino de Dios es el reino del Espíritu Santo en el que entran los hombres y las mujeres cuando nacen de lo alto.

Sí, ese mundo invisible que Dios ha revelado es más real, más duradero, más eterno que este mundo en el que estamos ahora. Por eso Dios nos ha dado los profetas y su revelación en su Palabra. Él quiere que seamos capaces de contemplar el mundo venidero [...]

De todas las calamidades que se han abatido sobre este mundo y sus habitantes, ¡la rendición voluntaria del espíritu humano a los valores materialistas es la peor!

Nosotros, que nos crearon para mundos superiores, estamos aceptando los caminos de este mundo como lo máximo. Esa es una tragedia de proporciones asombrosas. MMG101-102

Gracias, Padre, por traerme a tu reino celestial por el poder de tu Espíritu Santo. Concédeme que hoy huya de los valores materialistas y busque tu reino celestial. Amén.

Más de la sana doctrina...

¿Quién ha conocido la mente del Señor para que pueda instruirlo?
Nosotros, por nuestra parte, tenemos la mente de Cristo.

1 CORINTIOS 2:16

Cuando vemos a Dios con los ojos de nuestro corazón, Él está cumpliendo su propósito de aparecer ante nosotros. A los que preguntan cómo puede ser esto, les respondo que Él puede aparecerse a nosotros porque nos crearon a imagen de Dios.

En el Antiguo Testamento, el escritor de Proverbios enseñó que el verdadero conocimiento espiritual es el resultado de una visitación de la sabiduría celestial. Es una especie de bautismo del Espíritu de la Verdad que viene a los hombres temerosos de Dios. Esta sabiduría siempre está asociada con la justicia y la humildad. Nunca se encuentra separada de la piedad ni de la verdadera santidad de vida.

Necesitamos aprender y declarar de nuevo el misterio de la sabiduría de lo alto. La verdad no solo consiste en la sana doctrina, sino en la sana doctrina a la que se le añade la iluminación interior del Espíritu Santo. MMG I 24

Espíritu de Verdad, lléname de sabiduría celestial. Ilumina los ojos de mi corazón para que pueda buscarte más ardientemente, y crecer en piedad y santidad. Amén.

Un camino a la verdad

La exposición de tus palabras nos da luz,
y da entendimiento al sencillo.

SALMO 119:130

E s evidente que no podemos conocer a Dios por la lógica de la razón. A través de la razón solo podemos conocer a Dios. A través de la luz de la naturaleza, nuestra razón moral puede iluminarse, pero los misterios más profundos de Dios permanecen ocultos para nosotros hasta que recibamos la iluminación de lo alto.

Juan el Bautista les dio a sus interrogadores una breve frase que he llamado la esperanza y la desesperación de la humanidad. Les dijo: «No puede el hombre recibir nada, si no le fuere dado del cielo» (Juan 3:27).

No se refería a los dones de los hombres. Hablaba de la verdad espiritual. La verdad divina es de la naturaleza del Espíritu Santo, y por esa razón solo se puede recibir por revelación espiritual.

MMG I 24

Espíritu de Dios, ilumina hoy mi corazón y concédeme entendimiento espiritual para que pueda conocerte de manera más profunda junto con el Padre y el Hijo. Amén.

A imagen de Dios

En esto consiste el amor: no en que nosotros hayamos amado a Dios,
sino en que él nos amó y envió a su Hijo para que fuera ofrecido
como sacrificio por el perdón de nuestros pecados.

1 JUAN 4:10

Cada persona que nace en el mundo comienza a ver a Dios de alguna manera tan pronto como tiene la edad suficiente para comprender. Si esa persona no se arrepiente y experimenta la renovación de la regeneración a través de la obra del Espíritu Santo, está perdida y lo estará para siempre. Lo creo de todo corazón.

Sin embargo, también creo que los seres humanos, creados a imagen de Dios, siguen conservando sobre sí algo de esa imagen de la deidad. Esa imagen residual es la que le permite a Dios encarnarse en nosotros sin incongruencias ni incongruencias.

Así fue que el Hijo eterno, Dios mismo, pudo encarnarse en Jesucristo sin contradicción. MMG 125-126

Padre, te doy gracias y te alabo por haberme dado el don del arrepentimiento y regenerarme por el poder de tu Espíritu. Como nueva creación en Cristo, permite que hoy aprenda a amarte más. Amén.

Establecimiento de un sistema de cuotas

No nos predicamos a nosotros mismos, sino a Jesucristo como Señor; nosotros no somos más que servidores de ustedes por causa de Jesús.

2 CORINTIOS 4:5

Le he dado gracias a Dios muchas veces por los caminos dulces y encantadores del Espíritu Santo al tratar con el corazón de este muchacho ignorante cuando solo tenía diecisiete años. Teníamos un vecino de nombre Holman [...]

Un día paseaba por la calle con este amable vecino. De repente, me puso la mano en el hombro.

«¿Sabes?», dijo, «me he estado preguntando por ti. Me he estado preguntando si eres cristiano, si te has convertido. Solo quería tener la oportunidad de hablarlo contigo».

«No, Sr. Holman», le respondí, «no estoy convertido, pero le agradezco que me lo haya dicho. Voy a pensarlo muy en serio» [...]

Algunos cristianos establecen un sistema de cuotas para su testimonio. ¡Detestaría pensar que yo era la cuota del día del Sr. Holman! Testificar es un asunto en el que necesitamos la guía y la preocupación de Dios a través de su Espíritu Santo. MMG 127-128

Espíritu de Dios, gracias por las maneras en que has tratado con dulzura mi corazón. Guíame hoy no solo a tratar con mi pecado y buscar la justicia, sino también a proclamar con valentía tu bondad. Amén.

AGOSTO

Un ayer olvidado, un mañana por nacer

El SEÑOR escudriña todo corazón y discierne todo pensamiento.
Si lo buscas, te permitirá que lo encuentres; si lo abandonas,
te rechazará para siempre.

1 CRÓNICAS 28:9

Si [...] buscas [la] palabra *eterna* en el idioma hebreo, encontrarás que puede significar «tiempo inmemorial», o puede significar «siempre», o puede significar «hasta el punto en el infinito». También puede significar «hasta el pasado sin principio».

Desde la eternidad hasta la eternidad, ¡Dios es Dios! Desde el pasado sin principio hasta el futuro sin fin, ¡Dios es Dios! Eso es lo que dice el Espíritu Santo acerca de la persona y la naturaleza eterna de Dios.

Ahora bien, si tienes una de esas mentes ratoneras, abiertas y cerradas, la [...] descartarás y la dejarás, o la guardarás en tu memoria entre los objetos sin usar del desván de tu alma.

Pero [...] si [...] se permite que el Espíritu Santo le aporte su resplandor, puede tener un gran significado; pues estamos entre el eterno tiempo inmemorial de un ayer olvidado y el igualmente eterno tiempo inmemorial de un mañana por nacer. CES051-052

Dios eterno, concédeme que, por tu Espíritu, comprenda cada vez más lo maravilloso que eres. Amén.

La ausencia del amor

¡Cuánto te amo, SEÑOR, fuerza mía!
SALMO 18:1

El capítulo trece de Primera de Corintios puede decirnos cómo es Cristo, pero no olvidemos que también nos dice cómo debemos ser para evitar la tragedia espiritual. No le demos la espalda a esta enseñanza de vital importancia.

Sin amor, del tipo descrito por Pablo, toda mi vida cristiana es una higuera estéril. Es un buen truco aplicar las palabras de Pablo solo a Cristo; pero no es honesto, y es peligroso.

El Espíritu Santo es quien derrama el amor de Dios en nuestros corazones (Romanos 5:5) y se declara que el amor es fruto del Espíritu (Gálatas 5:22). No obstante, si nuestra vida diaria revela que el fruto no está allí, no nos atrevemos a suponer que lo está, «porque la Biblia lo dice así».

La ausencia de amor como se describe en Primera de Corintios 13 es prueba de la ausencia del Espíritu, o al menos de que Él no opera dentro de nosotros. Esa es la única conclusión sincera. No podemos permitirnos ser menos que sinceros en todo este asunto.

PON I 29

Padre misericordioso, lléname hoy del amor de tu Espíritu, a fin de que me conformes a la imagen de Cristo para la gloria de tu nombre. Amén.

Evalúa, luego actúa

Sométanlo todo a prueba, aférrense a lo bueno.
1 TESALONICENSES 5:21

Muchos cristianos más sensibles temen pecar contra el amor al atreverse a indagar en cualquier cosa que venga con el manto del cristianismo e inspirando el nombre de Jesús. No se atreven a examinar las credenciales del último profeta que llega a su ciudad para no ser culpables de rechazar algo que puede ser de Dios […]

Se supone que esto indica un alto grado de espiritualidad. Sin embargo, lo cierto es que no indica tal cosa. Es más, puede ser una evidencia de la ausencia del Espíritu Santo.

La credulidad no es sinónima de espiritualidad. La fe no es un hábito mental que lleva a su poseedor a abrir la boca y tragarse todo lo que parece sobrenatural. La fe mantiene su corazón abierto a todo lo que es de Dios, y rechaza todo lo que no es de Dios, por maravilloso que sea.

«Probad los espíritus» es un mandato del Espíritu Santo a la iglesia (1 Juan 4:1). Podemos pecar con tanta certeza al aprobar lo espurio como al rechazar lo genuino. Evaluar las cosas con un corazón de amor y luego actuar según los resultados es una obligación que recae sobre cada cristiano en el mundo. SOSO25

Espíritu Santo, dame tu sabiduría en este día, a fin de que pueda discernir fielmente lo que es cierto de lo erróneo y lo bueno de lo malo. Amén.

Energía del poder interno

El mismo que levantó a Cristo de entre los muertos también dará vida a
sus cuerpos mortales por medio de su Espíritu,
que vive en ustedes.

ROMANOS 8:11

Nuestro Señor pudo trabajar con un mínimo de cansancio, pues era un hombre que poseía por completo el Espíritu Santo. Como hombre, se cansaba y tenía que dormir y descansar para renovarse, pero el esfuerzo y el agotamiento que de otro modo habría sufrido se evitaron gracias a la constante vivificación del Espíritu Santo.

Pedro explicó que Cristo «anduvo haciendo bienes y sanando a todos los oprimidos por el diablo», *después* que Dios lo «ungió con el Espíritu Santo y con poder» (Hechos 10:38).

Es posible trabajar mucho más allá de la fuerza normal de la constitución humana y, sin embargo, experimentar poca o ninguna fatiga, pues se le ha proporcionado la energía para el trabajo, no por la combustión del tejido humano, sino por el Espíritu de poder que mora en nosotros. Esto lo han obtenido algunas almas poco comunes, y lo lamentable es que son poco comunes. siz184

Padre amoroso, vivifícame con tu Espíritu hoy, de modo que pueda ir haciendo el bien a todos, tal como lo hizo Cristo mi Señor, para que tú seas glorificado y otros se sientan atraídos hacia ti. Amén.

Aprovecha el día

Pues a nosotros, los que vivimos, siempre se nos entrega a la muerte
por causa de Jesús, para que también su vida se manifieste
en nuestro cuerpo mortal.

2 CORINTIOS 4:11

Hoy es nuestro día. Nadie en ningún tiempo ha tenido ninguna gracia espiritual que no podamos disfrutar en este momento si cumplimos con los términos en los que se otorgan. Si estos tiempos son moralmente más oscuros, no hacen más que proporcionar un telón de fondo sobre el que podemos brillar más.

Nuestro Dios es el Dios de hoy tanto como el de ayer, y podemos estar seguros de que, dondequiera que nos lleve el mañana, nuestro Dios fiel estará con nosotros como lo estuvo con Abraham, David y Pablo.

Esos grandes hombres no nos necesitaban entonces, y no podemos tenerlos con nosotros ahora. Amén. Que así sea. Y alabado sea Dios. No podemos tenerlos, pero podemos tener lo que es infinitamente mejor: podemos tener a su Dios y Padre, podemos tener a su Salvador y podemos tener el mismo bendito Espíritu Santo que los hizo grandes. NCA024

---

*Padre, gracias por reconciliarme contigo por obra de tu Hijo
y regenerarme por tu Espíritu. Haz que el Espíritu Santo me
capacite para acercarme más a ti y al Hijo. Amén.*

Controlado por el Espíritu

Enséñame a hacer tu voluntad, porque tú eres mi Dios. Que tu buen
Espíritu me guíe por un terreno sin obstáculos.

SALMO 143:10

¿Cuáles son los pecados propios? Empecemos por el amor a uno mismo, y la mayoría de nosotros debe confesar que lo cultivamos. Vamos a la escuela y allí aprendemos a exhibirnos y a alardear. Dios Espíritu Santo nunca permitirá que un cristiano lleno del Espíritu se comporte de esa manera. Él es el Espíritu que trae humildad al corazón, y esa humildad estará en evidencia o Él se apagará y se contristará.

También existe el pecado de la confianza en uno mismo. Estamos muy seguros de que podemos hacerlo todo muy bien en nuestra propia fuerza, y el Espíritu Santo quiere destruir esa clase de autodependencia. Puede que seas un hombre de negocios cristiano, tomando todas las decisiones, comprando y vendiendo en grandes cantidades. Vas a casa, y mandas en tu casa y en tu familia. Sin embargo, hay algo que no puedes gobernar, hermano: no gobernarás tu vida después que el Espíritu Santo tenga el control. Cederás el mando, y el Espíritu Santo te guiará y dirigirá, y controlará tu vida, de la misma manera que tú manejas tu negocio. No podrás darle órdenes al Espíritu Santo. cou083

Espíritu de Dios, confieso que he cultivado los pecados de amor propio y confianza en mí mismo. Trae humildad y destruye mi autodependencia, a fin de que pueda reconocer tu grandeza y mi continua necesidad de ti. Amén.

Atráelo, dalo

Y la esperanza no avergüenza; porque el amor de Dios ha sido derramado
en nuestros corazones por el Espíritu Santo que nos fue dado.
ROMANOS 5:5, RVR60

El corazón humano puede amar al Jesús humano como puede amar al Lincoln humano, pero el amor espiritual de Jesús es algo diferente por completo e infinitamente superior al amor más puro que el corazón humano puede conocer.

En efecto, no es posible amar a Jesús como es debido sino por el Espíritu Santo. Solo la Tercera Persona de la Trinidad puede amar a la Segunda Persona de manera agradable al Padre. El amor espiritual de Jesús no es otra cosa que el Espíritu en nosotros amando a Cristo el Hijo Eterno.

Cristo, según la carne, recibe mucha atención aduladora [...] pero el amor que no es el fluir del Espíritu Santo que mora en nosotros no es verdadero amor espiritual y no puede ser aceptable para Dios. No honramos a Cristo cuando no hacemos más que darle lo mejor de nuestro amor humano [...] Él no es amado como se debe hasta que [...] el Espíritu dentro de nosotros hace el amor.

NCA031-032

Padre, reconozco que tú eres la fuente de todo bien y que depende totalmente de ti. Permite que el Espíritu Santo cree en mí un amor por ti y por todas las personas. Amén.

Marcas del amor

Ahora, pues, permanecen la fe, la esperanza y el amor.
Pero el amor es el más importante.

1 CORINTIOS 13:13

Aunque la importantísima distinción entre el amor humano y el amor espiritual de Jesús es algo que debe discernirse y que apenas puede explicarse, nos aventuramos a señalar algunas marcas que pueden distinguir a ambos.

La reverencia, por una parte, estará siempre presente en el corazón de quien ama a Cristo en el Espíritu. El Espíritu da una santa solemnidad a cada pensamiento sobre Jesús, de modo que es psicológicamente imposible pensar en el verdadero Cristo con humor o ligereza. Tampoco puede haber ninguna familiaridad impropia. La Persona de Cristo excluye todo eso.

Entonces, la humillación se encuentra siempre en el corazón que ama a Jesús con verdadero amor espiritual. Cuando Pablo vio a Jesús, cayó sobre su rostro. Juan cayó como muerto, y cada alma que alguna vez vio y sintió el terror y la maravilla de su gloriosa presencia ha conocido alguna experiencia similar de humillación propia.

Es muy importante que sepamos si nuestra relación con Jesús es divina o humana. Nos conviene averiguarlo ahora. NCA032-033

Espíritu Santo, permite que todos mis pensamientos sobre Cristo estén marcados por la reverencia y el asombro, a fin de que le ame de verdad para la gloria del Padre. Amén.

Para el corazón solitario

Al que puede fortalecerlos conforme a mi evangelio […] al único y sabio
Dios, sea la gloria mediante Jesucristo para siempre. Amén.
ROMANOS 16:25, 27, RVC

El hombre que tendrá lo mejor de Dios se convierte de inmediato en objeto de la atención personal del Espíritu Santo. A tal hombre no se le exigirá que espere a que el resto de la iglesia cobre vida. No lo castigarán por los fracasos de sus compañeros cristianos, ni se le pedirá que renuncie a la bendición hasta que sus adormecidos hermanos lo alcancen.

Dios trata con el corazón individual de manera tan exclusiva como si solo existiera uno.

Si esto pareciera un enfoque individualista en exceso del avivamiento, recordemos que la religión es personal antes de que pueda ser social […]

El cristiano sencillo de hoy debe experimentar un avivamiento personal antes de que pueda esperar traer una vida espiritual renovada a su iglesia.

Es un asunto para el corazón solitario. SIZ015

Espíritu de Dios, concédeme que busque lo mejor de Dios y así convertirme en un gran objeto de tu atención personal y experimentar un avivamiento personal. Amén.

Las cosas visibles y las invisibles

Así que no nos fijamos en lo visible, sino en lo invisible,
ya que lo que se ve es pasajero, mientras que lo que
no se ve es eterno.
2 CORINTIOS 4:18

En efecto, se puede decir sinceramente que todo lo que tiene un valor duradero en la vida cristiana es invisible y eterno. Las cosas que se ven tienen poca importancia real a la luz de la presencia de Dios. Él le presta poca atención a la belleza de una mujer o a la fuerza de un hombre. Para Él, todo lo que importa es el corazón. El resto de la vida solo se tiene en cuenta debido a que representa la morada del ser eterno interior.

La solución a los problemas de la vida es espiritual, pues la esencia de la vida es espiritual. Es sorprendente cuántas dificultades se superan sin ningún esfuerzo cuando la vida interior se endereza.

Si la mitad del tiempo que dedicamos a tratar de arreglar las cosas externas se empleara en corregir nuestro corazón, estaríamos encantados con el resultado. NCA082-083

Oh Espíritu Santo, dame el deseo y la capacidad de fijar mis ojos en lo que es invisible y eterno. Amén.

Conoce tu don

Ahora bien, ustedes son el cuerpo de Cristo,
y cada uno es miembro de ese cuerpo.

1 CORINTIOS 12:27

La tarea de la iglesia es demasiado grande para que la realice una sola persona y demasiado variada para que una sola persona pueda llevarla a cabo.

Dios ha hecho frente a esta dificultad dividiendo la tarea y dando a cada hombre dones que le permitan hacer su parte. Al distribuir el trabajo, la carga se aligera de todos y hace posible la realización sin tropiezos de sus propósitos entre los hombres. Esa es, sin duda, la razón de los dones del Espíritu dados a los diversos miembros de la comunidad cristiana. Aquí, como en otras partes, la multiforme sabiduría de Dios se revela [...]

Bienaventurado el hombre que conoce su don y procura ejercerlo para con los demás miembros del cuerpo de Cristo «como buenos administradores de la multiforme gracia de Dios» (1 Pedro 4:10). NCA080

Espíritu de Dios, concédeme conocer mi don espiritual y la capacidad de usarlo para la edificación del cuerpo de Cristo y la gloria del Padre. Amén.

¡Las flores y los frutos no crecen en el aire!

En cambio, el fruto del Espíritu es amor, alegría, paz,
paciencia, amabilidad, bondad, fidelidad,
humildad y dominio propio.

GÁLATAS 5:22-23

Me gustaría poder hacerles esta pregunta a todos los cristianos del mundo: ¿Están de veras interesados en que Dios produzca en ustedes los hermosos frutos y las fragancias del Espíritu Santo?

Por cada respuesta afirmativa, me apresuro a recomendar: Entonces, mira tu propia voluntad de ser regular en los hábitos de una vida santa, ¡pues las flores y los frutos no crecen en el aire! Crecen y brotan de una raíz y «la raíz de los justos dará fruto» (Proverbios 12:12).

Porque cada hermoso jardín que ves, cuya fragancia sale a darte la bienvenida, tiene sus raíces hundidas en la dura tierra. Las hermosas flores y capullos crecerán y aparecerán, y florecerán solo cuando haya raíces profundas y tallos fuertes. Si quitas las raíces, la flor y el capullo quizá duren un día. El sol los quemará y desaparecerán. WPJO15-016

Padre santo, deseo fervientemente que produzcas en mí los frutos maravillosos de tu Espíritu Santo, a fin de que pueda ser conformado a la imagen de Jesucristo, para gloria de tu nombre. Amén.

Trata con la raíz

Asegúrense de que nadie deje de alcanzar la gracia de Dios;
de que ninguna raíz amarga brote y cause dificultades
y corrompa a muchos.

HEBREOS 12:15

Por extraño que parezca, la armonía en nuestros corazones depende sobre todo de que estemos en armonía con Dios. La mañana no llega con la expulsión de la oscuridad, sino por la espera de la llegada del sol.

Las dificultades de la Iglesia son también espirituales y admiten una respuesta espiritual. Lo que sea que esté mal en la vida de cualquier iglesia puede aclararse reconociendo la naturaleza del problema y tratándolo de raíz.

La oración, la humildad y una aplicación generosa del Espíritu de Cristo curarán casi cualquier enfermedad en el cuerpo de los creyentes. Sin embargo, esto suele ser lo último en lo que pensamos cuando surgen las dificultades. A menudo intentamos curar enfermedades espirituales con medicinas carnales, y los resultados son más que decepcionantes. NCA083

Padre todopoderoso, te imploro hoy que le concedas a tu Iglesia un aumento en la oración ferviente, una nueva medida de humildad y un nuevo poder por medio de tu Espíritu, de modo que te adore con fidelidad y proclame con eficiencia el evangelio de tu Hijo. Amén.

Nada que temer

Si ustedes, aun siendo malos, saben dar cosas buenas a sus hijos,
¡cuánto más el Padre celestial dará el Espíritu Santo
a quienes se lo pidan!

LUCAS 11:13

Creo que cuando Dios afirma que el Espíritu es la promesa del Padre, quiere mostrarnos que no debemos temerle al Espíritu Santo. Digo esto porque he descubierto que es muy difícil lograr que los cristianos superen el miedo al Espíritu Santo. Solo recuerda que Él nos es dado como un don prometido por el Padre. Si un hombre le promete a su hijo una hermosa bicicleta para Navidad, de seguro que el hijo nunca tendrá miedo de la promesa que le hizo un padre que lo ama y quiere darle lo mejor.

Los miembros de la Iglesia redimida deben estar unidos en un vínculo de amor con el Espíritu Santo. La verdad es que Dios nunca engendró su Iglesia aparte del Espíritu Santo. Debemos recibir la unción del Espíritu. El Espíritu es quien nos guía. El Espíritu nos enseña. El Espíritu, por consiguiente, es el medio, la solución divina, en la que Dios sostiene a su Iglesia. La Biblia indica con claridad que Dios nunca soñó con su pueblo aparte del Espíritu Santo. cou099

Padre Santo, perdóname por las veces en que le he temido a tu Espíritu y a su obra. Haz que pueda ceder voluntariamente a su dirección y someterme con gozo a su instrucción. Amén.

La cosecha de una vida bien vivida

El que siembra para agradar al Espíritu,
del Espíritu cosechará vida eterna.

GÁLATAS 6:8

Solo tenemos que someternos al [Espíritu Santo], a fin de obtener [de Él] una recompensa eterna. Las obras hechas en el Espíritu, en obediencia a Cristo y con el propósito de honrar al Dios trino, son semillas de bienaventuranza sin fin.

El primer don de vida no es por obras, sino por la fe en la obra de un Redentor suficiente; pero una vez realizado el milagro del nuevo nacimiento, el cristiano lleva en gran medida su futuro en sus manos. Si se niega a sí mismo y toma su cruz en mansa obediencia, sus obras se convertirán en semillas de vida y gloria eterna.

Puede que olvide sus obras de amor o piense que son pequeñas e inútiles, pero Dios no es indiferente. Él nunca olvida.

La dulce cosecha de una vida bien vivida saldrá al encuentro del sembrador después que termine el trabajo y pase el calor del día.

NCAo87

Padre, concédeme hoy la fuerza para someterme a tu Espíritu, de modo que pueda obedecer a Cristo y, al final, recibir la recompensa eterna que tienes reservada para mí. Amén.

El santuario secreto

Así Dios nos ha entregado sus preciosas y magníficas promesas para que
ustedes, luego de escapar de la corrupción que hay en el mundo
debido a los malos deseos, lleguen a tener parte
en la naturaleza divina.

2 PEDRO 1:4

La enseñanza del Maestro Eckhart es que hay algo muy dentro de las misteriosas profundidades de la vida humana que es desconocido excepto que Dios y el individuo lo saben. A esto lo llamó el «fondo» del alma.

Este «fondo» es, según Eckhart, la materia que en su día recibió la imagen de Dios en la creación. Los poderes menores del alma son los instrumentos a través de los cuales esta misteriosa materia primigenia se hace sentir en el mundo. Estos poderes son la imaginación, la razón, la facultad del habla y los poderes creativos [...]

En este santuario secreto y lejano, Dios se le revela al individuo como un «nacimiento», engendrando una nueva creación por el acto regenerador del Espíritu Santo. Así recibimos de Cristo la misma naturaleza de Dios (2 Pedro 1:4) y se nos prepara de manera espiritual para la plena revelación de Cristo en nosotros, la esperanza de gloria. NCA102

---

*Oh Padre amoroso, lléname de nuevo con tu Espíritu hoy y
santifícame, para que pueda estar preparado para la plena
revelación de Cristo. Amén.*

El delicado toque del Espíritu

Dios puede darles a ustedes con abundancia toda clase de bendiciones,
para que tengan siempre todo lo necesario y además les sobre
para ayudar en toda clase de buenas obras.

2 CORINTIOS 9:8, DHH

El Espíritu Santo nunca difiere de sí mismo, y dondequiera que Él toca una mente humana, sus marcas seguras están siempre presentes con tanta claridad que no puede haber lugar a dudas.

Cualquiera que esté familiarizado con el trabajo del artista francés Millet notará una similitud en todo lo que pintó, como si la personalidad misma del hombre se hubiera metido de alguna manera en la pintura y en el lienzo.

También el Espíritu Santo les enseña lo mismo a todos; por muy diferentes que sean los temas entre sí, en cada uno se puede detectar el toque delicado de la mano del Espíritu. NCA103

Espíritu de Dios, enséñame hoy y deja tu huella en mí, para que los demás sepan que vives y reinas en mí, y así se acerquen al Padre. Amén.

Insiste en la santidad

Deben guardar, con una conciencia limpia,
las grandes verdades de la fe.
1 TIMOTEO 3:9

El hecho es que hoy no estamos produciendo santos. Estamos haciendo conversos a un tipo de cristianismo decadente que se parece poco al del Nuevo Testamento. El así llamado cristiano bíblico promedio en nuestros tiempos no es más que una desdichada parodia de la verdadera santidad. Sin embargo, invertimos millones de dólares en movimientos para perpetuar esta forma degenerada de religión y atacar al hombre que se atreve a desafiar su sabiduría.

Es evidente que debemos empezar a producir mejores cristianos. Debemos insistir en la santidad del Nuevo Testamento para nuestros conversos, nada menos; y debemos conducirlos a un estado de pureza de corazón, amor ardiente, separación del mundo y devoción derramada a la persona de Cristo. Solo así se puede volver a elevar el bajo nivel de espiritualidad donde debe estar a la luz de las Escrituras y de los valores eternos. OGM009

Padre santo, me arrepiento de las formas en que me he conformado con ser solo un converso y no un santo. Concédeme, por tu Espíritu, ser santo como tú eres santo, y conformado a la imagen de Cristo. Amén.

Desde adentro o desde arriba

El que habla, hágalo como quien expresa las palabras mismas
de Dios; el que presta algún servicio, hágalo como
quien tiene el poder de Dios.

1 PEDRO 4:11

En este momento, la iglesia necesita hombres, la clase adecuada de hombres, hombres audaces. Se habla de que necesitamos un avivamiento, que necesitamos un bautismo del Espíritu, y Dios sabe que debemos tener ambas cosas; pero Dios no avivará a los ratones. No llenará conejos con el Espíritu Santo.

Languidecemos por los hombres que se sienten prescindibles en la guerra del alma, que ante las amenazas de muerte no se pueden atemorizar, pues ya murieron a las tentaciones de este mundo. Tales hombres estarán libres de las compulsiones que controlan a los hombres más débiles. No se verán obligados a hacer cosas por la presión de las circunstancias; su única compulsión vendrá desde adentro, o desde arriba. OGM011

Padre, aviva a tu iglesia con el glorioso poder de tu Espíritu, y levanta cristianos piadosos para hacer avanzar el reino de Cristo en este mundo. Amén.

Persigue el amor

Ahora permanecen la fe, la esperanza y el amor, estos tres;
pero el mayor de ellos es el amor.

1 CORINTIOS 13:13, LBLA

Otra promesa de Dios es que el Espíritu Santo, con sus dones y gracias, también nos dará amor genuino los unos por los otros.

Te diré una cosa: Estoy decidido a amar a todos, ¡aunque eso me mate! He puesto mi corazón en esto. Voy a hacerlo.

Algunas personas son encantadoras y amables por naturaleza, pero también hay otras de las que algunos han dicho que solo sus madres podrían amarlas. A pesar de eso, ¡estoy decidido a amarlas por amor a Cristo!

A algunas personas no les gusto, y así lo han dicho. Sin embargo, las voy a amar y no van a poder impedírmelo.

Hermanos, el amor no solo es un sentimiento, el amor es voluntad. Puedes desear amar a la gente. El Señor me dice: «¡Ama a las personas!». Sé muy bien que Él no solo se refiere a sentir amor por ellas. ¡Él quiere decir que debo desear amarlas! TSS11430

Espíritu de Dios, lléname hoy de tu amor para que pueda amar a los demás, en especial a los que están en el cuerpo de Cristo, a fin de que el Padre amoroso sea glorificado. Amén.

Una nota alta de gozo santo

[El que] obedece los preceptos de vida, sin cometer
ninguna iniquidad, ciertamente vivirá y no morirá.

EZEQUIEL 33:15

Nuestra religión debe interferir con nuestra vida privada [porque] vivimos en el mundo, el nombre bíblico para la sociedad humana. Al hombre regenerado le han separado interiormente de la sociedad como a Israel lo separaron de Egipto al cruzar el Mar Rojo.

El cristiano es un hombre del cielo que vive temporalmente en la tierra. Aunque en espíritu se separó del género de los hombres caídos, aún debe vivir en la carne entre ellos. En muchas cosas se les parece, pero en otras difiere de manera tan radical que no pueden sino verlo y resentirse [...]

Sin embargo, no debemos tener la impresión de que la vida cristiana es un conflicto continuo, una lucha ininterrumpida e irritante contra el mundo, la carne y el diablo. Mil veces no. El corazón que aprende a morir con Cristo conoce pronto la bendita experiencia de resucitar con Él, y todas las persecuciones del mundo no pueden acallar la nota alta de santo gozo que brota del alma que se ha convertido en morada del Espíritu Santo. OGM042

*Espíritu de Dios, gracias por morar en mí y avivar mi alma.
Mientras mortifico mi carne diariamente, dame nueva vida en
Cristo cada día. Amén.*

Honra a Jesucristo

Él me glorificará porque tomará de lo mío
y se lo dará a conocer a ustedes.

JUAN 16:14

Honra a Cristo y el Espíritu Santo te honrará. Caminamos con el Espíritu Santo cuando caminamos con Cristo, porque Cristo siempre estará dondequiera que se le honre. El Espíritu Santo honrará al que honra al Salvador, Jesucristo el Señor. Démosle honra dándole el título que le corresponde. Llamémosle Señor. Creamos que Él es el Señor. Llamémosle Cristo. Creamos que Él es el Cristo. Recuerda «que a este Jesús a quien vosotros crucificasteis, Dios le ha hecho Señor y Cristo» (Hechos 2:36b), «y sentándole a su diestra [...] y sometió todas las cosas bajo sus pies, y lo dio por cabeza sobre todas las cosas a la iglesia» (Efesios 1:20, 22).

Cuando honramos a Jesús, el Espíritu de Dios se regocija dentro de nosotros. Él deja de estar encubierto, tiene comunión con nosotros y se revela a sí mismo, y el sol se levanta y el cielo desciende sobre nosotros cuando Jesucristo se vuelve nuestro Todo en todo.

Glorificar a Jesús es asunto de la iglesia, y glorificar a Jesús es obra del Espíritu Santo. Puedo caminar con Él cuando hago las mismas cosas que Él hace, y voy en la misma dirección que Él va, y viajo a la misma velocidad a la que Él avanza. Debo honrarlo mediante la obediencia, el testimonio y el compañerismo. cou139-140

---

*Espíritu Santo, concédeme el deseo y la capacidad de honrarte,
para que Cristo me honre ante el Padre. Amén.*

Santidad para las almas contaminadas

El comienzo de la sabiduría es el temor del Señor;
conocer al Santo es tener discernimiento.

PROVERBIOS 9:10

Venimos a la presencia de Dios con almas contaminadas. Venimos con nuestro propio concepto de moralidad, que hemos aprendido de los libros, de los periódicos y de la escuela. Venimos sucios a Dios […] ¡y no hacemos nada al respecto!

Si viniéramos a Dios sucios, pero temblando, impactados y atemorizados en su presencia, si nos arrodilláramos a sus pies y lloráramos como Isaías: «Perdido estoy, pues soy hombre de labios inmundos» (Isaías 6:5, LBLA), podría entenderlo. Sin embargo, saltamos en su presencia terrible. Estamos sucios, pero tenemos un libro llamado *Siete pasos hacia la salvación* que nos da siete versículos para sacarnos de nuestros problemas. Y cada año tenemos más cristianos, más gente asistiendo a la iglesia, más edificios para iglesias, más dinero y menos espiritualidad y menos santidad. Nos estamos olvidando de la «santidad, sin la cual nadie verá al Señor» (Hebreos 12:14). Les digo esto: Quiero que Dios sea lo que Dios es: el impecablemente e inaccesible Ser Santo, el Santísimo. Quiero que Él sea y siga siendo *EL SANTO*. AOG171-172

Padre santo, perdóname por las formas en que he descuidado la santidad. Lléname hoy de nuevo con tu Espíritu, de modo que pueda desear y buscar fervientemente ser santo como tú eres santo. Amén.

Tan felices como santos

Dichoso aquel cuya ayuda es el Dios de Jacob,
cuya esperanza está en el Señor su Dios.

SALMO 146:5

El clamor infantil por la felicidad puede convertirse en una verdadera trampa. Uno puede engañarse con facilidad a sí mismo cultivando un gozo religioso sin la correspondiente vida justa.

Ningún hombre debe desear ser feliz si no es al mismo tiempo santo. Debe esforzarse por conocer y hacer la voluntad de Dios, dejándole a Cristo el asunto de su felicidad.

Para los que se toman todo esto en serio, tengo una sugerencia: Vayan a Dios y tengan entendimiento. Díganle que tu deseo es ser santo a cualquier precio y, luego, pídele que nunca te dé más felicidad que santidad. Cuando tu santidad se empañe, deja que tu gozo se oscurezca. Y pídele que te haga santo, tanto si eres feliz o no.

Ten por seguro que al final serás tan feliz como santo. OGM049-050

Dios todopoderoso, me arrepiento de las veces en que he buscado ser más feliz que santo, de tomar lo que el mundo me ofrece en lugar de ser más semejante a ti. Dame el deseo de ser más santo que feliz. Amén.

Fe en la fe

Doy gracias a mi Dios por medio de Jesucristo por todos ustedes,
pues en el mundo entero se habla bien de su fe.

ROMANOS 1:8

La verdadera fe requiere que creamos todo lo que Dios ha dicho acerca de sí mismo, pero también que creamos todo lo que ha dicho acerca de nosotros. Hasta que no creamos que seamos tan malos como Dios dice que somos, nunca podremos creer que Él hará por nosotros lo que dice que hará.

Justo aquí es donde se derrumba la religión popular. Nunca acepta del todo la severidad de Dios ni la depravación del hombre. Destaca la bondad de Dios y la desgracia del hombre. El pecado es una fragilidad perdonable y a Dios no le preocupa demasiado. Solo quiere que confiemos en su bondad.

Creer esto es basar la fe en la falsedad y edificar nuestra esperanza eterna sobre la arena. Ningún hombre tiene derecho a elegir entre las verdades reveladas. Dios ha hablado […]

La fe en la fe es fe equivocada. Esperar el cielo mediante tal fe es conducir en la oscuridad a través de un profundo abismo en un puente que no llega al otro lado. OGM061-062

Padre, mi fe es débil e incompleta. Fortalécela, a fin de que pueda creer todo lo que has revelado sobre ti, pues al hacerlo, estoy verdaderamente satisfecho. Amén.

¿Abrirás tu corazón?

Porque somos hechura de Dios, creados en Cristo Jesús para
buenas obras, las cuales Dios dispuso de antemano a fin
de que las pongamos en práctica.

EFESIOS 2:10

La incredulidad dice: En otro tiempo, pero no ahora; en otro
lugar, pero no aquí; a otras personas, pero no a nosotros. La
fe dice: Todo lo que hizo en cualquier otro lugar, lo hará aquí;
todo lo que hizo en cualquier otro momento, está dispuesto a
hacerlo ahora; cualquier cosa que haya hecho por otras personas,
¡está dispuesto a hacerla por nosotros! Con los pies en la tierra y
la cabeza fría, pero con el corazón ferviente en el amor de Dios,
caminamos en esta plenitud del Espíritu si nos rendimos y obedecemos. ¡Dios quiere obrar a través de ti!

El Consejero vino, y a Él no le importan nuestras limitaciones
de localidad, geografía, tiempo o nacionalidad. El Cuerpo de Cristo
es más grande que todo esto. La pregunta es: ¿Abrirás tu corazón?

Cuando Noé envió la paloma y ella no pudo encontrar ningún
lugar para posarse, él «extendió su mano, y tomándola, la hizo entrar consigo en el arca» (Génesis 8:9). Si pudieras recurrir a esa
pequeña ilustración, ¿extenderías tu mano por fe y atraerías al Espíritu Santo hacia ti? Marcaría una gran y maravillosa diferencia en
tu vida. Lo he visto suceder y no hay razón por la cual no pueda
sucederte a ti si obedeces por completo. cou1 29-130

---

*Espíritu de Dios, lléname de fe en este día. Mi corazón está
abierto y preparado para ti. Amén.*

Practica su presencia

¿A dónde podría alejarme de tu Espíritu?
¿A dónde podría huir de tu presencia?
SALMO 139:7

Cultiva el arte de reconocer la presencia del Espíritu en todas partes, todo el tiempo.

El Espíritu del Señor llena el mundo. El Espíritu Santo está aquí, y descubrirás que es imposible huir y esconderte de su presencia. David lo intentó, y en el Salmo 139 dice cómo descubrió que no puede esconderse de Dios.

«Si subiere a los cielos, allí estás tú; y si en el Seol hiciere mi estrado, he aquí, allí tú estás. Si […] habitare en el extremo del mar, aun allí me guiará tu mano, y me asirá tu diestra» (Salmo 139:8-10) […] Él testificó que no podía huir de la presencia de Dios.

Si estás interesado en Él, lo encontrarás donde estés […] El arrepentimiento puede ser necesario. Puede que necesites limpieza en tu vida antes de que el Espíritu Santo venga y avive tu corazón, lo renueve y lo haga fragante con su presencia. Así es que cultivamos la amistad y el compañerismo con el Espíritu. cou129-130

Espíritu Santo, me arrepiento de las formas en que te he limitado, ya sea en mi comprensión o en la resistencia a tu obra. Lléname hoy y muéstrame lo asombroso que eres. Amén.

Dios siempre actúa como Él mismo

Exalten al Señor nuestro Dios; adórenlo en su santo monte:
¡Santo es el Señor nuestro Dios!

SALMO 99:9

Dios siempre actúa como Él mismo, esté donde esté y haga lo que haga. Cuando Dios se hizo carne y habitó entre nosotros, no dejó de actuar como lo venía haciendo desde la eternidad. «Le puso un velo a su deidad, pero no la anuló». El antiguo nombre se atenuó para salvar los ojos indefensos de los hombres mortales, pero cuanto se vio fue fuego verdadero.

Cristo restringió sus poderes, pero no violó su santidad. En todo lo que hizo fue santo, inocente, separado de los pecadores y más alto que el más alto cielo.

Así como en la eternidad Dios actuó como Él mismo y cuando se encarnó en carne humana continuó siendo fiel a su santidad en toda su conducta, así lo hace cuando Él entra en la naturaleza de un hombre creyente. Este es el método por el cual Él santifica al hombre redimido. OGM063-064

Dios santo y poderoso, reconozco que eres el mismo ayer, hoy y siempre. Concédeme que por tu Espíritu te engrandezca y me acerque más a ti en este día. Amén.

Engrandecer, mortificar, simplificar

Si por medio del Espíritu dan muerte a los malos hábitos
del cuerpo, vivirán.
ROMANOS 8:13

Cristo llama a los hombres a llevar una cruz; los llamamos a divertirse en su Nombre. Él los llama a abandonar el mundo; nosotros les aseguramos que si aceptan a Jesús, el mundo será suyo. Él los llama a sufrir; nosotros los llamamos a disfrutar de todas las comodidades burguesas que ofrece la civilización moderna. Él los llama a la abnegación y a la muerte. Nosotros los llamamos a que se extiendan como laureles verdes o incluso a convertirse en estrellas de un lamentable zodíaco religioso de quinta categoría. Él los llama a la santidad; nosotros los llamamos a una felicidad barata y de mal gusto que habría rechazado hasta el menos importante de los filósofos estoicos.

En un mundo como este, con las condiciones como son, ¿qué debe hacer un cristiano serio? La respuesta es fácil de dar, pero difícil de seguir. Primero, acepta la verdad acerca de ti mismo. Busca el reino de Dios y su justicia.

Busca por medio de Jesucristo una relación buena con tus semejantes. Procura reverentemente enmendar tus obras. Engrandece a Dios, mortifica la carne, simplifica tu vida. wos079-080

Espíritu Santo, me arrepiento de las maneras en que he procurado divertirme en lugar de tomar mi cruz. Transforma mis deseos y dame el poder para seguir a Cristo. Amén.

Dispuestos a darlo todo

¿Pueden dos caminar juntos sin antes
ponerse de acuerdo?
AMÓS 3:3

Contrario a lo que les gusta pensar a los que profesan ser cristianos, muchos del pueblo de Dios no están dispuestos a andar en perfecto acuerdo con Él, y esto puede explicar por qué tantos creyentes no tienen el poder del Espíritu, la paz del Espíritu, y muchas otras cualidades, dones y beneficios que provee el Espíritu de Dios.

La pregunta es: ¿estamos dispuestos a caminar con Él en amor y obediencia?

La respuesta es que no podemos caminar con Él a menos que estemos de acuerdo; y si no estamos de acuerdo, no caminaremos con Él en armonía, en dar fruto ni en bendición.

Muchas personas en las iglesias que profesan tener interés en cómo cultivar la compañía del Espíritu no están dispuestas de veras a renunciar a todo para obtenerlo todo. No están dispuestas a volverse por completo a Dios y caminar con Él. cou131-132

Padre santo, anhelo experimentar en mayor medida el poder de tu Espíritu, la paz de tu Espíritu y muchos otros beneficios que Él quiere ofrecerme. Permíteme que pueda cultivar el compañerismo con el Espíritu y así caminar en perfecta alineación contigo. Amén.

De fe y temor

Porque todo el que ha nacido de Dios vence al mundo.
Esta es la victoria que vence al mundo: nuestra fe.

1 JUAN 5:4

Sin importar cuáles sean las circunstancias, los cristianos debemos mantener la cabeza fría. Dios no nos ha dado espíritu de cobardía, sino de poder, de amor y de dominio propio. Es algo triste ver a un hijo del cielo encogerse de terror ante los hijos de la tierra. El Espíritu Santo nos enseña en las Escrituras de la verdad que el temor es una especie de prisión para la mente y que por este podemos pasarnos toda la vida esclavizados.

Retroceder ante la proximidad del dolor mental o físico es natural, pero permitir que nuestra mente se aterrorice es otra cosa. Lo primero es un acto reflejo; lo segundo es el resultado del pecado y es una obra del diablo para esclavizarnos. El terror es, o debería ser, ajeno a la mente redimida.

La verdadera fe libra del temor al interponer de manera consciente a Dios entre ella y el objeto que la atemorizaría. El alma que vive en Dios está rodeada de la Presencia divina, de modo que ningún enemigo puede acercársele sin antes disponer de Dios, una imposibilidad palpable. wos052-053

Espíritu Santo, líbrame de mis temores para que pueda caminar en la seguridad de la fe. Amén.

SEPTIEMBRE

La guerra nunca termina

Tú eres mi Hijo amado; estoy muy complacido contigo.

MARCOS 1:11

El Espíritu de Cristo en nosotros es lo que atraerá el fuego de Satanás. A la gente del mundo no le importará mucho lo que creamos y mirarán con indiferencia nuestras formas religiosas, pero hay una cosa que nunca nos perdonarán: la presencia del Espíritu de Dios en nuestros corazones.

Tal vez no sepan la causa de ese extraño sentimiento de antagonismo que surge en su interior, pero no por eso dejará de ser real y peligroso. Satanás nunca dejará de hacerle la guerra al Hombreniño, y el alma en la que habita el Espíritu de Cristo seguirá siendo el blanco de sus ataques. wos004

Padre, te alabo por enviar tu Espíritu a morar en mi corazón. Mientras el diablo me ataca, fortaléceme a fin de resistirlo para la gloria de tu nombre. Amén.

Fuego interior constante

En esos días derramaré mi Espíritu aun sobre
mis siervos y mis siervas, y profetizarán.

HECHOS 2:18

Dios habita en un estado de perpetuo entusiasmo. Está encantado con todo lo que es bueno y se preocupa con amor por todo lo que está mal.

Él siempre prosigue sus labores en una plenitud de celo santo. Con razón el Espíritu vino en Pentecostés como el sonido de un viento recio que soplaba y se asentó en lenguas como de fuego en sus frentes. Al hacerlo, actuaba como una de las personas de la bendita Trinidad.

Fuera lo que fuese lo que sucedió en Pentecostés, una cosa que el observador más casual no puede pasar por alto fue el repentino surgimiento del entusiasmo moral.

Esos primeros discípulos ardían con un fuego constante e interior. Estaban entusiasmados hasta el punto del abandono total.

OGM005-006

Reconozco que tú, oh Señor, estás eternamente complacido con todo lo que es bueno. Concédeme por tu Espíritu que me regocije en lo que es bueno y así disfrute de una comunión más profunda contigo. Amén.

Sustituto barato de lo real

Al medirse con su propia medida y compararse
unos con otros, no saben lo que hacen.

2 CORINTIOS 10:12

Debemos admitirlo: el nivel de espiritualidad entre nosotros es bajo. Nos hemos medido por nosotros mismos hasta que el incentivo para buscar niveles más altos en las cosas del Espíritu está casi desaparecido.

Amplios e influyentes sectores del mundo del cristianismo fundamental se han excedido en prácticas totalmente contrarias a las Escrituras, injustificables por completo a la luz de la verdad cristiana histórica, y dañinas en lo profundo para la vida interior del cristiano individual.

Han imitado al mundo, buscado el favor popular, han fabricado deleites para sustituir el gozo del Señor, y han producido un poder barato y sintético para sustituir el poder del Espíritu Santo. La luciérnaga ha ocupado el lugar de la zarza ardiente, y personalidades brillantes responden ahora al fuego que cayó en Pentecostés.

OGM008-009

Oh Padre, perdóname por las maneras en que me he conformado con una espiritualidad barata. Concédeme, por el poder de tu Espíritu, que me aparte del mundo, que busque tu aprobación antes que la de los hombres, y que busque el gozo del Señor antes que la felicidad mundana. Amén.

En el silencio o en la tormenta

Tu nombre y tu memoria son el deseo
de nuestra vida.
ISAÍAS 26:8

Si Dios sabe que tu intención es adorarlo con cada parte de tu
ser, Él promete cooperar contigo. De su parte están el amor
y la gracia, las promesas y la expiación, la ayuda constante y la
presencia del Espíritu Santo.

De tu lado hay determinación, búsqueda, entrega, fe. Tu corazón se convierte en una cámara, un refugio, un santuario en el
que puede haber una comunión y un compañerismo continuos e
ininterrumpidos con Dios. Tu adoración se eleva a Dios momento
a momento.

Dos de los mejores sermones de Spurgeon fueron «Dios en el
silencio» y «Dios en la tormenta». El corazón que conoce a Dios
puede encontrar a Dios en cualquier lugar. Sin duda, me uno a
Spurgeon en la verdad de que una persona llena del Espíritu de
Dios, una persona que ha encontrado a Dios en un encuentro vivo,
puede conocer el gozo de adorarlo, ya sea en los silencios de la
vida o en las tormentas de la vida. En realidad, no hay controversia.
Sabemos lo que Dios quiere que seamos. ¡Él quiere que seamos
adoradores! WHT127-128

---

*Señor, estoy decidido a verte y adorarte con todo mi corazón.
Permite que tu Espíritu me ayude hoy a convertirme en la clase de
adorador que deseas que sea. Amén.*

¿Pecar con el silencio?

El que [...] estaba en el mundo, y el mundo fue creado por medio
de él, pero el mundo no lo reconoció. Vino a lo que era suyo,
pero los suyos no lo recibieron.

JUAN 1:10-11

En esta hora de la historia del mundo, el estado de la religión es tal que la Iglesia está en grave peligro de perder [los tesoros espirituales de la sabiduría de Dios]. Su oro se está convirtiendo en cobre y sus diamantes en vidrio. La religión de Caín está ahora en ascenso, y marcha bajo el estandarte de la cruz.

Incluso entre quienes hacen mucho ruido acerca de creer en la Biblia, esa Biblia casi no tiene ninguna influencia práctica. La ficción, las películas, la diversión, la fiesta, el entretenimiento religioso, los ideales de Hollywood, las técnicas de las grandes empresas y las filosofías baratas y mundanas invaden ahora el santuario. El Espíritu Santo contristado se cierne sobre el caos, pero no brota ninguna luz. Los «avivamientos» vienen sin despertar la hostilidad del pecado organizado y pasan sin elevar el nivel moral de la comunidad ni purificar las vidas de los cristianos profesantes. ¿Por qué?

¿Será que demasiados de los verdaderos hijos de Dios [...] están pecando contra Dios por el silencio culpable? Cuando aquellos cuyos ojos se abren por el toque de Cristo se vuelven expresivos y activos, Dios puede comenzar a pelear de nuevo del lado de la verdad. GTM I 79-180

Espíritu de Dios, me arrepiento por las formas en que he ofendido al Espíritu con mi letargo espiritual e ignorancia. Avívame en este día, de modo que pueda buscar una ferviente espiritualidad que me lleve a mayores niveles de madurez. Amén.

El nombre y la naturaleza

Exalten al SEÑOR nuestro Dios; adórenlo ante el estrado
de sus pies: ¡él es santo!
SALMO 99:5

No es suficiente saber cómo se escribe el nombre de Jesús. Si hemos llegado a ser como Él en naturaleza, si hemos llegado al lugar de ser capaces de pedir de acuerdo con su voluntad, Él nos dará las cosas buenas que deseamos y necesitamos. No solo adoramos de nombre. Adoramos a Dios como resultado de un nacimiento de lo alto en el que a Dios le ha placido darnos más que un nombre. Él nos ha dado una naturaleza transformada [...]

¿Por qué debemos engañarnos a nosotros mismos acerca de agradar a Dios en la adoración? Si vivo como un vagabundo mundano y carnal todo el día, y luego me encuentro en un momento de crisis a la medianoche, ¿cómo le pido a un Dios que es santo? ¿Cómo me dirijo a Aquel que me pide que le adore en espíritu y en verdad? ¿Me arrodillo e invoco el nombre de Jesús porque creo que hay algo mágico en ese nombre? WHT 126

Espíritu Santo, lléname de nuevo hoy y avívame para que mi naturaleza se transforme y refleje así la luz de Cristo. Amén.

Domingo y lunes

Te exaltaré, mi Dios, mi Rey, y bendeciré tu nombre eternamente
y para siempre. Cada día te bendeciré, y alabaré tu nombre
eternamente y para siempre.
SALMO 145:1-2, RVR60

Hermano o hermana, si somos hijos creyentes de Dios en quienes el Espíritu Santo nutre gozo, deleite y asombro continuos, no necesitaremos una tormenta en la montaña para mostrarnos cuán glorioso es de veras nuestro Señor.

Es un engaño pensar que porque de repente nos sentimos integrales y poéticos en presencia de la tormenta, de las estrellas o del espacio somos espirituales. Solo necesito recordarte que los borrachos, los tiranos o los criminales también pueden tener esos sentimientos «sublimes». No imaginemos que algo de esto constituya adoración.

No puedo ofrecer adoración que agrade por completo a Dios si sé que estoy albergando elementos en mi vida que le desagradan. No puedo adorar a Dios de verdad y con gozo el domingo y no adorarlo el lunes. No puedo adorar a Dios con un canto de alegría el domingo y luego desagradarlo a sabiendas en mis tratos comerciales el lunes y el martes. WHT124-125

Espíritu Santo, ven a mí hoy y dame la capacidad de ver lo que en mi vida te desagrada y cómo erradicarlo, a fin de que pueda adorarte con fidelidad a ti, al Padre y al Hijo. Amén.

Una vida en armonía

Y todo lo que hagan, de palabra o de obra, háganlo en el nombre del Señor Jesús, dando gracias a Dios el Padre por medio de él.

COLOSENSES 3:17

La Biblia es, entre otras cosas, un libro de verdad revelada. Es decir, se revelan ciertos hechos que no podría descubrir la mente más brillante. Estos hechos son de tal naturaleza que son inescrutables. Estaban ocultos tras un velo, y hasta que ciertos hombres que hablaban movidos por el Espíritu Santo no quitaron ese velo, ningún mortal podía conocerlos.

A este levantamiento del velo del desconocimiento de las cosas imposibles de descubrir lo llamamos revelación divina.

La Biblia, sin embargo, es más que un volumen de hechos hasta ahora desconocidos acerca de Dios, del hombre y del universo. Es un libro de exhortación basado en esos hechos. Con mucho, la mayor parte del libro está dedicada a un esfuerzo urgente para persuadir a las personas a que cambien sus caminos y pongan sus vidas en armonía con la voluntad de Dios tal como se expone en sus páginas. OGM025-026

Padre, muéveme hoy por tu Espíritu a prestarle atención a la exhortación de la Escritura, a fin de que seas glorificado. Amén.

Sobre la pérdida del «Oh»

¡Oh Dios, no guardes silencio! No cierres tus oídos;
no te quedes callado, oh Dios.
SALMO 83:1, NTV

La teología trata de reducir lo que se puede conocerse de Dios a términos intelectuales, y en la medida en que el intelecto puede comprender, puede encontrar palabras para expresarlo.

Cuando Dios mismo se aparece delante de la mente, imponente, vasto e incomprensible, la mente se hunde en el silencio y el corazón clama: «¡Oh Señor, Dios!». Allí reside la diferencia entre el conocimiento teológico y la experiencia espiritual, la diferencia entre conocer a Dios de oídas y conocerlo por familiaridad [...]

Nosotros los cristianos debemos estar atentos para no perder la exclamación «¡Oh!» de nuestros corazones. Existe el peligro real en estos días de que caigamos víctimas de los profetas del aplomo y de los proveedores de tranquilidad, y nuestro cristianismo se reduzca a un simple humanismo evangélico que nunca se inquieta por nada ni se deja vencer por «trances del pensamiento ni sujeciones de la mente» [...]

Cuando la lista calmada de peticiones, y la cortés y apropiada gratitud ocupan el lugar de la oración agobiada que encuentra difícil su expresión, debemos tener cuidado con el siguiente paso, pues de seguro nuestra dirección es hacia abajo, lo sepamos o no.

BAM086-087

Oh Padre, perdóname por perder mi asombro de quién eres. Lléname de nuevo con tu Espíritu para que no me conforme con un simple conocimiento teológico, sino que busque conocerte íntimamente. Amén.

Exaltado seas

Él es anterior a todas las cosas, que por medio de él forman
un todo coherente [...] para ser en todo el primero.
COLOSENSES 1:17-18

Padre, ansío conocerte, pero mi cobarde corazón teme dejar a un lado sus juguetes. No puedo deshacerme de ellos sin sangrar interiormente, y no trato de ocultarte el terror que eso me produce. Vengo a ti temblando, pero vengo. Por favor, desarraiga de mi corazón todas esas cosas que he acariciado durante tanto tiempo y que se han convertido en una parte de mi ser viviente, a fin de que tú puedas entrar y habitar allí sin ningún rival. Entonces harás glorioso el estrado de tus pies. En ese momento, no será necesario que el sol arroje sus rayos de luz dentro de mi corazón, porque tú mismo serás su luz, y no habrá más noche en mí.

Señor, cuán excelentes son tus caminos, y cuan tortuosos y sombríos son los caminos del hombre. Enséñanos a morir, para que resucitemos después a novedad de vida. Rasga de arriba abajo el velo de nuestra propia vida, como rasgaste en dos el velo del templo. Nosotros nos acercaremos a ti en plena certidumbre de fe. Moraremos cada día contigo aquí en esta tierra, para acostumbrarnos a la gloria del cielo cuando lleguemos allá, para morar contigo allí.

POG030, 044

Señor, hoy hago mía esta oración de Tozer, sabiendo que me escuchas cuando clamo a ti y que eres fiel para responderme. Amén.

Actuar con alegría

Me has dado a conocer la senda de la vida; me llenarás de alegría
en tu presencia, y de dicha eterna a tu derecha.

SALMO 16:11

Mi hermano o hermana cristiano, agradécele siempre a Dios por los dones benditos de sensibilidad, conciencia y elección humana que te ha concedido. ¿Eres fiel como creyente cristiano donde Él te ha colocado?

Si Dios te ha llamado de las tinieblas a su luz, deberías adorarle. Si Él te ha declarado que debes mostrar las excelencias, las virtudes, las bellezas del Señor que te ha llamado, debes adorarle con humildad y alegría con el resplandor y la bendición del Espíritu Santo en tu vida.

Es triste que los humanos no siempre actuemos con alegría para Dios en el lugar que Él nos ha señalado. Incluso, podemos permitir que cosas insignificantes e incidentes menores perturben nuestra comunión con Dios y nuestro testimonio espiritual para Aquel que es nuestro Salvador. WHT100-101

Padre, quiero vivir alegremente para ti todos mis días. Concédeme por tu Espíritu que irradie tu gloria en este día. Amén.

No cuán feliz, sino cuán santo

Entonces, ¿qué? ¿Vamos a pecar porque no estamos ya bajo la ley,
sino bajo la gracia? ¡De ninguna manera!

ROMANOS 6:15

El deseo egoísta de felicidad es tan pecaminoso como cualquier otro deseo egoísta. Su raíz está en la carne, que no puede tener ningún valor ante Dios [...] La gente viene cada vez más a excusar todo tipo de maldad con el argumento de que «solo tratan de conseguir un poco de felicidad [...]».

El efecto de este hedonismo moderno se deja sentir también entre el pueblo de Dios. El evangelio se presenta con demasiada frecuencia como un medio para alcanzar la felicidad, la paz mental o la seguridad. Incluso, hay quienes usan la Biblia para «relajarse», como si fuera una droga.

Lo erróneo que es todo esto se descubrirá con facilidad por el simple acto de leer una vez el Nuevo Testamento con meditación. Allí el énfasis no está en la felicidad, sino en la santidad. Dios se preocupa más por el estado del corazón de las personas que por el estado de sus sentimientos. Sin duda, la voluntad de Dios trae la felicidad final a los que obedecen, pero lo más importante no es lo felices que seamos, sino lo santos que seamos. OGM047, 049

Padre, obra en mí por tu Espíritu Santo para que busque la santidad por encima de la felicidad, sabiendo que mi mayor satisfacción es parecerme más a ti. Amén.

La presencia que nunca falla

De repente, vino del cielo un ruido como el de una violenta ráfaga
de viento y llenó toda la casa donde estaban reunidos.

HECHOS 2:2

El Pentecostés no vino y se fue; el Pentecostés vino y se quedó. Cronológicamente, el día se puede encontrar en el calendario histórico; todavía permanece con nosotros de manera dinámica en toda su plenitud de poder […]

Nuestra insensibilidad a la presencia del Espíritu es una de las mayores pérdidas que nos ha costado nuestra incredulidad y preocupación. Lo hemos hecho un principio de nuestro credo, lo hemos encerrado en una palabra religiosa, pero lo hemos conocido muy poco en la experiencia personal.

Satanás nos ha obstaculizado todo lo que ha podido al plantear opiniones contradictorias sobre el Espíritu, convirtiéndolo en tema de acalorados y poco caritativos debates entre cristianos. Mientras tanto, nuestros corazones lo anhelan, y apenas sabemos lo que significa el anhelo.

Nos ayudaría si pudiéramos recordar que el Espíritu mismo es Dios, la verdadera naturaleza de la Deidad que subsiste en una forma que puede impartirse a sí mismo a nuestra conciencia. Su luz sobre el rostro de Cristo es lo que nos permite conocerlo.

TET095-096

Oh Espíritu Santo, me arrepiento de las formas en que te he descuidado a ti y a tu obra. Reconozco que estás presente conmigo en este momento y te pido que me impartas más de ti mismo en este día. Amén.

¿Mimado o crucificado?

Sabemos que nuestra vieja naturaleza fue crucificada con él para
que nuestro cuerpo pecaminoso perdiera su poder, de modo
que ya no siguiéramos siendo esclavos del pecado.

ROMANOS 6:6

Los gigantes espirituales de la antigüedad no tomaban su religión por el camino fácil ni le ofrecían a Dios lo que no les costaba nada. No buscaban la comodidad, sino la santidad, y las páginas de la historia todavía están mojadas con su sangre y sus lágrimas.

Ahora vivimos en tiempos más suaves. ¡Ay de nosotros, pues nos hemos vuelto expertos en el arte de consolarnos sin poder! Es probable que a los que se justifiquen en ese tipo de evasivas no se verán muy afectados por nada de lo que yo pueda decir o escribir [...]

Sin embargo, a quienes quieran escucharme, les diría con toda la urgencia de la que soy capaz: Aunque a la cruz de Cristo la han embellecido el poeta y el artista, es probable que el ávido buscador de Dios la encuentre el mismo implemento salvaje de destrucción que fue en los días de antaño. El camino de la cruz sigue siendo el camino doloroso hacia el fructífero poder espiritual.

Así que no procures esconderte de este. No aceptes un camino fácil. No permitas que te adormezcan en una iglesia cómoda, vacía de poder y estéril de frutos. TET083-084

Padre, perdóname por las formas en que he conmemorado la cruz de Cristo sin tomar mi propia cruz y seguirlo. Permite que tu Espíritu me capacite para aceptar el camino de la cruz y así experimentar un más fructífero poder espiritual. Amén.

Recibieron la alegría

Que el Dios de la esperanza los llene de toda alegría y paz a ustedes
que creen en él, para que rebosen de esperanza por el
poder del Espíritu Santo.

ROMANOS 15:13

Ahora la alegría y la felicidad de estos discípulos eran el gozo, la bendición y el deleite del Espíritu Santo. Su felicidad ya no era la felicidad de Adán, no era la felicidad de la naturaleza. Los seres humanos están ocupados tratando de generar algún tipo de alegría. Lo intentan en los salones de baile, lo intentan con bandas de rocanrol, recurren a los programas de televisión. Sin embargo, seguimos sin ver caras felices de verdad: la gente parece estar siempre en una especie de éxtasis frío. Ese es el esfuerzo por hacer que Adán se alegre, y Adán no es, en esencia, feliz. Adán tiene que morir y volver a la tierra de nuevo e ir al infierno, a menos que se convierta por medio de la sangre de Cristo.

No, el género humano no es básicamente feliz, ¡somos cualquier cosa menos eso! El gozo del Espíritu Santo no es algo elaborado; es un gozo posterior a la resurrección. Cristo salió de la tumba, y el Espíritu del Cristo resucitado regresa a su pueblo. El gozo que tenemos es el gozo que mira hacia atrás, hacia la tumba. No es un gozo que tenemos a pesar de que sabemos que debemos morir; es un gozo que resulta del hecho de que en Cristo ya morimos y resucitamos, y no existe una muerte real para el verdadero hijo de Dios. cou157

Oh Espíritu, lléname hoy con tu alegría, la alegría que viene del Cristo resucitado. Amén.

Una lengua y un corazón agradecidos

Por eso, Señor, te alabo entre las naciones y
canto salmos a tu nombre.

2 SAMUEL 22:50

Todas las cosas buenas y beneficiosas que ofrece el mundo son regalos de Dios Todopoderoso y nos vienen de su amorosa bondad. Añádase a esto toda la riqueza de la gracia que nos llega a través de la expiación de la sangre: la revelación, la redención, la misericordia, el don de la vida eterna y en el Espíritu que mora en nosotros. Por todo esto, estamos en deuda por todo con Dios y para siempre. Nunca podremos pagarle a nuestro Padre celestial ni la más mínima de sus bondades.

En vista de todas estas cosas, un hombre ingrato debe ser un mal hombre aunque solo sea por ser un ingrato. La ingratitud es un gran pecado.

El hombre de mente iluminada siempre se sentirá profundamente humillado cuando considere la bondad de Dios y su propia insignificancia. Es probable que sea muy modesto a la hora de exigir algo más; será demasiado consciente de que ya disfruta mucho más de lo que justifican las circunstancias. TET003-004

Padre, me regocijo en lo que has hecho por mí en Cristo. Llena hoy mi corazón de gratitud por el poder de tu Espíritu, a fin de que pueda darle la gloria debida a tu nombre. Amén.

Corazones cálidos y cabezas frías

El sumo sacerdote que tenemos es tal que se sentó
a la derecha del trono de la Majestad en los cielos.

HEBREOS 8:1, RVC

Los corazones más cálidos y las cabezas más frías en cualquier lugar y en cualquier momento deberían pertenecer siempre a los cristianos. Hay buenas razones para esto. El cristiano está sentado «arriba». Su fortuna no depende de las circunstancias terrenales, sino de Cristo, que lo ha conquistado todo […]

Para el calor de su corazón, el cristiano tiene el amor de Dios que es «derramado» por el Espíritu Santo, mientras que, desde su posición ventajosa en los «lugares celestiales», puede contemplar con calma los agitados acontecimientos de los hombres. En su carne puede ser parte de la escena humana, pero en su espíritu está muy por encima de todo y nunca en ningún momento se conmueve demasiado por lo que ve […]

Puesto que forma parte del propósito eterno de Dios, sabe que al final debe vencer, y puede permitirse estar tranquilo incluso cuando la batalla parece ir por algún tiempo en su contra. El mundo no tiene tal «lugar de dicha» sobre el cual descansar y, por lo tanto, está cambiando constantemente, muy eufórico hoy, abatido de manera terrible mañana y emocionadísimo al día siguiente. TET041-042

Gracias, Padre, por sentarme en los lugares celestiales con tu Hijo por el poder de tu Espíritu. Permite que tal conocimiento me llene hoy de mayor alegría. Amén.

Una nueva persona en un viejo mundo

Surgirá uno para pastorearlos con el poder del Señor,
con la majestad del nombre del Señor su Dios.

MIQUEAS 5:4

El cristiano que ha consagrado su vida a Dios y ha cargado con su cruz no tiene por qué sorprenderse del conflicto en el que se ve envuelto de inmediato. Tal conflicto es lógico; resulta de la naturaleza de Dios, del hombre y del cristianismo.

Descubrirá, por ejemplo, que los caminos de Dios y los caminos de los hombres no son iguales. Descubrirá que las habilidades que aprendió en el mundo de Adán le sirven de muy poco en el reino espiritual. Sus métodos probados y comprobados para hacer las cosas le fallarán cuando intente aplicarlos a la obra del Espíritu. El nuevo Adán no se rendirá al viejo Adán ni adaptará su nueva creación a los métodos del mundo. Dios no compartirá su gloria con otro. El cristiano que busca debe aprender por las malas que no es «con ejército, ni con fuerza, sino con mi Espíritu, ha dicho Jehová de los ejércitos» (Zacarías 4:6). OGM067

Dios todopoderoso, reconozco que tus caminos y los caminos del hombre no son los mismos. Concédeme, por tu Espíritu, que pueda permanecer fiel en este mundo oscuro y apoyarme en ti más que en mi propio entendimiento. Amén.

El lugar de dicha

Les hace prestar oído a la corrección y les pide apartarse del mal [...]
Dios es exaltado por su poder. ¿Qué maestro hay
que se le compare?
JOB 36:10, 22

La obra de Dios no termina cuando se realiza el primer acto de ajuste interior. El Espíritu continuará a partir de allí, a fin de poner la vida total en armonía con ese «lugar de dicha». Esto se forja en el creyente mediante la Palabra y la oración, la disciplina y el sufrimiento.

Dado que esto es cierto y dado que lo conocen las inteligencias celestiales, los métodos que usamos para persuadir a los hombres de que sigan a Cristo deben parecerles extremadamente ilógicos, si no erróneos por completo.

Podría lograrse con un breve curso en cosas espirituales si fuéramos más flexibles, menos tenaces y obstinados; pero casi siempre pasa algún tiempo antes de que aprendamos las duras lecciones de la fe y la obediencia lo suficientemente bien como para permitir que la obra se realice dentro de nosotros con algo cercano a la perfección.

Para llevar muchos hijos a la gloria, Dios obra con lo que tiene, de la manera que puede y por todos los medios, respetando siempre su propio don para nosotros, la libertad de nuestra voluntad. Sin embargo, de todos los medios que utiliza, la Biblia es el mejor.

OGM072-073

Espíritu de Dios, reconozco que tu obra en mí no ha terminado y que te queda mucho por hacer para llevarme a la plena madurez en Cristo. Me rindo hoy a ti. Amén.

Cuidado con la mentalidad de tarjeta de fichero

La religión pura y sin mancha delante de Dios nuestro Padre es esta:
atender a los huérfanos y a las viudas en sus aflicciones, y
conservarse limpio de la corrupción del mundo.

SANTIAGO 1:27

La esencia de la verdadera religión es la espontaneidad, el movimiento soberano del Espíritu Santo sobre los hombres redimidos y en su espíritu libre. A través de los años de la historia humana, este ha sido el sello distintivo de la excelencia espiritual, la evidencia de la realidad en un mundo de irrealidad.

Cuando la religión pierde su carácter soberano y se convierte en simple forma, también se pierde la espontaneidad y, en su lugar, vienen los precedentes, las listas, el sistema y la mentalidad de tarjeta de fichero.

Detrás de la mentalidad de tarjeta de fichero está la creencia de que la espiritualidad puede organizarse. Entonces, en la religión se introducen esas ideas que nunca le pertenecen: números, estadísticas, la ley de los promedios y otras cosas humanas tan naturales.

Y siempre le sigue la muerte rastrera. OGM079

Padre, me arrepiento de las formas en que he convertido el cristianismo en una religión memorística. Permite que me someta a la obra espontánea del Espíritu Santo y avance hacia la excelencia espiritual. Amén.

Así es que funciona

Oren sin cesar, den gracias a Dios en toda situación,
porque esta es su voluntad para ustedes en Cristo Jesús.
1 TESALONICENSES 5:17-18

He aquí cómo funciona la tarjeta de fichero cuando se introduce en la vida cristiana y empieza a crear hábitos mentales: Divide la Biblia en secciones adaptadas a los días del año y obliga al cristiano a leer de acuerdo con la regla. No importa lo que el Espíritu Santo pueda estar tratando de decirle a un hombre, él sigue leyendo donde la tarjeta le indica, marcando obedientemente cada día […]

Inevitablemente, el calendario desplaza al Espíritu y la esfera del reloj oculta el rostro de Dios. La oración deja de ser el aliento libre del alma redimida y se convierte en un deber que cumplir. Y aunque en tales circunstancias consiga que su oración sirva de algo, sigue sufriendo trágicas pérdidas y atando sobre su alma un yugo del que Cristo murió para liberarlo. OGM080-81

Señor Dios, perdóname por las formas en que he vivido de acuerdo con mis propios planes en lugar de someterme a la suave guía de tu Espíritu. Reoriéntame hoy. Amén.

Hazles frente con bondad

Predica la Palabra; persiste en hacerlo, sea o no sea oportuno;
corrige, reprende y anima con mucha paciencia.

2 TIMOTEO 4:2

E s bastante natural, e incluso espiritual, sentir tristeza y pesadumbre cuando vemos a los que profesan ser seguidores de Cristo andar por los caminos del mundo. Y es muy fácil que nuestro primer impulso sea el de ir directamente hacia ellos y reprenderlos con indignación.

Sin embargo, tales métodos rara vez tienen éxito. Tal vez el calor en nuestro espíritu no sea del Espíritu Santo y, si no lo es, puede muy bien hacer más daño que bien [...]

En esto, como en todo lo demás, Cristo es nuestro ejemplo perfecto. Una piadosa y reverente meditación sobre la vida de Cristo nos mostrará cómo oponernos con bondad y reprender con caridad. Y el poder del Espíritu Santo en nosotros nos permitirá seguir su bendito ejemplo. OGM 110-111

Dios santo, perdóname por seguir los caminos del mundo. Lléname con la tristeza piadosa por hacerlo y dame el poder por tu Espíritu para seguir el bendito ejemplo de Cristo. Amén.

Bendiciones a través de la obediencia

Ustedes han sido entre las naciones objeto de maldición,
pero yo los salvaré, y serán una bendición. ¡Cobren ánimo!

ZACARÍAS 8:13

Cristo es para su pueblo muchas cosas maravillosas y le trae tal riqueza de beneficios que la mente no puede comprender ni el corazón hallar palabras para expresarlos.

Estos tesoros son presentes y futuros. El Espíritu de Verdad, hablando por medio de Pablo, nos asegura que Dios nos ha bendecido en Cristo con toda bendición espiritual. Estas son nuestras como hijos de la nueva creación y están disponibles para nosotros ahora por la obediencia de la fe.

Pedro, movido por el mismo Espíritu, nos habla de una herencia que nos garantiza la resurrección de Cristo, una herencia incorruptible, incontaminada e inmarcesible, reservada en los cielos para nosotros.

No hay contradicción aquí, pues un apóstol habla de los beneficios presentes y el otro de los beneficios que se nos conferirán en la venida de Cristo. Y ambos agotan el lenguaje humano para celebrar las muchas bendiciones que ya hemos recibido. OGM 153-154

Padre, gracias por las bendiciones que me has dado ahora y las que recibiré el día en que Cristo vuelva. Concédeme por tu Espíritu que persevere fielmente todos mis días. Amén.

La búsqueda gloriosa

Tres son los que dan testimonio, y los tres están de acuerdo:
el Espíritu, el agua y la sangre.

1 JUAN 5:7-8

Tú y yo somos en pequeño (exceptuando nuestros pecados) lo que Dios es en grande. Al estar hechos a su imagen, tenemos dentro de nosotros la capacidad de conocerlo. En nuestros pecados solo nos falta el poder. En el momento en que el Espíritu nos vivifica en la regeneración, todo nuestro ser siente su parentesco con Dios y salta en gozoso reconocimiento. Ese es el nacimiento celestial, sin el cual no podemos ver el Reino de Dios. Sin embargo, no es el final, sino el principio, pues ahora comienza la búsqueda gloriosa, la feliz exploración del corazón de las riquezas infinitas de la Divinidad. Ahí es donde comenzamos, lo digo, pero donde nos detenemos ningún hombre lo ha descubierto todavía, porque en las imponentes y misteriosas profundidades del Dios Trino no hay límite ni fin. POGO14

Padre, admito humildemente mi debilidad y acudo a tu Espíritu Santo para que me levante y me dé el poder para buscarte, a fin de que pueda comprenderte más y tener una comunión contigo más profunda. Amén.

La paradoja del amor

Oh Dios, tú eres mi Dios; yo te busco intensamente. Mi alma tiene sed de ti;
todo mi ser te anhela, cual tierra seca, extenuada y sedienta.
Te he visto en el santuario y he contemplado
tu poder y tu gloria.

SALMO 63:1-2

Haber encontrado a Dios y seguir buscándole, es la paradoja del amor del alma, que de seguro desprecia el religioso que se satisface con demasiada facilidad, pero justificada en la feliz experiencia por los hijos de corazón ardiente. San Bernardo expresó esta santa paradoja en una cuarteta musical que entenderá al instante cada alma adoradora:

Gustamos de ti, oh Pan viviente,
Y anhelamos deleitarnos aún en ti:
Bebemos de ti, el Manantial
Y nuestras almas sedientas saciar de ti. POGM014-015

Oh Espíritu de Dios, aumenta en mí el deseo de alimentarme de Cristo y gustar de su bondad, a fin de que pueda llegar a ser más como Él. Amén.

La Presencia manifiesta

Los ojos del Señor están en todo lugar,
vigilando a los buenos y a los malos.
PROVERBIOS 15:3

La omnipresencia del Señor es una cosa, y es un hecho solemne necesario para su perfección.

La Presencia manifiesta es otra cosa distinta por completo, y de esa Presencia hemos huido, como Adán, para escondernos entre los árboles del huerto, o como Pedro, para retroceder clamando: «Apártate de mí, Señor, porque soy hombre pecador» (Lucas 5:8).

De modo que la vida del hombre sobre la tierra es una vida alejada de la Presencia, arrancada de ese «lugar de dicha» que es nuestra morada adecuada y apropiada, nuestro primer estado que no guardamos, cuya pérdida es la causa de nuestro incesante desasosiego. POG032-033

Padre, acércame a ti por tu Espíritu e impide que me aleje de ti.
Amén.

Salvos para adorar

Tuyos son, SEÑOR, la grandeza y el poder, la gloria, la victoria y la majestad.
Tuyo es todo cuanto hay en el cielo y en la tierra.

1 CRÓNICAS 29:11

Creo que la iglesia local existe para hacer corporativamente lo que cada creyente cristiano debería hacer de manera individual, y eso es adorar a Dios […]

Somos salvos para adorar a Dios. Todo lo que Cristo hizo por nosotros en el pasado y todo lo que está haciendo ahora conduce a este único fin. Si negamos esta verdad y si decimos que la adoración no es de veras importante, podemos culpar a nuestras actitudes por la gran ola de desarrollo detenido en nuestras comunidades cristianas.

¿Por qué la iglesia de Jesucristo debe ser una escuela espiritual donde casi nadie se gradúa de primer grado? WHT093-094

Padre santo, sé que me crearon para adorarte en Espíritu y en verdad. Lléname hoy con tu Espíritu y avívame para glorificarte en todo lo que hago. Amén.

Cuando Dios irrumpe

No tengas temor ante ellos, porque contigo estoy para librarte
—declara el Señor. Entonces extendió el Señor su mano
y tocó mi boca.
JEREMÍAS 1:8-9, LBLA

Pascal escribió en un papel un breve relato de su experiencia, dobló el papel y lo guardó en un bolsillo cerca de su corazón, al parecer como un recordatorio de lo que había sentido. Quienes lo asistieron a la hora de su muerte encontraron el papel desgastado y arrugado. De puño y letra de Pascal, decía:

Desde las diez y media de la noche hasta las doce y media, ¡fuego! Oh Dios de Abraham, Dios de Isaac, Dios de Jacob, no el Dios de los filósofos y los sabios. El Dios de Jesucristo que solo se puede conocer en los caminos del evangelio. Seguridad, sentimiento, paz, gozo, lágrimas de alegría. Amén.

¿Eran estas las expresiones de un fanático, de un extremista? No. La mente de Pascal fue una de las mejores. Sin embargo, el Dios vivo había irrumpido a través y más allá de todo lo que era humano, intelectual y filosófico. El atónito Pascal solo pudo describir en una palabra la visitación en su espíritu: «¡Fuego!» [...]

Lo que necesitamos entre nosotros es una genuina visitación del Espíritu. WHT090-091

Espíritu Santo, visítame hoy, a fin de que pueda experimentar más de tu paz y gozo en este día. Amén.

El estar y el ver

Así sabrán que yo soy el SEÑOR su Dios, que los sacó de Egipto
para habitar entre ellos. Yo soy el SEÑOR su Dios.
ÉXODO 29:46

Adán pecó y, en su pánico, trató desesperadamente de hacer lo imposible; trató de esconderse de la presencia de Dios. David también debió de tener pensamientos descabellados tratando de escapar de la Presencia, pues escribió: «¿Adónde me iré de tu Espíritu? ¿Y adónde huiré de tu presencia?» (Salmo 139:7).

Luego, a través de uno de sus salmos más hermosos, celebró la gloria de la inmanencia divina. «Si subiere a los cielos, allí estás tú; y si en el Seol hiciere mi estrado, he aquí, allí tú estás. Si tomare las alas del alba y habitare en el extremo del mar, aun allí me guiará tu mano, y me asirá tu diestra» (139:8-10).

Y sabía que el estar de Dios y el ver de Dios son lo mismo, que la Presencia que ve estuvo con él incluso antes de que naciera, observando el misterio del despliegue de la vida. POG057

Padre, perdóname por las veces que he tratado de huir de tu presencia. Sé que no puedo escapar de ti, y hoy quiero acercarme a ti. Gracias por estar conmigo y verme. Amén.

Dios se manifestará

Pero Dios el Señor llamó al hombre y dijo:
—¿Dónde estás?
GÉNESIS 3:9

Si Dios está presente en cada punto del espacio, si no podemos ir a donde Él no está, si ni siquiera podemos concebir un lugar donde Él no esté, ¿por qué entonces esa Presencia no se ha convertido en el único hecho universalmente celebrado del mundo? [...]

La Presencia y la manifestación de la Presencia no son lo mismo. Puede existir la una sin la otra. Dios está aquí aun cuando no somos conscientes por completo de eso. Solo se manifiesta siempre y cuando seamos conscientes de su presencia.

Por nuestra parte, debemos rendirnos al Espíritu de Dios, pues su obra es manifestarnos al Padre y al Hijo. Si cooperamos con Él en obediencia amorosa, Dios se manifestará a nosotros, y esa manifestación marcará la diferencia entre una vida cristiana nominal y una vida que irradia la luz de su rostro. POG057-058

Espíritu de Dios, dame hoy el poder para rendirme a ti y vivir en obediencia a ti, a fin de que pueda conocerte a ti, y al Padre y al Hijo de manera más íntima. Amén.

OCTUBRE

Hombres de oración

Se mantenían firmes en la enseñanza de los apóstoles,
en la comunión, en el partimiento del pan y en la oración.
HECHOS 2:42

[Después de Pentecostés, los discípulos] se deleitaban en la oración y la comunión con Dios. ¿Recuerdas que en los tiempos de oración registrados en los Evangelios el único que podía permanecer despierto era Jesús? Otros trataban de orar, pero se acercaron a Jesús y le dijeron: «Enséñanos a orar» (Lucas 11:1). Él sabía que no se puede enseñar a alguien a orar.

Hoy en día, algunas iglesias anuncian cursos sobre cómo orar. ¡Qué absurdo! Eso es como dar un curso de cómo enamorarse. Cuando el Espíritu Santo viene, toma las cosas de Dios y las traduce a un lenguaje que nuestros corazones puedan entender. Incluso si no conocemos la voluntad de Dios, el Espíritu Santo sí la conoce, y Él ora «con gemidos indecibles» (Romanos 8:26). Estos discípulos eran personas de oración; en el libro de los Hechos los encontrarás en reuniones de oración. Sin embargo, antes de eso, se quedaban dormidos. La diferencia fue por el Espíritu: ahora tenían un gran deleite en la oración. cou162

Espíritu de Dios, enséñame a orar hoy y guíame a orar al Padre con tanta expectativa que mi fe abunde. Amén.

Ciudadanos de dos mundos

Vivamos en este mundo sobria, justa y piadosamente.
TITO 2:12, LBLA

Nuestro problema surge del hecho de que nosotros, los que seguimos a Cristo, habitamos a la vez en dos mundos: el espiritual y el natural. Como hijos de Adán vivimos en la tierra sujetos a las limitaciones de la carne, y a las debilidades y enfermedades de los que es heredera la naturaleza humana. El simple hecho de vivir entre los hombres nos exige años de duro trabajo, y mucho cuidado y atención a las cosas de este mundo.

En marcado contraste con esto está nuestra vida en el Espíritu. Allí disfrutamos de otro tipo de vida superior: somos hijos de Dios; poseemos un estatus celestial y disfrutamos de una comunión íntima con Cristo.

Esto tiende a dividir nuestra vida total en dos departamentos. Llegamos a reconocer de manera inconsciente dos conjuntos de acciones [la sagrada y la secular] [...] [Sin embargo,] la antítesis sagrado-secular no tiene fundamento en el Nuevo Testamento [...] La exhortación de Pablo a «hacedlo todo para la gloria de Dios» (1 Corintios 10:31) es más que un idealismo piadoso [...] Abre ante nosotros la posibilidad de hacer que cada acto de nuestra vida contribuya a la gloria de Dios. POG109-110

Santo Dios, dame visión y fortaleza en este día para vivir según el Espíritu, no según la carne, de modo que siempre tenga presente mi verdadero hogar y me prepare para mi morada eterna allí. Amén.

Adoración: Una palabra preciosa

Ustedes, los cielos, ¡griten de alegría! Tierra, ¡regocíjate!
Montañas, ¡prorrumpan en canciones! Porque el SEÑOR consuela
a su pueblo y tiene compasión de sus pobres.

ISAÍAS 49:13

La fascinación por Dios debe tener necesariamente un elemento de adoración. Quizá me pidan una definición de adoración en este contexto. Diré que cuando adoramos a Dios, todos los hermosos ingredientes de la adoración se vuelven blancos e incandescentes con el fuego del Espíritu Santo. Adorar a Dios significa que le amamos con todas las fuerzas dentro de nosotros. Lo amamos con temor, asombro, anhelo y admiración.

La exhortación de «amarás al Señor tu Dios con todo tu corazón […] y con toda tu mente» (Mateo 22:37) solo puede significar una cosa. Significa adorarlo.

Utilizo la palabra «adorar» con moderación, pues es una palabra preciosa. Amo a los bebés y amo a las personas, pero no puedo decir que los adoro. La adoración la guardo para el Único que la merece. En ninguna otra presencia y ante ningún otro ser puedo arrodillarme con temor reverente, asombro y anhelo, y sentir la sensación de posesión que grita «¡Mío, mío!». WHT088-089

Oh Espíritu Santo, crea dentro de mí un deseo ardiente de amar y adorar a Dios con todo mi ser, que tú traigas a mi vida todos los maravillosos ingredientes de la adoración. Amén.

Se necesita: Un cambio radical

A Dios sea la gloria, pues por su poder eficaz que actúa en nosotros,
él puede hacer muchísimo más de lo que nos podemos imaginar
o pedir. A él sea la gloria.

EFESIOS 3:20-21, NBV

La verdad recibida en poder cambia las bases de la vida de Adán a Cristo y todo un nuevo conjunto de motivos entra a operar en el alma. Un Espíritu nuevo y diferente entra en la personalidad y hace nuevo al hombre creyente en cada aspecto de su ser.

Sus intereses se desplazan de lo externo a lo interno, de lo terrenal a lo celestial. Pierde la fe en la solidez de los valores externos, ve con claridad el engaño de las apariencias externas, y su amor y confianza en el mundo invisible y eterno se fortalecen a medida que se amplía su experiencia.

La mayoría de los cristianos estará de acuerdo con las ideas expresadas aquí, pero el abismo entre la teoría y la práctica es tan inmenso que resulta aterrador. Con demasiada frecuencia, el evangelio se predica y se acepta sin poder, y nunca se produce el cambio radical que exige la verdad. POM020-021

Espíritu Santo, gracias por hacerme una nueva creación en Jesucristo. Inspírame hoy para cambiar mi enfoque de las cosas materiales y externas a las cosas espirituales y eternas. Concédeme también que el abismo entre la teoría y la práctica se cierre en mi vida. Amén.

De uno mismo a Dios

Luego Jesús dijo a sus discípulos:
—Si alguien quiere ser mi discípulo, que se niegue a sí
mismo, tome su cruz y me siga.

MATEO 16:24

Es lamentable que una verdad tan hermosa [como la justificación por la fe] se haya pervertido tanto. Sin embargo, la perversión es el precio que pagamos por no enfatizar el contenido moral de la verdad; es la maldición que le sigue a la ortodoxia racional cuando ha apagado o rechazado el Espíritu de la Verdad.

Al afirmar que la fe en el evangelio efectúa un cambio en el propósito de la vida de uno mismo a Dios, no hago más que constatar los hechos.

Cada hombre con inteligencia moral debe ser consciente de la maldición que lo aqueja en su interior; debe ser consciente de lo que llamamos *ego*, que la Biblia llama *carne* o *yo*, pero por cualquier nombre que se le llame, es un amo cruel y un enemigo mortal.

POM026

Señor misericordioso, perdóname por las formas en que he rechazado al Espíritu de Verdad y pervertido las preciosas verdades del evangelio. Inspírame a aceptar al Espíritu en este día y así luchar contra mi carne pecaminosa y caminar en novedad de vida. Amén.

El desplazamiento divino

Más bien, honren en su corazón a Cristo como Señor.
Estén siempre preparados para responder a todo el que
pida razón de la esperanza que hay en ustedes.

1 PEDRO 3:15

Con [el] deseo de agradar a los hombres tan profundamente plantado dentro de nosotros, ¿cómo podemos arrancarlo de raíz y cambiar nuestro impulso de vida de complacer a los hombres a complacer a Dios?

Bueno, nadie puede hacerlo solo, ni puede hacerlo con la ayuda de otros, ni por educación, ni por formación, ni por ningún otro método conocido bajo el sol. Lo que se requiere es un cambio de la naturaleza (que sea una naturaleza caída no la hace menos poderosa) y este cambio debe ser un acto sobrenatural.

Ese acto lo realiza el Espíritu a través del poder del evangelio cuando se recibe con fe viva. Entonces, Él desplaza lo viejo con lo nuevo. Luego, invade la vida como la luz del sol lo hace en un paisaje, y expulsa los viejos motivos al igual que la luz ahuyenta las tinieblas del cielo. POM029-030

Espíritu de Dios, reemplaza lo viejo con lo nuevo en mi vida hoy, a fin de que sea agradable a Dios y refleje la luz de Cristo en este mundo en tinieblas. Amén.

Un cambio en la fuente de complacencia

*Ellos lo han vencido por medio de la sangre del Cordero
y por el mensaje del cual dieron testimonio; no valoraron
tanto su vida como para evitar la muerte.*

APOCALIPSIS 12:11

La forma en que [la fe] obra en la experiencia es algo así: el hombre creyente se ve abrumado de repente por un sentimiento poderoso de que *Dios es lo único que importa*; pronto esto se manifiesta en su vida mental, y condiciona todos sus juicios y todos sus valores.

Ahora se encuentra libre de la esclavitud de las opiniones de los hombres. Pronto aprende a amar por encima de todo la seguridad de que agrada al Padre que está en los cielos.

Este cambio total en su fuente de complacencia es lo que hace invencibles a los hombres creyentes. Así pudieron los santos y los mártires quedarse solos, abandonados por todo amigo terrenal, y morir por Cristo ante el desagrado universal de la humanidad [...]

[El] evangelio tiene poder para liberar a los hombres de la tiranía de la aprobación social y hacerlos libres para hacer la voluntad de Dios. POM030

Oh Espíritu Santo, crea en mí una conciencia creciente de que el único que importa es Dios, a fin de que todos mis pensamientos, juicios, valores y acciones le sean agradables. Amén.

Aceptación y decisión

El que salga vencedor se vestirá de blanco. Jamás borraré su
nombre del libro de la vida, sino que reconoceré su nombre
delante de mi Padre y delante de sus ángeles.

APOCALIPSIS 3:5

E s hora de que busquemos de nuevo el liderazgo del Espíritu Santo.
El señorío del hombre nos ha costado demasiado caro. La voluntad
intrusiva del hombre ha introducido tal multiplicidad de formas y actividades no bíblicas como para amenazar en gran medida la vida de la
iglesia. Estas desvían cada año millones de dólares de la verdadera obra
de Dios y desperdician horas de trabajo de cristianos en cantidades tan
enormes que son desgarradoras.

Hay otro mal peor que surge de esta incapacidad básica de captar la diferencia radical entre las naturalezas de dos mundos. Es el
hábito de «aceptar» lánguidamente la salvación como si fuera un
asunto menor y estuviera por entero en nuestras manos. Se exhorta
a los hombres a pensar en estas cosas y a «decidirse» por Cristo. Por
un completo malentendido de la noble y verdadera doctrina de la
libertad de la voluntad humana, se hace que la salvación dependa
peligrosamente de la voluntad del hombre en lugar de la voluntad
de Dios. POM037-038

---

*Padre misericordioso y amoroso, ayúdame hoy a someterme al
liderazgo del Espíritu Santo y a rechazar el señorío humano, de
modo que pueda vivir de acuerdo con las Escrituras para la gloria
de tu nombre. Amén.*

¿Qué tanto quieres a Dios?

El que a mí viene nunca pasará hambre y el que en mí
cree nunca más volverá a tener sed.

JUAN 6:35

«Bienaventurados los que tienen hambre y sed de justicia, porque ellos serán saciados» (Mateo 5:6). El hambre y la sed son sensaciones físicas que, en sus estados agudos, pueden convertirse en verdadero dolor.

Ha sido la experiencia de innumerables buscadores de Dios que cuando sus deseos se convierten en dolor, se llenaron de manera repentina y maravillosa. El problema no es persuadir a Dios para que nos llene, sino desear a Dios lo suficiente como para permitirle que lo haga.

El cristiano promedio es tan frío y está tan contento con su condición lastimera que no existe un vacío de deseo en el cual el bendito Espíritu pueda irrumpir con la plenitud satisfactoria. BAM008

Espíritu Santo, crea en mí una gran hambre y sed de justicia, y llename de modo que quede satisfecho con todo lo que tienes para ofrecerme. Amén.

Solos... juntos

No dejaban de reunirse unánimes en el Templo ni un solo día.
De casa en casa partían el pan y compartían la comida
con alegría y generosidad.

HECHOS 2:46

Hay otras experiencias profundas e interiores por completo que no se le pueden contar a nadie: Jacob en Betel y Peniel, Moisés en la zarza ardiente, Cristo en el huerto, Juan en la isla de Patmos son ejemplos bíblicos, y las biografías cristianas revelarán muchos más.

Una comunidad de creyentes debe estar compuesta por personas que han encontrado a Dios en una experiencia individual. Por muy numerosa que sea la familia, cada hijo debe nacer en forma individual [...]

Lo mismo ocurre en la iglesia local. Cada miembro debe nacer del Espíritu de forma individual.

Al lector perspicaz no se le escapará que, mientras cada niño nace separado del resto, nace en una familia, y después de eso debe vivir en la comunidad del resto del hogar [...]

A la iglesia se le llama la casa de Dios, y es el lugar ideal para criar a jóvenes cristianos. BAM112-113

Padre misericordioso y amoroso, te alabo hoy por darme nueva vida por medio de tu Espíritu. Permite que la iglesia sea un entorno propicio para criar jóvenes cristianos que crezcan en sabiduría y estatura para la gloria de tu nombre. Amén.

Adorador primero

Entren por sus puertas con acción de gracias; vengan a sus atrios
con himnos de alabanza. ¡Denle gracias, alaben su nombre!

SALMO 100:4

Nuestro Señor nos ordena que roguemos al Señor de la mies, a fin de que envíe obreros a su mies. Lo que pasamos por alto es que nadie puede ser obrero que no sea primero un adorador. El trabajo que no brota de la adoración es vano [...]

Puede establecerse como un axioma que si no adoramos, nuestro trabajo no es aceptable. El Espíritu Santo puede obrar a través de un corazón que adora y de ninguna otra manera. Podemos seguir todo el procedimiento y engañarnos a nosotros mismos por nuestra actividad religiosa, pero nos estamos preparando para una terrible desilusión algún día.

Sin duda, el énfasis en la enseñanza cristiana actual debe ponerse en la adoración. Hay poco peligro de que nos convirtamos en simples adoradores y descuidemos las implicaciones prácticas del evangelio. La comunión con Dios conduce directamente a la obediencia y a las buenas obras. Ese es el orden divino, y nunca se puede invertir. BAM 125-126

Espíritu de Dios, haz de mi corazón un corazón de adoración en este día, a fin de que puedas obrar de manera poderosa en mí y a través de mí, y que el Padre sea glorificado junto con el Hijo. Amén.

Lugar íntimo y privado

Por la mañana, SEÑOR, escuchas mi clamor; por la mañana te presento
mis ruegos y quedo a la espera de tu respuesta.

SALMO 5:3

Una de las declaraciones más liberadoras del Nuevo Testamento es esta: «Los verdaderos adoradores adorarán al Padre en espíritu y en verdad; porque también el Padre tales adoradores busca que le adoren. Dios es Espíritu; y los que le adoran, en espíritu y en verdad es necesario que adoren» (Juan 4:23-24). Aquí se muestra que la naturaleza de la adoración es espiritual por completo [...]

Desde el punto de vista del hombre, la pérdida más trágica sufrida en la Caída fue el abandono de este santuario interior por el Espíritu de Dios. En el centro oculto del ser humano hay una zarza preparada para ser la morada del Dios Trino.

Allí Dios planeaba descansar y resplandecer con fuego moral y espiritual. El hombre, por su pecado, perdió este privilegio indescriptiblemente maravilloso y ahora debe morar allí solo. Porque es el lugar privado de manera tan íntima que ninguna criatura puede entremeterse; nadie puede entrar sino Cristo, y Él solo entrará por la invitación de la fe. MDPO10

Señor, a ti clamo hoy anhelando más de ti y morar más cerca de ti. Permite que tu Espíritu aumente la fe dentro de mí, a fin de que Cristo entre hoy en los lugares más secretos y privados de mi ser más íntimo. Amén.

El Espíritu Santo no es opcional

Tú, Señor, bendices al justo; cual escudo lo rodeas
con tu buena voluntad.

SALMO 5:12

La realidad cruel y trágica es que los esfuerzos de muchas personas para adorar son inaceptables para Dios. Sin una infusión del Espíritu Santo no puede haber verdadera adoración. Esto es serio. Me resulta difícil descansar en paz por la noche sabiendo que millones de personas cultas y religiosas se limitan a mantener tradiciones de la iglesia y costumbres religiosas y que, en realidad, no llegan a Dios en absoluto.

Debemos adorar humildemente a Dios en espíritu y en verdad. Cada uno de nosotros está ante la verdad para ser juzgado. ¿No está claro ahora que la presencia y el poder del Espíritu Santo de Dios, lejos de ser un lujo opcional en nuestra vida cristiana, es una necesidad? WHT046

Espíritu Santo, llena hoy mi adoración, a fin de que sea aceptable lo que tengo que ofrecer al Padre por medio del Hijo. Amén.

Misterio andante, milagro andante

¿Quién de nosotros puede habitar en el fuego consumidor?
¿Quién de nosotros puede habitar
en la hoguera eterna?
ISAÍAS 33:14

Nuestro Señor no espera que nos comportemos como zombis cuando nos convertimos en cristianos. En cambio, sí espera que abramos nuestra alma al misterio que es Dios. Creo que es apropiado que digamos que un cristiano genuino debe ser un misterio andante, pues de seguro que es un milagro andante.

Mediante la dirección y el poder del Espíritu Santo, el cristiano está involucrado en una vida diaria y un hábito cotidiano que no se puede explicar. El cristiano debe tener sobre sí un elemento que va más allá de la psicología, más allá de todas las leyes naturales y dentro de las leyes espirituales [...]

Creo que en nuestro testimonio y nuestros ministerios, los cristianos debemos ser hombres y mujeres fuera del fuego. Debido a que nuestro Dios es santo, es activamente hostil al pecado. Dios solo puede arder una y otra vez contra el pecado para siempre.

WHT075

Espíritu del Dios Santo, arde hoy en mí, a fin de que luche contra el pecado y busque la justicia, para que seas glorificado y el mundo te alabe por mis buenas obras. Amén.

Salvos para adorar

*Porque nosotros somos la verdadera circuncisión, que adoramos
en el Espíritu de Dios y nos gloriamos en Cristo Jesús,
no poniendo la confianza en la carne.*

FILIPENSES 3:3, LBLA

Incluso en nuestros círculos cristianos somos propensos a depender de técnicas y métodos en la obra que Cristo nos ha dado para hacer. Sin una total dependencia del Espíritu Santo, solo podemos fracasar. Si nos han engañado a creer que podemos hacer la obra de Cristo por nosotros mismos, nunca se llevará a cabo.

El hombre a quien Dios usará debe ser deshecho. Debe ser un hombre que ha visto al Rey en su hermosura. Nunca demos nada por sentado acerca de nosotros mismos, mi hermano o hermana […]

Les repito que Dios nos salvó para ser adoradores. Dios permita que nos muestre una visión de nosotros mismos que nos desvalorice hasta el punto de la devaluación total. Desde allí, puede elevarnos para adorarle y alabarle, y testificar de Él. WHT077-078

Señor, perdóname por las maneras en que he dependido de técnicas y métodos humanos en lugar de depender de tu poderoso y santo Espíritu. Al someterme hoy a la dirección del Espíritu, permite que pueda ser vivificado para adorarte en todo lo que haga. Amén.

No hay adoración sin el Espíritu Santo

Dios es el rey de toda la tierra; por eso, cántenle un salmo
de alabanza. Dios reina sobre las naciones; Dios está
sentado en su santo trono.

SALMO 47:7-8

Encontramos mucho asombro y maravilla espiritual en el libro de los Hechos. Siempre encontrarás estos elementos presentes cuando el Espíritu Santo dirige a los hombres y mujeres creyentes.

Por otro lado, no encontrarás asombro entre hombres y mujeres cuando el Espíritu Santo no está presente.

Los ingenieros pueden hacer muchas cosas grandiosas en sus campos, pero ninguna simple fuerza o dirección humana puede obrar los misterios de Dios entre los hombres.

Si no hay asombro, si no se experimenta el misterio, nuestros esfuerzos por adorar serán inútiles. No habrá adoración sin el Espíritu. wht065

Espíritu de Dios, hoy confieso mi necesidad de ti. Lléname y guíame en todo lo que haga, a fin de que pueda hacer avanzar el reino de Cristo y adorarte en santidad. Amén.

Cultivar significa fructificar

El amor es paciente, es bondadoso. El amor no es envidioso
ni presumido ni orgulloso.

1 CORINTIOS 13:4

Este es el problema. Tratamos de llegar a los frutos del cristianismo por un atajo [...] Todos quieren que les conozcan por
espirituales, cercanos a Dios y caminando en la Verdad [...] Esta
es la respuesta. Cada flor y cada fruto tiene un tallo y cada tallo
tiene una raíz, y mucho antes de que florezca debe haber una
atención cuidadosa de la raíz y del tallo. Aquí es donde radica
el malentendido: pensamos que obtenemos la flor, la fragancia y el
fruto por algún tipo de magia, en lugar de por el cultivo [...]

«Sed, pues, imitadores de Dios [...]. Y andad en amor, como
también Cristo nos amó» (Efesios 5:1–2). Esta es la semejanza de
Cristo en el corazón y en la vida del ser humano, ¡y nuestro prójimo está esperando verlo en nuestra vida! wpjo2o

---

*Padre, haz que el fruto de tu Espíritu abunde en mi vida para que
pueda ser más semejante a Cristo y te glorifique. Amén.*

Un resplandor sobrenatural

Estas cosas les he hablado, para que mi gozo esté en ustedes,
y su gozo sea completo.

JUAN 15:11, RVC

Un rasgo distintivo de los primeros cristianos era un resplandor sobrenatural que brillaba desde su interior. El sol había salido en sus corazones, y su calor y luz hacían innecesaria cualquier fuente secundaria de seguridad.

Tenían el testimonio interior. Sabían con una conciencia inmediata que no requería manipulación de pruebas para darles una sensación de certeza. Un gran poder y una gran gracia marcaban sus vidas, permitiéndoles regocijarse al sufrir vergüenza por el nombre de Jesús.

Es obvio que el cristiano evangélico promedio de hoy carece de este resplandor. Los esfuerzos de algunos de nuestros maestros para animar nuestros espíritus mustios son vanos, pues esos mismos maestros rechazan el mismo fenómeno que naturalmente produciría alegría, a saber, el testimonio interno [...] «El que cree en el Hijo de Dios, tiene el testimonio en sí mismo» (1 Juan 5:10). BAM013

Padre santo, lamento el hecho de que la iglesia de hoy a menudo carece del resplandor que caracterizó a la iglesia primitiva. Avívanos hoy para que podamos brillar como el sol y así glorificar tu nombre. Amén.

Todo suyo

Ama al Señor tu Dios con todo tu corazón, con todo tu ser,
con todas tus fuerzas y con toda tu mente.

LUCAS 10:27

Señor, confiaré por completo en ti; seré todo tuyo; te exaltaré por encima de todo.

Quiero sentir que, aparte de ti, no poseo nada. Quiero sentir que me encuentro siempre bajo la sombra de tu presencia, y que escucho tu voz y que tú eres el que me habla.

Anhelo vivir tranquilo, seguro de la sinceridad de mi corazón.

Quiero vivir tan lleno del Espíritu, que todos mis pensamientos sean como incienso de olor suave para ti, y que cada acto de mi vida sea un acto de adoración. Por eso oro con las palabras de tu gran siervo de antaño: «Te ruego que purifiques los pensamientos de mi corazón, y derrames tu Espíritu, para que yo pueda amarte con amor perfecto y alabarte como tú mereces.

Tengo la seguridad de que me concederás todo esto, porque te lo pido por los méritos de tu Hijo Jesucristo. Amén. POG118

Padre Santo, hoy hago mía esta oración. Escucha mi clamor a ti, el único Fiel. Amén.

El Espíritu Santo actúa como Jesús

Pero Dios, que es rico en misericordia, por su gran amor por nosotros,
nos dio vida con Cristo, aun cuando estábamos muertos
en pecados. ¡Por gracia ustedes han sido salvados!

EFESIOS 2:4-5

El Espíritu Santo es el Espíritu de vida, luz y amor. En su naturaleza increada, Él es un ilimitado mar de fuego, fluyendo, moviéndose siempre, desarrollando al moverse los propósitos eternos de Dios.

Con respecto a la naturaleza realiza una clase de obra, con respecto al mundo otra y con respecto a la iglesia otra. Y cada acto suyo está de acuerdo con la voluntad del Trino Dios. Él nunca actúa por impulso ni se mueve por una decisión rápida o arbitraria.

Dado que Él es el Espíritu del Padre, siente hacia su pueblo exactamente como el Padre, de modo que no es necesaria que de nuestra parte haya ninguna sensación de extrañeza en su presencia. Él siempre actuará como Jesús: hacia los pecadores con compasión, hacia los santos con cálido afecto, hacia el sufrimiento humano con la más tierna piedad y amor. POMO71

Espíritu Santo, te alabo hoy, regocijándome en la verdad que me das vida, luz y amor. Muévete con ternura sobre mí, a fin de que pueda sentir más los afectos del Padre y del Hijo hacia mí. Amén.

El resultado del avivamiento

—Yo soy el Dios Todopoderoso. Anda delante de mí y sé íntegro [...]
Abram cayó rostro en tierra.

GÉNESIS 17:1-3

¿Qué [sucede] en una iglesia cristiana cuando una obra renovadora y vital del Espíritu de Dios trae un avivamiento?

En mis estudios y observaciones, un avivamiento casi siempre resulta en un repentino otorgamiento de un espíritu de adoración. Esto no es el resultado de la ingeniería ni de la manipulación. Es algo que Dios les otorga a las personas que tienen hambre y sed de Él. Con la renovación espiritual vendrá un espíritu bendito de adoración amorosa.

Estos creyentes adoran con gozo debido a que tienen una visión elevada de Dios. En algunos círculos, a Dios lo han abreviado, reducido, modificado, corregido, cambiado y enmendado hasta que ya no es el Dios alto y sublime que vio Isaías. Debido a que Él se ha reducido en la mente de tantas personas, ya no tenemos aquella ilimitada confianza que solíamos tener en su carácter. WHT086

Padre, aviva tu iglesia por el Espíritu para que seas adorado como es debido y que los perdidos encuentren el camino hacia ti. Amén.

Tiempo de arrepentirse

Que abandone el malvado su camino y el perverso sus pensamientos.
Que se vuelva al Señor.

ISAÍAS 55:7

Es hora de que nos arrepintamos, pues nuestras transgresiones en contra de la bendita Tercera Persona han sido muchas y muy graves. Lo hemos maltratado de manera implacable en la casa de sus amigos. Lo hemos crucificado en su propio templo como crucificaron al Hijo Eterno en el monte sobre Jerusalén. Y los clavos que usamos no fueron de hierro, sino del material más fino y precioso del cual está hecha la vida humana.

De nuestros corazones tomamos los metales refinados de la voluntad, el sentimiento y el pensamiento, y con ellos forjamos los clavos de la sospecha, la rebelión y la indiferencia.

Con pensamientos indignos acerca de Él y actitudes hostiles hacia Él, lo contristamos y lo apagamos por días sin fin.

El arrepentimiento más verdadero y aceptable es revertir los actos y actitudes de los que nos arrepentimos. POM071-072

Señor misericordioso, confieso que a veces he agravado la obra de tu Espíritu y lo he maltratado. Cultiva en mí actitudes rectas y amorosas hacia Él, de modo que Él sea honrado y glorificado como es debido. Amén.

¡Bienvenido, Espíritu Santo!

En todas sus angustias Él fue afligido, y el ángel de su presencia
los salvó […] Mas ellos se rebelaron y contristaron
su santo Espíritu.

ISAÍAS 63:9-10, LBLA

La mejor manera de arrepentirnos de nuestra negligencia es no descuidar más [al Espíritu Santo].

Empecemos a pensar en Él como Alguien a quien hay que adorar y obedecer.

Abramos de par en par todas las puertas e invitémosle a entrar.

Entreguémosle a Él cada habitación del templo de nuestros corazones e insistamos en que Él entre y ocupe como Señor y Maestro dentro de su propia morada.

Y recordemos que Él se siente atraído por el dulce nombre de Jesús como las abejas se sienten atraídas por la fragancia del trébol.

Donde se honra a Cristo, de seguro que el Espíritu se sentirá bienvenido; donde se glorifique a Cristo, se moverá libremente, complacido y en su hogar. POM072

Espíritu de Dios, hoy abro de par en par la puerta de mi corazón y te pido que entres de una manera nueva y habites más ricamente en mí. Quiero abrazarte a ti y a tu obra con todas mis fuerzas y adorarte con todo mi corazón. Amén.

Como son ellos, así es Él

Este es mi siervo, a quien he escogido, mi amado, en quien me deleito;
sobre él pondré mi Espíritu y proclamará justicia a las naciones.

MATEO 12:18

Ante la pregunta reverente «¿Cómo es Dios?», una respuesta apropiada siempre será: «Él es como Cristo». Debido a que Cristo es Dios, y el Hombre que caminó entre los hombres en Palestina era Dios actuando como Él mismo en la situación conocida donde lo colocó su encarnación.

A la pregunta: «¿Cómo es el Espíritu?», la respuesta siempre debe ser: «Él es como Cristo». Puesto que el Espíritu es la esencia del Padre y del Hijo. Como son ellos, así es Él. Como nos sentimos hacia Cristo y hacia nuestro Padre que está en los cielos, así debemos sentirnos hacia el Espíritu del Padre y del Hijo. POM070-071

Te alabo, Dios trino, por tu poder y gloria. Revélame, por tu Espíritu, cuán maravilloso eres para que pueda amarte cada día más. Amén.

La experiencia del conocimiento

El que no tiene el Espíritu no acepta lo que procede del Espíritu
de Dios, pues para él es locura. No puede entenderlo,
porque hay que discernirlo espiritualmente.

1 CORINTIOS 2:14

Cuando el Espíritu ilumina el corazón, una parte del hombre ve lo que nunca antes vio; una parte de él conoce lo que nunca antes conoció, y eso con una especie de conocimiento que el pensador más agudo no puede imitar. Ahora sabe de una manera profunda y confiable, y lo que sabe no necesita pruebas razonadas. Su experiencia del conocimiento está por encima de la razón, es inmediata, perfectamente convincente y satisfactoria en su interior.

«El hombre no puede recibir nada». Ese es el peso de la Biblia. Sea lo que sea lo que los hombres piensen de la razón humana, Dios la tiene en poca estima […]

La incapacidad de la razón humana como órgano del conocimiento divino no surge de su propia debilidad, sino de su ineptitud para la tarea por su propia naturaleza. No fue dada como un órgano por el cual conocer a Dios. POM076

Padre, mientras leo y medito en las Escrituras hoy, capacítame por tu Espíritu para discernir las cosas espirituales. Amén.

No hay verdad si no es por el Espíritu

No tendrías ningún poder sobre mí si no
se te hubiera dado de arriba.

JUAN 19:11

En todas partes [...] encontramos personas a las que la Biblia les enseña, pero no les enseña el Espíritu. Conciben la verdad como algo que pueden captar con la mente.

Si un hombre manifiesta los fundamentos de la fe cristiana, se piensa que posee la verdad divina. Sin embargo, no es así. No hay verdad si no es por el Espíritu.

El intelecto más brillante puede resultar necio ante los misterios de Dios. Para que un hombre comprenda la verdad revelada se requiere un acto de Dios igual al acto original que inspiró el texto.

«Si no te fuese dada de arriba» (Juan 19:11). He aquí la otra cara de la verdad; he aquí la esperanza para todos, pues estas palabras de seguro significan que existe tal cosa como un don de conocer, un don que viene del cielo. POM077

Espíritu de Dios, guárdame de confiar en mi propio intelecto e ilumina mi corazón, a fin de que pueda comprender las cosas divinas y así glorificarte. Amén.

Sabiduría celestial

Encamíname en tu verdad. Y enséñame, porque tú eres mi Dios
y mi salvación. ¡En ti pongo mi esperanza todo el día!

SALMO 25:5

Los antiguos creyentes judíos de la época precristiana, que nos dieron los libros (poco conocidos para los protestantes modernos) de la Sabiduría de Salomón y el Eclesiástico, creían que es imposible que un corazón impuro conociera la verdad divina.

Porque en el alma maliciosa no entrará la sabiduría; ni morará en el cuerpo que está sujeto al pecado. Porque el espíritu santo de la disciplina huirá del engaño, y apartará de sí los pensamientos sin entendimiento, y no permanecerá cuando entre la injusticia.

Estos libros, junto con nuestro conocido libro de Proverbios, enseñan que el verdadero conocimiento espiritual es el resultado de una visitación de la sabiduría celestial, una especie de bautismo del Espíritu de la Verdad que viene a los hombres temerosos de Dios.

Esta sabiduría siempre está asociada a la justicia y a la humildad, y nunca se encuentra separada de la piedad y de la verdadera santidad de vida. POM083-084

---

*Padre santo, concédeme por tu Espíritu que pueda crecer en
justicia, humildad, piedad y santidad, y así crecer en sabiduría
celestial. Amén.*

El Espíritu como fuente de poder

Pero cuando venga el Espíritu Santo sobre ustedes,
recibirán poder.

HECHOS 1:8

Algunos buenos cristianos han malinterpretado este texto y han dado por sentado que Cristo les dijo a sus discípulos que iban a recibir el Espíritu Santo *y* el poder, el poder que vendría después de la venida del Espíritu [...] Sin embargo, la verdad es que Cristo no enseñó la venida del Espíritu Santo *como* poder; el poder y el Espíritu son lo mismo [...]

Nuestro Señor antes de su ascensión, les dijo a sus discípulos: «Quedaos vosotros en la ciudad de Jerusalén, hasta que seáis investidos de poder desde lo alto» (Lucas 24:49). Esa palabra *hasta* es una palabra de tiempo; indica un punto con relación al cual todo es antes o después.

De modo que la experiencia de esos discípulos podría expresarse así: Hasta ese momento *no habían* recibido el poder; en ese momento *recibieron* el poder; después de ese momento *habían* recibido el poder. Ese poder, todavía activo en la Iglesia, le ha permitido existir durante casi veinte siglos. POM085-087

Espíritu Santo, eres el poder que necesito para vivir como Cristo lo ha mandado. Dame hoy el poder, a fin de vivir según su Palabra para la gloria del Padre. Amén.

Una potencia sobrenatural

Que el Dios de la esperanza los llene de toda alegría y paz a ustedes
que creen en él, para que rebosen de esperanza por el
poder del Espíritu Santo.

ROMANOS 15:13

«Recibiréis poder». Con esas palabras, nuestro Señor elevó la expectativa de sus discípulos y les enseñó a esperar la llegada de una potencia sobrenatural a sus naturalezas [...] Sería nada menos que Dios mismo entrando en ellos con el propósito de reproducir finalmente su propia semejanza en ellos.

He aquí la línea divisoria que separa el cristianismo de todo ocultismo y de todo tipo de culto oriental [...] Cada uno de ellos aconseja: «Sintonízate con el infinito», o «Despierta al gigante que llevas dentro», o «Sintonízate con tu potencial oculto» o «Aprende a pensar de forma creativa».

Todo esto puede tener algún valor fugaz como un estímulo psicológico, pero sus resultados no son permanentes, pues en el mejor de los casos, basa sus esperanzas en la naturaleza caída del hombre y no conoce ninguna irrupción desde arriba. POM088

Padre celestial, lléname con tu Espíritu y capacítame hoy con su poder para ser conformado a Cristo, a fin de que tu semejanza se reproduzca en mí. Amén.

No se trata de una religión de autoayuda

El que siembra para agradar a su carne, de esa misma carne
cosechará destrucción; el que siembra para agradar al
Espíritu, del Espíritu cosechará vida eterna.

GÁLATAS 6:8

El cristianismo da por sentada la ausencia de cualquier autoayuda y ofrece un poder que es nada menos que el poder de Dios. Este poder vendrá sobre los hombres impotentes como una suave pero irresistible invasión de otro mundo, aportando una potencia moral infinitamente superior a todo lo que pueda suscitarse en el interior. Este poder es suficiente [...] porque es el Espíritu Santo de Dios que viene allí donde se encuentra la debilidad, a fin de proporcionar el poder y la gracia para satisfacer la necesidad moral.

Frente a una disposición tan poderosa como este cristianismo ético (si se me permite el término) se encuentra [...] una copia infantil de los «ideales» de Cristo, ¡un esfuerzo lamentable por llevar a cabo las enseñanzas del Sermón del Monte! Todo esto no es más que un juego de niños religiosos y no es la fe de Cristo y del Nuevo Testamento. POMo88-089

Padre santo, concédeme por el poder de tu Espíritu que desee y busque la santidad más que la felicidad, a fin de ser conforme a la imagen gloriosa de tu Hijo. Amén.

La clase de poder de Dios

Yo soy la vid y ustedes son las ramas. El que permanece en mí,
como yo en él, dará mucho fruto; separados de mí no
pueden ustedes hacer nada.

JUAN 15:5

«Recibiréis poder». Esta fue y es una inspiración divina única, una investidura de energía sobrenatural que afecta cada una de las partes de la vida del creyente y permanece con él para siempre. No es poder físico, ni siquiera poder mental, aunque puede tocar todo lo mental y lo físico en su obra benigna.

Es, también, otra clase de poder que el que se ve en la naturaleza, en la atracción lunar que crea las mareas o en el furioso destello que parte el gran roble durante una tormenta.

Este poder de Dios opera en otro nivel y afecta otra parte de su amplia creación. Es poder espiritual. Es la clase de poder que es Dios.

Es la capacidad de alcanzar fines espirituales y morales. Su resultado a largo plazo es producir un carácter semejante al de Dios en hombres y mujeres que alguna vez fueron totalmente malvados por naturaleza y elección. POM089-090

Dios santo, permite que tu Espíritu me llene hoy e influya en cada parte de mi ser, de modo que pueda permanecer en Cristo y amarlo con todo mi corazón, mente y fuerza. Amén.

NOVIEMBRE

Presión sobre el corazón

Ustedes actuarán con fidelidad e integridad, bajo el temor
del Señor [...] ¡Anímense y manos a la obra! El Señor
estará con los que actúen bien.
2 CRÓNICAS 19:9, 11

El luchador logra sus fines por la presión de su cuerpo físico sobre el cuerpo de su oponente; el maestro por la presión de las ideas sobre la mente del alumno; el moralista por la presión del deber sobre la conciencia del discípulo. Así el Espíritu Santo realiza su bendita obra por contacto directo con el espíritu humano [...]

El Espíritu de Dios puede usar una canción, un sermón, una buena acción, un texto, o el misterio y la majestuosidad de la naturaleza, pero siempre la obra final se realizará por la presión del Espíritu vivo sobre el corazón humano. POM090-091

Espíritu Santo de Dios, gracias por estar presente conmigo hoy. Tócame y realiza tu bendita obra en mí, y usa cualquier medio para hacerlo, a fin de que pueda ser transformado. Amén.

Una esencia volátil

El viento sopla por donde quiere y oyes su sonido, aunque ignoras
de dónde viene y a dónde va. Lo mismo pasa con todo
el que nace del Espíritu.

JUAN 3:8

Un significado de la palabra poder es «capacidad de hacer». Ahí está precisamente la maravilla de la obra del Espíritu en la Iglesia y en el corazón de los cristianos, su segura capacidad para hacer realidad en el alma las cosas espirituales.

Este poder puede ir de forma directa a su objetivo con penetrante inmediatez; puede difundirse a través de la mente como una esencia volátil infinitamente delicada consiguiendo fines por encima de los límites del intelecto y más allá de estos.

La realidad es su tema a debatir, la realidad en el cielo y en la tierra. No crea objetos que no existen, sino que revela objetos ya presentes y ocultos para el alma.

En la experiencia humana real, es probable que esto se perciba primero en un sentido elevado de la presencia de Cristo. Se siente que es una persona real y que está cercana de manera íntima y asombrosa. Entonces, todos los demás objetos espirituales comienzan a manifestarse con claridad ante la mente. POM092

Oh Espíritu Santo, actúa hoy sobre mí con tu poder y haz que las cosas espirituales sean reales para mi alma, de modo que pueda tener un mayor sentido de la presencia de Cristo conmigo. Amén.

Establecimiento de la dirección

En cambio, crezcan en la gracia y el conocimiento de nuestro
Señor y Salvador Jesucristo. ¡A él sea toda la gloria ahora
y para siempre! Amén.

2 PEDRO 3:18, NTV

Una vez que comienza la obra del Espíritu Santo en nuestro corazón, la gracia, el perdón y la purificación adquieren una nitidez casi corporal.

La oración pierde su cualidad de sinsentido y se convierte en una dulce conversación con Alguien que está de veras allí. El amor a Dios y a los hijos de Dios se apodera del alma. Nos sentimos cerca del cielo, y ahora la tierra y el mundo son los que empiezan a parecernos irreales [...]

Entonces, toda la vida cambia para adaptarse a la nueva realidad y el cambio es permanente. Puede haber ligeras fluctuaciones, como las subidas y bajadas de la línea en un gráfico, pero la dirección establecida es ascendente y se mantiene el terreno conquistado.

Esto no es todo, pero dará una razonable idea de lo que significa cuando el Nuevo Testamento habla de poder, y tal vez por contraste podamos aprender cuán poco poder disfrutamos. POM092-093

Te alabo, Espíritu de Dios, por los cambios que has realizado en mi vida. Continúa derramando tu gracia, purificación y amor sobre mí, a fin de que pueda acercarme más a ti y llegar a ser más semejante a mi precioso Salvador. Amén.

Poder: La gran necesidad

A cada uno se le da una manifestación especial del Espíritu
para el bien de los demás.
1 CORINTIOS 12:7

Creo que no puede haber duda de que en este momento la necesidad que supera a todas las demás necesidades en la Iglesia de Dios es el poder del Espíritu Santo. Más educación, mejor organización, mejores equipos, métodos más avanzados, todo es ineficaz.

Es como traer un mejor respirador después que ya murió el paciente. Por buenos que sean, nunca podrán dar vida. «El espíritu es el que da vida» (Juan 6:63). Por buenos que sean, nunca pueden dar poder. «De Dios es el poder» (Salmo 62:11).

El protestantismo está en el camino equivocado cuando solo trata ganar mediante un «frente unido». No es la unidad organizativa lo que más necesitamos; la gran necesidad es el poder. POM093

Padre, me arrepiento de las maneras en que he confiado en las tradiciones humanas en lugar del poder de tu Espíritu. Concédeme que toda tu iglesia y yo experimentemos un nuevo movimiento del poder de tu Espíritu. Amén.

Silencio y autoexamen

Si se enojan, no pequen; cuando estén en sus camas
examinen en silencio sus corazones.

SALMO 4:4

Me gustaría sugerir que nosotros, los cristianos creyentes en la Biblia, anunciemos una moratoria en la actividad religiosa y pongamos nuestra casa en orden, a fin de prepararnos para la llegada de una inspiración de lo alto.

Tan carnal es el cuerpo de cristianos que compone el ala conservadora de la iglesia, tan escandalosamente irreverentes son nuestros servicios públicos en algunos sectores, tan degradados son nuestros gustos religiosos en otros, que la necesidad de poder difícilmente podría haber sido mayor en cualquier momento de la historia. Creo que nos beneficiaríamos en gran medida si declaráramos un período de silencio y autoexamen durante el cual cada uno de nosotros escudriñara su propio corazón y tratara de cumplir todas las condiciones para un verdadero bautismo de poder de lo alto. POM093

Padre misericordioso, perdóname por las formas en que he actuado en carne pecaminosa y he sido irreverente. Concédeme, por tu Espíritu, que me examine a mí mismo y que camine con más fidelidad por tus caminos. Amén.

Solo el Espíritu

Jesús, que se te apareció en el camino, me ha enviado para
que recobres la vista y seas lleno del Espíritu Santo.

HECHOS 9:17

Podemos estar seguros de una cosa, que para nuestro grave problema no hay cura excepto de una visitación, sí, una invasión de poder de lo alto.

Solo el Espíritu mismo puede mostrarnos lo que está mal en nosotros y solo el Espíritu puede prescribir la cura.

Solo el Espíritu puede salvarnos de la adormecedora irrealidad del cristianismo sin el Espíritu.

Solo el Espíritu puede mostrarnos al Padre y al Hijo.

Solo la obra interna del poder del Espíritu puede develarnos la solemne majestad y el misterio del Dios Trino que cautiva el corazón. POM094

Espíritu Santo, escudríñame y conóceme, y revélame los aspectos en los que necesito santificación y sanación, a fin de que pueda ver con más claridad al Padre y al Hijo, y descubrir más de tu poder. Amén.

El pueblo del fuego

El que viene después de mí es más poderoso que yo y ni siquiera merezco llevarle las sandalias. Él los bautizará con el Espíritu Santo y con fuego.

MATEO 3:11

Con la venida del Espíritu Santo en Pentecostés se continuó con la misma imagen (fuego). «Y se les aparecieron lenguas repartidas, como de fuego, asentándose sobre cada uno de ellos» (Hechos 2:3). Lo que vino sobre los discípulos en el aposento alto fue nada menos que Dios mismo.

A sus ojos mortales, Él apareció como fuego, ¿y no podemos concluir con certeza que esos creyentes instruidos por las Escrituras supieron de inmediato lo que eso significaba? El Dios que se les había aparecido como fuego a lo largo de toda su larga historia ahora moraba en ellos como fuego. Había pasado del exterior al interior de sus vidas. La Shejiná que una vez resplandeció sobre el propiciatorio, ahora resplandecía en sus frentes como un emblema externo del fuego que había invadido sus naturalezas.

Esto era la Deidad brindándose a sí misma a hombres rescatados por precio. La llama era el sello de una nueva unión. Ahora eran hombres y mujeres del Fuego. POM099-100

Padre celestial, gracias por darme tu Espíritu Santo, por hacer descender tu gloria a mi vida. Prende en mí el fuego por ti hoy, a fin de que pueda adorarte y servirte fielmente con todo mi corazón. Amén.

De vuelta al corazón de Dios

El templo de Dios es sagrado y ustedes son ese templo [...]
y ustedes son de Cristo, y Cristo es de Dios.

1 CORINTIOS 3:17, 23

¡La Deidad morando dentro de los hombres! Eso, opino, es el cristianismo, y ningún hombre ha experimentado como es debido el poder de la fe cristiana hasta que conoce esto por sí mismo como una realidad viva. Todo lo demás es preliminar a esto.

La encarnación, la expiación, la justificación, la regeneración: ¿qué son sino actos de Dios preparatorios para la obra de invasión y el acto de morar en el alma humana redimida? El hombre, que salió del corazón de Dios por el pecado, ahora regresa al corazón de Dios por la redención. Dios, que salió del corazón del hombre a causa del pecado, ahora entra de nuevo en su antigua morada para expulsar a sus enemigos y hacer una vez más glorioso el lugar de sus pies.

De lo que nos escondemos no es de la vida. Nos escondemos de un mundo pecaminoso, de un diablo siniestro, de una tentación cruel. Nos escondemos en el único lugar que hay para escondernos: en Dios. Nuestro derecho y privilegio es el de conocer la seguridad perfecta que promete Él. POM100-101

Glorioso Dios, te alabo por entrar en mi corazón y redimir mi alma. Concédeme hoy que tu Espíritu me haga experimentar más el poder de la fe cristiana. Amén.

La santidad es una llama moral

Dios nos salvó y nos llamó a una vida santa, no por nuestras
propias obras, sino por su propia determinación y gracia.
2 TIMOTEO 1:9

Uno de los golpes más contundentes que el enemigo le ha asestado a la vida de la Iglesia ha sido crearle un temor al Espíritu Santo. Nadie que se mezcle con los cristianos en estos tiempos negará la existencia de tal temor. Pocos son los que, sin restricciones, le abren todo su corazón al bendito Consolador. Él ha sido, y es, tan incomprendido que en algunos círculos la simple mención de su nombre es suficiente para atemorizar a mucha gente y hacer que se resista. Tal vez podamos ayudar a destruir su poder sobre nosotros si examinamos ese fuego que es el símbolo de la persona y presencia del Espíritu.

El Espíritu Santo es ante todo una *llama moral*. No es una casualidad del lenguaje que se le llame *Espíritu Santo*, pues sea lo que sea el significado de la palabra *santo*, de seguro que lleva consigo la idea de pureza moral. Y el Espíritu, siendo Dios, debe ser puro de manera absoluta e infinita. Con Él no hay (como con los hombres) grados y niveles de santidad. Él es la santidad misma, la suma y la esencia de todo lo que es inefablemente puro. POM 101-102

---

*Padre, perdóname las veces que he tenido temor de tu Espíritu.
Crea en mí tal amor por Él que pueda aceptarlo a plenitud y
desear con ansias su obra en mi vida, para que pueda ser santo
como Él es santo. Amén.*

Sean santos

¡Pecadores, límpiense las manos! ¡Ustedes, los indecisos, purifiquen su corazón! Reconozcan sus miserias, lloren y laméntense.
SANTIAGO 4:8-9

Quienquiera que desee ser lleno y habitado por el Espíritu, debe primero juzgar su vida por cualquier iniquidad oculta; con valentía, debe expulsar de su corazón todo lo que esté de acuerdo con el carácter de Dios según lo revelan las Sagradas Escrituras.

En la base de toda verdadera experiencia cristiana debe residir una sólida y prudente moralidad. Ningún gozo es válido ni ningún deleite es legítimo donde se le permita al pecado perdurar en la vida o en la conducta. Ninguna transgresión de la justicia pura se atreve a excusarse sobre la base de una experiencia religiosa superior.

Buscar estados emocionales elevados mientras se vive en pecado es exponer toda nuestra vida al autoengaño y al juicio de Dios. «Sed santos» no es un simple lema para enmarcar y colgar en la pared. Es un mandamiento serio del Señor de toda la tierra. POM102

Padre, concédeme por tu Espíritu que pueda detectar mis iniquidades ocultas y luego expulsarlas de mi vida, a fin de que pueda ser lleno de tu Espíritu y experimentar más de tu bondad. Amén.

El Espíritu Santo es una llama espiritual

Cuando quiero hacer el bien, no lo hago; y cuando trato de
no hacer lo malo, lo hago de todos modos.

ROMANOS 7:19, NBV

El Espíritu Santo es también una *llama espiritual*. Solo Él puede elevar nuestra adoración a verdaderos niveles espirituales. Porque es mejor que sepamos de una vez por todas que la moralidad y la ética, por muy elevadas que sean, todavía no son cristianismo.

La fe de Cristo se compromete a elevar el alma a una verdadera comunión con Dios, a introducir en nuestras experiencias religiosas un elemento suprarracional tan por encima de la simple bondad como los cielos están por encima de la tierra […]

La alegría de los primeros cristianos no era la alegría de la lógica actuando sobre los hechos. No razonaban «Cristo resucitó de entre los muertos; por lo tanto, debemos estar alegres». Su alegría era un milagro tan grande como la resurrección misma; es más, estas estaban, y están, relacionadas de manera orgánica. La felicidad moral del Creador se había instalado en el pecho de las criaturas redimidas y no podían dejar de alegrarse. POM 103-104

Espíritu de Dios, crea en mí un gozo tan grande que mi alma se eleve a nuevos niveles de comunión contigo junto con el Padre y el Hijo. Amén.

El Espíritu es intelectual

De buena gana recibieron el mensaje, y día tras día estudiaban
las Escrituras para ver si era cierto lo que se les decía.

HECHOS 17:11, DHH

La llama del Espíritu es también intelectual. La razón, dicen los teólogos, es uno de los atributos divinos. No tiene por qué haber incompatibilidad entre las experiencias más profundas del Espíritu y los logros más elevados del intelecto humano.

Solo se requiere que el intelecto cristiano se rinda por completo a Dios y que sus actividades no tengan límites más allá de los que le impone su propia fuerza y tamaño.

¡Qué frío y mortal es el intelecto sin bendición! Un cerebro superior sin la esencia salvadora de la piedad puede volverse contra el género humano y empapar al mundo con sangre; o, lo que es peor aún, puede soltar ideas en la tierra que continuarán maldiciendo a la humanidad durante siglos después que se convierta en polvo de nuevo.

Sin embargo, una mente llena del Espíritu es un gozo para Dios y un deleite para todos los hombres de buena voluntad. POM104

Espíritu de Dios, hoy te someto mi mente. Ilumina y santifica mi intelecto, a fin de que pueda tener la mente de Cristo. Amén.

Elogio de la virtud

Si hablo en lenguas humanas y angelicales, pero no tengo amor,
no soy más que un metal que resuena o un platillo
que hace ruido.

1 CORINTIOS 13:1

E s natural que evitemos los superlativos y las comparaciones que elogian una virtud a expensas de otra; sin embargo, me pregunto si existe en la tierra algo de una hermosura tan exquisita como una mente brillante que resplandece con el amor de Dios.

Una mente así arroja un rayo suave y curativo que pueden sentirlo de veras quienes se le acercan. La virtud va más lejos que eso y bendice solo a los que tocan el borde de su manto. Uno no tiene más que leer, por ejemplo, *El país celestial*, de Bernardo de Cluny, a fin de entender lo que quiero decir. Allí un intelecto sensible y resplandeciente, cálido con el fuego del Espíritu que mora en su interior, escribe con una vasta y tierna compasión acerca de los anhelos de inmortalidad [...]

Este mismo sentir de casi inspiración se experimenta también en las cartas de Samuel Rutherford, en el *Te Deum*, en muchos de los himnos de Watts y Wesley, y en ocasiones en una obra de alguno de los santos menos conocidos cuyos dones limitados pueden haber sido, por un gozoso momento, hechos incandescentes por el fuego del Espíritu que mora en su interior. POM104-106

Padre santo, concédeme por tu Espíritu que mi mente resplandezca con tu amor, de manera que todos lo que encuentre te experimenten y bendigan tu santo nombre. Amén.

La doctrina sin amor

Queridos hijos, no amemos de palabra ni de labios para afuera,
sino con hechos y de verdad.

1 JUAN 3:18

La plaga del corazón del fariseo de los tiempos antiguos era la doctrina sin amor. Con las enseñanzas de los fariseos, Cristo tuvo poca discrepancia, pero con el espíritu farisaico mantuvo una guerra incesante hasta el final.

Fue la religión la que puso a Cristo en la cruz, la religión sin el Espíritu que mora en el interior. Un alma no bendecida llena de la letra de la verdad, en realidad puede ser peor que un pagano arrodillado ante un fetiche.

Solo estamos a salvo cuando el amor de Dios se derrama en nuestros corazones por el Espíritu Santo, solo cuando nuestro intelecto está habitado por el Fuego amoroso que vino en Pentecostés. Porque el Espíritu Santo no es un lujo, no es algo que se añade de vez en cuando para producir un tipo de cristiano de lujo una vez en una generación.

No, Él es para cada hijo de Dios una necesidad vital, y que Él llene y habite en su pueblo es más que una lánguida esperanza. Es más bien un imperativo ineludible. POM106

Padre celestial, me arrepiento de las maneras en que he buscado la doctrina sin amor. Lléname hoy con tu Espíritu, a fin de que mi esperanza se renueve y tu amor abunde en mí. Amén.

El Espíritu es una llama volitiva

Ahora bien, el Señor es el Espíritu, y donde está el Espíritu
del Señor, allí hay libertad.

2 CORINTIOS 3:17

El Espíritu es también una *llama volitiva*. Aquí, como en otras
partes, la imagen es inadecuada para expresar toda la verdad
y, a menos que se tenga cuidado, es fácil que obtengamos una
impresión errónea de su uso. Porque el fuego, tal como lo vemos
y lo conocemos todos los días, es una cosa, no una persona, y por
eso no tiene voluntad propia.

Sin embargo, el Espíritu Santo es una persona, que tiene los
atributos de la personalidad de los cuales la volición es uno. Él, al
entrar en el alma humana, no anula ninguno de sus atributos, ni los
cede de manera total o parcial al alma en la que Él entra. Recuerda,
el Espíritu Santo es el Señor [...]

Ahora bien, no hace falta decir que el Señor soberano nunca
abandonará las prerrogativas de su Divinidad. Dondequiera que
esté, debe continuar actuando como Él mismo. Cuando entre en el
corazón humano, será allí lo que siempre ha sido, Señor por derecho propio. POM106-107

---

*Espíritu de Dios, qué majestuoso y poderoso eres. Nunca cambias
y sigues actuando como tú mismo, incluso llenándome a mí, una
criatura finita. Amén.*

La enfermedad del corazón

No amen al mundo ni nada de lo que hay en él. Si alguien ama
al mundo, el amor del Padre no está en él.

1 JUAN 2:15

La profunda enfermedad del corazón humano es la de una voluntad que se desprende de su centro, como un planeta que deja su sol central y comienza a girar alrededor de algún cuerpo extraño del espacio exterior que puede haberse acercado lo suficiente como para alejarlo. Cuando Satanás dijo: «Subiré», se desprendió de su centro normal, y la enfermedad con la que infectó al género humano es la enfermedad de la desobediencia y la rebelión. Cualquier esquema inadecuado de redención debe tener en cuenta esta rebelión y debe comprometerse a restaurar de nuevo la voluntad humana en el lugar que le corresponde en la voluntad de Dios. POM107-108

Perdóname, Padre santo, por haberme desprendido de ti, mi centro. Concédeme, por tu Espíritu, que permanezca siempre conectado contigo y viva fielmente para tu gloria todos mis días. Amén.

Una misericordiosa invasión

Al instante el padre clamó:
—¡Sí, creo, pero ayúdame a superar mi incredulidad!
MARCOS 9:24, NTV

El Espíritu Santo, cuando efectúa su misericordiosa invasión en el corazón del creyente, debe ganar ese corazón para la obediencia gozosa y voluntaria a toda la voluntad de Dios. La cura debe aplicarse desde adentro; ninguna conformidad externa servirá.

Hasta que no se santifique la voluntad, el hombre sigue siendo un rebelde, así como un forajido sigue siendo un forajido de corazón, aunque pueda estar obedeciendo a regañadientes al comisario de policía que lo lleva a la cárcel. El Espíritu Santo logra esta cura interna al fusionar la voluntad del hombre redimido con la suya propia. Esto no se logra de golpe.

Es cierto que debe haber algún tipo de rendición general de la voluntad a Cristo antes de que pueda realizarse cualquier obra de gracia, pero es probable que la fusión total de cada parte de la vida con la vida de Dios en el Espíritu sea un proceso más prolongado de lo que nosotros, en nuestra impaciencia de criaturas, desearíamos.

POMI08

Espíritu de Dios, obra en lo más íntimo de mi ser y santifícame para que siempre obedezca de manera voluntaria y gozosa a Cristo, mi Señor. Amén.

Dispuesto a hacer la voluntad de Dios

El que esté dispuesto a hacer la voluntad de Dios reconocerá
si mi enseñanza proviene de Dios o si yo hablo por
mi propia cuenta.

JUAN 7:17

El alma más adelantada puede sentirse conmocionada y contrariada al descubrir algún aspecto privado dentro de su vida donde había estado, sin saberlo, actuando como señor y propietario de lo que pensó que le había entregado a Dios. Es obra del Espíritu que vive en nosotros señalar estas discrepancias morales y corregirlas. Él no [...] «quebranta» la voluntad humana, sino que la invade y la lleva con suavidad a una gozosa unión con la voluntad de Dios.

Desear la voluntad de Dios es hacer más que dar un consentimiento sin protestas; es más bien elegir la voluntad de Dios con determinación positiva. A medida que avanza la obra de Dios, el cristiano se encuentra libre para elegir lo que desee, y elige con gusto la voluntad de Dios como su bien más elevado concebible. Tal hombre ha encontrado la meta más alta de la vida. Le han colocado más allá de las pequeñas decepciones que acosan al resto de los hombres. Cualquier cosa que le suceda es la voluntad de Dios para él y eso es justo lo que desea con mayor vehemencia. POM108-109

Padre santo y misericordioso, perdóname por las maneras en que he actuado como dueño y señor de lo que pensaba que te había dado. Concédeme que tu Espíritu me revele esas maneras y me capacite para someterme humildemente a tu voluntad. Amén.

El Espíritu es emoción

Si nos amamos los unos a los otros, Dios permanece entre nosotros
y entre nosotros su amor se ha manifestado plenamente.

1 JUAN 4:12

Otra cualidad del Fuego que mora dentro es la *emoción* […] Lo
que Dios es en su esencia única no puede ser descubierto
por la mente ni pronunciado por los labios, pero esas cualidades
en Dios que pueden llamarse racionales, y así recibidas por el
intelecto, están descritas sin reserva en las Sagradas Escrituras.

No nos dicen lo que es Dios, pero sí nos dicen cómo es Dios, y
la suma de todos ellos constituye una imagen mental del Ser divino
visto, por así decirlo, de lejos y a través de un espejo oscuro.

Ahora bien, la Biblia enseña que hay algo en Dios que es como
la emoción. Él experimenta algo que es como nuestro amor, algo
que es como nuestro dolor, que es como nuestro gozo. Y no debemos temerle a estar de acuerdo con esta concepción de cómo es Él.
*Dios ha dicho ciertas cosas acerca de sí mismo, y estas proporcionan todos
los fundamentos que requerimos.* POM109-110

---

*Padre celestial, gracias por revelarte a la humanidad, en especial
a través de las Escrituras y, en última instancia, en Cristo. Permite
que tu Espíritu me revele más acerca de ti, a fin de que pueda
adorarte con más fervor y estar en comunión contigo de manera
más íntima. Amén.*

Emoción en un plano elevado

El Señor tu Dios, está en medio de ti como poderoso guerrero
que salva. Se deleitará en ti con gozo, te renovará con su amor,
se alegrará por ti con cantos.

SOFONÍAS 3:17

Este es solo un versículo entre miles que sirven para formar
nuestra imagen racional de cómo es Dios, y nos dice con claridad que Dios siente algo parecido a nuestro amor, a nuestro gozo,
y lo que siente le hace actuar de forma muy parecida a como lo
haríamos nosotros en una situación similar; se gozará por sus seres queridos con alegría y cánticos.

Aquí hay emoción en un plano tan elevado como jamás pueda verse, emoción que fluye del corazón de Dios mismo. El sentimiento, entonces, no es el hijo degenerado de la incredulidad que a
menudo pintan algunos de nuestros maestros de la Biblia. Nuestra
capacidad de sentir es una de las marcas de nuestro origen divino.
No debemos avergonzarnos de las lágrimas ni de la risa. El estoico
cristiano que ha aplastado sus sentimientos solo es dos tercios de un
hombre; una tercera parte importante se ha repudiado. POMI10-111

---

*Padre celestial, gracias por revelarnos lo que significa ser de
veras humano. Concédeme por tu Espíritu que me conforme a la
imagen de Cristo y llegue a ser quien tú quieres que sea. Amén.*

El amor a las Escrituras

En tus preceptos medito y pongo mis ojos en tus sendas.
En tus estatutos hallo mi deleite y jamás olvidaré tu palabra.

SALMO 119:15-16

Podrás observar que Jesús citó las Escrituras en los Evangelios, pero los discípulos citaron las Escrituras en el libro de Hechos. ¡Era diferente! [...]

La Palabra de Dios es dulce para la persona llena del Espíritu, pues el Espíritu escribió las Escrituras. No puedes leer las Escrituras con el espíritu de Adán, porque las inspiró el Espíritu de Dios. El espíritu del mundo no aprecia las Escrituras; el Espíritu de Dios es quien le da apreciación a las Escrituras. Un pequeño destello del Espíritu Santo te dará más iluminación interna y divina sobre el significado del texto que todos los comentarios jamás escritos por los eruditos. Sí, tengo comentarios; solo trato de mostrarte que si tienes todo lo demás y no tienes la plenitud del Espíritu, no tienes nada. Cuando tienes el Espíritu Santo, Dios puede usar cualquier cosa y todo para ayudar en nuestra iluminación. cou162-163

Padre, concédeme por tu Espíritu que abunde mi aprecio por la Sagrada Escritura y que la comprenda con más claridad y la obedezca con más facilidad. Amén.

Abramos los pozos sagrados

No tengan miedo, mi rebaño pequeño, porque es la buena
voluntad del Padre darles el reino.

LUCAS 12:32

Una de las mayores calamidades que nos ha traído el pecado es la degradación de nuestras emociones normales. Nos reímos de cosas que no tienen gracia; encontramos placer en actos que están por debajo de nuestra dignidad humana; y nos regocijamos en objetos que no deberían tener lugar en nuestros afectos.

La objeción a los «placeres pecaminosos», que siempre ha sido característica del verdadero santo, solo es en el fondo una protesta contra la degradación de nuestras emociones humanas [...]

Los placeres artificiales del mundo son todo menos evidencia de que el género humano ha perdido en gran medida la capacidad de disfrutar los verdaderos placeres de la vida y se ve obligada a sustituirlos por emociones falsas y degradantes.

La obra del Espíritu Santo es, entre otras cosas, la de rescatar las emociones del hombre redimido, encordar su arpa y abrir de nuevo los pozos de gozo sagrado que se han obstruido por el pecado. POM I 12

Te alabo, Padre amoroso, porque enviaste a tu Espíritu para sanar y santificar mis emociones. Concede por su poder que todos mis deseos y afectos sean santos y agradables a ti. Amén.

Nacidos del Espíritu

Examínense para ver si están en la fe; pruébense a sí mismos.

2 CORINTIOS 13:5

Un cristiano no es lo que es por manipulación eclesiástica, sino por el nuevo nacimiento. Es cristiano por el Espíritu que habita en él.

Solo lo que nace del Espíritu es espíritu. La carne nunca puede convertirse en espíritu, sin importar cuántos dignatarios de la iglesia traten de hacerlo.

La confirmación, el bautismo, la santa comunión, la confesión de fe: ninguna de esas cosas, ni todas juntas, pueden convertir la carne en espíritu ni hacer de un hijo de Adán un hijo de Dios.

«Por cuanto sois hijos», les escribió Pablo a los gálatas, «Dios envió a vuestros corazones el Espíritu de su Hijo, el cual clama: Abba, Padre» (Gálatas 4:6). Y a los Romanos: «Mas vosotros no vivís según la carne, sino según el Espíritu, si es que el Espíritu de Dios mora en vosotros. Y si alguno no tiene el Espíritu de Cristo, no es de él» (Romanos 8:9). POM116-117

Padre misericordioso, me arrepiento de las formas en que he buscado cosas distintas de tu Espíritu para determinar mi identidad. Gracias por el nuevo nacimiento que recibí por el Espíritu y concédeme hoy caminar en novedad de vida como hijo tuyo. Amén.

Sobre cómo despejar las dudas

De aquel que cree en mí, como dice la Escritura, de su interior
brotarán ríos de agua viva.

JUAN 7:38

Que todo cristiano puede y debe ser lleno del Espíritu Santo no parece ser objeto de debate entre los cristianos. Sin embargo, algunos argumentan que el Espíritu Santo no es para simples cristianos [...]

Quiero afirmar aquí audazmente que es mi feliz creencia que cada cristiano puede tener un copioso derramamiento del Espíritu Santo en una medida mucho mayor de la recibida en la conversión, y también podría decir, mucho mayor de la disfrutada por las filas de los creyentes ortodoxos de hoy.

Es importante que aclaremos esto, porque hasta que no se eliminen las dudas, la fe es imposible. Dios no sorprenderá a un corazón que duda con una efusión del Espíritu Santo, ni llenará a nadie que hace cuestionamientos doctrinales sobre la posibilidad de ser lleno. POM 129-130

---

*Padre, perdóname por conformarme con una mínima efusión
de tu Espíritu en mi vida. Lléname en gran medida hoy, a fin de
que pueda experimentar más de tu poder y bondad en este día.
Amén.*

Preguntas difíciles

Porque ustedes antes eran oscuridad y ahora son luz en el Señor.
Vivan como hijos de luz.

EFESIOS 5:8

Antes de que una [persona] pueda ser llena del Espíritu *debe estar segura de que quiere serlo* [...] Imaginemos que estamos hablando con un indagador, algún joven cristiano ansioso, digamos, que nos ha buscado para aprender acerca de la vida llena del Espíritu.

Con la mayor delicadeza posible, teniendo en cuenta la naturaleza directa de las preguntas, probaríamos su alma, en cierto modo, con algo como esto: «¿Estás seguro de que quieres ser lleno de un Espíritu que, aunque se parezca a Jesús en su mansedumbre y amor, te exigirá, sin embargo, ser el Señor de tu vida? ¿Estás dispuesto a dejar que tu personalidad la controle otro, aunque ese otro sea el propio Espíritu de Dios?».

Si el Espíritu se hace cargo de tu vida, esperará de ti obediencia incondicional en todo. Él no tolerará en ti los pecados personales, aunque la mayoría de los cristianos los permitan y los justifiquen. Por los pecados personales me refiero al amor propio, la autocompasión, el egoísmo, la confianza en sí mismo, la arrogancia, el engrandecimiento propio, la autodefensa. POM131-132

Padre, me someto hoy a tu Espíritu, reconociendo que Él es el Señor. Permite que Él me dé el poder de obedecerte en todo. Amén.

La primacía del deseo

*Deseen con ansias la leche espiritual pura, como niños recién nacidos.
Así, por medio de ella, crecerán en su salvación, ahora que han
probado lo bueno que es el Señor.*

1 PEDRO 2:2-3

Antes de que podamos ser llenos del Espíritu, *el deseo de ser llenos debe consumirnos por completo.* Debe ser a la vez lo más grande de la vida, tan crucial, tan intrusivo como para desplazar todo lo demás.

El grado de plenitud en cualquier vida concuerda a la perfección con la intensidad del verdadero deseo. Tenemos tanto de Dios como deseamos en realidad. Un gran obstáculo para la vida llena del Espíritu es la teología de la complacencia, tan ampliamente aceptada entre los cristianos evangélicos de hoy.

De acuerdo con este punto de vista, un agudo deseo es una evidencia de incredulidad y una prueba de falta de conocimiento de las Escrituras. Una refutación suficiente de esta posición la proporciona la misma Palabra de Dios y el hecho de que siempre fracasa en producir verdadera santidad entre quienes la sostienen. POM133

---

*Padre, concédeme por tu Espíritu que anhele de todo corazón
ser lleno de Él, y que mis deseos por las cosas de este mundo se
debiliten. Amén.*

No se repite, sino que se perpetúa

Todos fueron llenos del Espíritu Santo y comenzaron a hablar
en diferentes lenguas, según el Espíritu les concedía expresarse.

HECHOS 2:4

No creo en una repetición del Pentecostés, pero sí creo en una perpetuación del Pentecostés, y hay una gran diferencia entre ambos [...] El Pentecostés no vino y se fue, sino que [...] el Pentecostés vino y se quedó [...]

¿Cuál es el elemento eterno y permanente del Pentecostés? ¿Se dio algo, se hizo un depósito? ¿Qué sucedió que fue interno, celestial, permanente y duradero?

Para descubrir cuál era este elemento, debemos averiguar lo que se prometió. Según Juan 14:16, Jesús dijo: «Yo rogaré al Padre, y os dará otro Consolador» [...]

El viento, el fuego y la apariencia nunca se han repetido, que yo sepa. Sin embargo, vino el Consolador. Vino y los llenó. Vino a morar en ellos. Vino para hacer real a Jesús. Vino a darles la capacidad moral interior para hacer el bien y la capacidad interior para hacer la obra de Dios. Eso se quedó, y todavía está aquí. TTPII052, 057-058

Espíritu de Dios, te alabo y te doy gracias hoy por venir y quedarte con tu iglesia. Lléname de nuevo en este día. Haz que Jesús sea más real para mí. Dame la capacidad de hacer el bien y de hacer la obra de Dios. Amén.

La desesperación: Una buena amiga

En ti confiaron nuestros antepasados; confiaron, y tú los libraste; a ti clamaron y tú los salvaste; se apoyaron en ti y no los defraudaste.
SALMO 22:4-5

El cristiano que busca cosas mejores y que, para su consternación, se encuentra en un estado de completa desesperación, no necesita desalentarse.

La desesperación con uno mismo, cuando va acompañada de la fe, es una buena amiga, pues destruye uno de los enemigos más poderosos del corazón y prepara el alma para la ministración del Consolador [...]

Él nunca nos dejará ni nos desamparará, ni se enojará con nosotros ni nos reprenderá.

No romperá su pacto ni alterará lo que ha salido de su boca.

Nos guardará como a la niña de sus ojos y velará por nosotros como una madre vela por su hijo.

Su amor no se agotará aun cuando nos lleve a través de esa experiencia de autocrucifixión. POM 134-135

Oh Espíritu Santo, mi Consolador, gracias por estar conmigo y no desampararme, por guardar tu pacto, por quererme y por guiarme en los pasos de Cristo. Amén.

Pasos para la plenitud

Ya que han resucitado con Cristo, busquen las cosas de arriba [...]
pues ustedes han muerto y su vida está escondida
con Cristo en Dios.

COLOSENSES 3:1, 3

Ahora mantengamos nuestra teología clara respecto a todo esto. No hay en este doloroso despojo ni un remoto pensamiento de mérito humano. La «noche oscura del alma» no conoce ni un tenue rayo de la traicionera luz de la arrogancia. No ganamos por el sufrimiento la unción que deseamos, ni esta devastación del alma nos hace más queridos por Dios ni nos da un favor adicional a sus ojos.

El valor de la experiencia de despojamiento consiste en su poder para desprendernos de los intereses pasajeros de la vida y lanzarnos de nuevo a la eternidad. Sirve para vaciar nuestros vasos terrenales y prepararnos para el derramamiento del Espíritu Santo.

La plenitud del Espíritu, entonces, requiere que renunciemos a todo lo nuestro, que nos sometamos a la muerte interior, que despojemos nuestro corazón de esa acumulación de siglos de basura adámica y le abramos todas las estancias al Huésped celestial. POM135

Padre santo y misericordioso, perdóname por las maneras en que he pensado que podía ganarme tu favor o bendición. Reconozco que todo lo que he recibido de ti es inmerecido. Hazme siempre agradecido. Amén.

Hacia lo mayor

Vivan por el Espíritu y no sigan los deseos de la carne [...]
Si el Espíritu nos da vida, andemos guiados por el Espíritu.
GÁLATAS 5:16, 25

El Espíritu Santo es una persona viva y debe tratársele como una persona. Nunca debemos pensar en Él como una energía ciega ni como una fuerza impersonal. Oye, ve y siente como cualquier persona. Habla y nos escucha hablar.

Podemos complacerlo, contristarlo o silenciarlo como podemos hacerlo con cualquier otra persona. Él responderá a nuestro tímido esfuerzo por conocerlo y siempre se reunirá con nosotros a mitad de camino.

Por maravillosa que sea la experiencia de crisis de tener la plenitud del Espíritu, debemos recordar que es solo un medio hacia algo mayor: eso mayor es caminar toda la vida en el Espíritu, con su poderosa Persona morando en nosotros, dirigiéndonos, enseñándonos y fortaleciéndonos. Y para continuar caminando así en el Espíritu, se requiere que cumplamos ciertas condiciones.

Las Sagradas Escrituras las recogen y están allí para que todos las veamos. POM135-136

Espíritu Santo de Dios, me arrepiento de las maneras en que te he contristado y he apagado tu obra en mi vida. Lléname hoy para que pueda caminar en tu poder. Amén.

DICIEMBRE

No se trata de quién, sino de qué

Pero si Cristo está en ustedes, el cuerpo está muerto a causa
del pecado, pero el Espíritu que está en ustedes es vida
a causa de la justicia.

ROMANOS 8:10

¿Qué es el Espíritu Santo? No se trata de quién, sino de qué. La respuesta es que el Espíritu Santo es un Ser que habita en otra forma de existencia. No tiene peso, ni medida, ni tamaño, ni color alguno, ni extensión en el espacio, pero de seguro que Él existe al igual que tú.

El Espíritu Santo no es entusiasmo. He encontrado momentos de entusiasmo llenos de emoción, pero el Espíritu Santo no era parte de eso en lo absoluto; y he encontrado el Espíritu Santo cuando no ha habido mucho de lo que llamamos entusiasmo en el lugar.

El Espíritu Santo tampoco es otro nombre para una lumbrera. Hablamos del espíritu de Beethoven y decimos: «Tal o cual artista tocó con un gran espíritu. Interpretó el espíritu del maestro». El Espíritu Santo no es ninguna de estas cosas. Ahora bien, ¿qué es Él?

Él es una Persona. Ponlo en mayúsculas [...] Él mismo es una Persona, con todos los poderes y cualidades de la personalidad. HTB011-012

Señor, permite que siempre se me recuerde que el Espíritu Santo vive dentro de mí y que puedo tener comunión con Él. Ayúdame a amarle, verle, escucharle y obedecerle. Amén.

El Espíritu Santo es una Persona

*Cuando venga el Espíritu de la verdad, él los guiará a toda la verdad,
porque no hablará por su propia cuenta, sino que dirá solo
lo que oiga y les anunciará las cosas por venir.*

JUAN 16:13

A menudo se piensa que el Espíritu Santo es un viento benéfico que sopla en la iglesia. Si piensas que el Espíritu Santo es literalmente un viento, un soplo, no lo consideras una persona ni un individuo. Sin embargo, el Espíritu Santo tiene voluntad, inteligencia, sensibilidad, conocimiento, empatía, y la capacidad de amar, ver, pensar, escuchar, hablar y anhelar al igual que cualquier persona [...]

Muchos de nosotros crecimos con una teología que reconoce al Espíritu Santo como una persona e incluso como una persona divina, pero por alguna razón nunca nos hizo ningún bien. Estamos tan vacíos, tristes, carentes de paz y débiles como siempre.

Lo que quiero hacer es contarte las cosas que ya sabemos, pero mientras lo hago, animar a tu corazón a que las haga tuyas ahora, y a que camines hacia el centro vivo, palpitante y apasionante de todo esto, a fin de que de ahora en adelante tu vida sea diferente por completo. HTB012-013

Padre, gracias por estar presente en mí por la persona del Espíritu Santo, quien me comunica tu bondad. Amén.

De manera sencilla, clara e íntima

Así como el Padre me ha amado a mí, también yo los he amado a ustedes. Permanezcan en mi amor.

JUAN 15:9

Dios se complace en que un alma desvalida venga a Él de manera sencilla, clara e íntima. Se complace en que nos acerquemos a Él. Esta clase de cristianismo no atrae a grandes multitudes. Atrae solo a quienes tienen su corazón puesto en Dios, que quieren a Dios más que a nada en el mundo. Estas personas quieren la experiencia espiritual que proviene de conocer a Dios por sí mismo. Los podrían despojar de todo, pero seguirían teniendo a Dios.

Estas personas no son muy numerosas en una localidad dada. Esta clase de cristianismo no atrae grandes multitudes, pero es probable que atraiga a los más hambrientos, a los más sedientos y a algunos de los mejores.

Y por eso Dios se complace en que la gente desvalida venga a Él de manera sencilla, clara e íntima. Quiere que vengamos sin toda esa gran sobrecarga de teología. Quiere que vengamos de manera tan sencilla y clara como un niño pequeño. Y si el Espíritu Santo te toca, vendrás así. AOG030-031

Padre santo, sé que te complace mucho que tus hijos se acerquen a ti con humildad, reconociendo que todo lo bueno proviene de ti. Concédeme por tu Espíritu que acuda a ti de manera sencilla, clara e íntima, sabiendo que tienes todo lo que necesita mi alma desvalida. Amén.

La Trinidad está presente

Cuando venga el Consolador que yo les enviaré de parte del Padre,
el Espíritu de verdad que procede del Padre,
él testificará acerca de mí.

JUAN 15:26

¿Quién es el Espíritu? El Espíritu es Dios, que existe en otra manifestación que no es propia de nosotros. Existe como espíritu y no como materia, porque no es materia, sino que es Dios.

Él es una persona. Así lo ha creído toda la Iglesia de Cristo a lo largo de los años. Así lo cantaban los compositores en los días de los primeros autores de himnos. Así se enseña en la Biblia, a través del Antiguo y del Nuevo Testamento [...]

Ahora bien, ¿qué se deduce de todo esto? Ah, hay una Deidad invisible presente, una Personalidad que conoce y siente, y es indivisible del Padre y del Hijo, de modo que si te trasladaran de repente al cielo mismo, no estarías más cerca de Dios de lo que estás ahora, pues Dios ya está aquí.

Cambiar tu ubicación geográfica no te acercaría más a Dios ni a Dios más cerca de ti, porque la indivisible Trinidad está presente [...]

Podemos empezar a agradarles a las personas, y lo mismo sucede con el Espíritu Santo que, siendo una Persona, podemos empezar a agradarle. HTB019-020, 039

Padre, gracias por enviarme tu Espíritu Santo. Reconozco que estás más cerca de lo que jamás podría imaginar. Permite que el conocimiento de tu presencia en mi vida me lleve a vivir para ti y para tu gloria. Amén.

¡Sin temor!

Si vivimos por el Espíritu, andemos también por el Espíritu.

GÁLATAS 5:25, LBLA

¿Cómo será [el Espíritu Santo]? Será exactamente como Jesús. Has leído tu Nuevo Testamento, y sabes cómo es Jesús, y el Espíritu Santo es exactamente como Jesús, porque Jesús era Dios y el Espíritu es Dios, y el Padre es ni más ni menos como el Hijo; y puedes saber cómo es Jesús sabiendo cómo es el Padre, y puedes saber cómo es el Espíritu sabiendo cómo es Jesús.

Si Jesús viniera caminando por este pasillo, no habría una estampida hacia la puerta. Nadie gritaría ni se asustaría. Podríamos comenzar a llorar de puro gozo y deleite de que Él nos hubiera honrado así, pero nadie tendría miedo de Jesús; ninguna madre con un pequeño bebé que llora jamás tendría que tener miedo de Jesús; ninguna pobre ramera llevada a rastras por los cabellos tendría que temerle a Jesús… ¡nadie!

Nadie debe temerle nunca a Jesús, porque Él es la personificación del amor, la bondad, la cordialidad, el atractivo afectuoso y la dulzura. Y así también se describe con exactitud al Espíritu Santo, ya que es el Espíritu del Padre y del Hijo. *Amén.* HTB020-021

Padre, ayúdame a ver con más claridad quién es el Espíritu y cómo es. Guárdame de crear mi propia imagen de Él, de modo que pueda honrarlo y amarlo de manera más profunda. Amén.

La promesa del Padre

Ahora voy a enviarles lo que ha prometido mi Padre, pero ustedes
quédense en la ciudad hasta que sean revestidos del poder de lo alto.

LUCAS 24:49

«L a promesa de mi Padre». Esto nos remite a Joel 2:28-29:

> Y después de esto derramaré mi Espíritu sobre toda
> carne, y profetizarán vuestros hijos y vuestras hijas;
> vuestros ancianos soñarán sueños, y vuestros jóvenes
> verán visiones. Y también sobre los siervos y sobre las
> siervas derramaré mi Espíritu en aquellos días.

[...] En cumplimiento de todo esto hubo tres períodos discernibles en el Nuevo Testamento: (1) El período de la promesa; (2) el período de la preparación; y (3) el período de la realización; todo esto tiene que ver con la promesa del Padre y la intención del Hijo hacia su pueblo. Ahora voy a pedirles que reflexionen de manera reverente sobre esto, y aparten tiempo y escudriñen las Escrituras, oren, ríndanse, obedezcan, crean y vean si [...] [esta] posesión de la iglesia no puede ser nuestra en cumplimiento y realización reales.

HTB023-024, 26

Padre, gracias por enviar tu Espíritu y derramarlo sobre la Iglesia.
Concédeme que hoy haga a Cristo más presente para mí y que
tenga poder para seguirle. Amén.

La promesa y la preparación

La promesa es para ustedes, para sus hijos y para todos los que están lejos;
es decir, para todos aquellos a quienes el Señor,
nuestro Dios, llame.

HECHOS 2:39

El período de la promesa [del Espíritu Santo] se extiende desde Juan el Bautista, aproximadamente, hasta la resurrección de nuestro Señor Jesús.

Las señales de este tiempo son estas: que había discípulos, y los comisionaron e instruyeron, y que ejercieron su comisión y la autoridad que les concedió el Señor. Conocían al Señor Jesús; lo amaban. Lo conocieron en vida, lo conocieron y lo vieron morir, y lo vieron resucitado de entre los muertos. Todo el tiempo que nuestro Señor estuvo a su lado estuvo ocupado creándoles expectación. Les decía a sus discípulos que a pesar de todo lo que tenían y de toda la bendición que Dios Padre les había concedido, aún debían esperar la llegada de una clase de vida nueva y superior [...] una efusión de energía derramada que ellos, en su mejor momento, aún no disfrutaban.

Entonces, nuestro Señor resucitó de entre los muertos y tenemos lo que llamamos el período de la preparación [...] Habían cesado su actividad por orden expresa del Señor. Él les dijo: «¡Quédense! Están a punto de recibir lo que se les ha prometido». A veces vas más lejos cuando no vas a ninguna parte; te mueves más rápido cuando no te mueves en absoluto. HTB024-025

Padre, gracias por el Espíritu Santo prometido, que has derramado en mi corazón. Hoy espero su guía y someto mi voluntad a la suya. Amén.

La evidencia interna

Entonces sabrán que yo estoy en medio de Israel, que yo soy
el Señor su Dios, y no hay otro fuera de mí. ¡Nunca más
será avergonzado mi pueblo!

JOEL 2:27

El período de realización llegó [a los que esperaban] cuando el Padre cumplió su promesa y envió el Espíritu [...] Dios sacó la religión del ámbito externo y la hizo interna. Nuestro problema es que intentamos confirmar la verdad del cristianismo apelando a evidencias externas.

Estamos diciendo: «Bueno, mira a este muchacho. Puede lanzar una pelota de béisbol más lejos que nadie y es cristiano, así que el cristianismo debe ser verdadero». «Aquí hay un gran estadista que cree en la Biblia. Por lo tanto, la Biblia debe ser verdadera» [...].

¡Estamos en el camino equivocado, hermano! Eso no es cristianismo del Nuevo Testamento en absoluto. Esa es una apelación patética, desconsolada y tonta a la carne. Ese nunca fue el testimonio del Nuevo Testamento, nunca fue la manera en que Dios hizo las cosas, ¡jamás! La prueba está en un poder invisible, incorpóreo, pero fuerte, que visita el alma humana cuando se predica el evangelio: ¡el Espíritu Santo! HTB026, 029-030

Padre santo, perdóname por las formas en que he mirado las cosas externas en lugar de tu Espíritu como evidencia del verdadero cristianismo. Capacítame por tu Palabra y Espíritu en este día. Amén.

Entonces, vino el Espíritu

Después de esto, derramaré mi Espíritu sobre todo ser humano [...]
antes que llegue el día del Señor, día grande y terrible.

JOEL 2:28, 31

Hay un gran error actual que quiero mencionar: es que la venida del Espíritu sucedió de una vez y para siempre, que no tiene influencia sobre el cristiano [...] Este error afirma que la venida del Espíritu Santo es un acontecimiento histórico, un avance en las obras dispensacionales de Dios; pero que ya concluyó y que no tenemos que reflexionar más sobre esto. Todo está hecho y lo tenemos todo, y si creemos en Cristo, ya es suficiente y no existe nada más [...]

Escucha, hermano. Nuestro Señor Jesucristo anunció que se iba al Padre y que le enviaría a su pueblo un don maravilloso [...]

Entonces, vino el Espíritu. ¿Era Él igual a lo que se anunció? ¿Dijeron: «¡Es *esto* todo lo que Él quiso decir! ¡Ah, es decepcionante!»? No. Las Escrituras dicen que se maravillaban. La palabra «maravilla» está en sus labios y corazones. Él dio mucho más de lo que prometió, pues las palabras eran la promesa y el Espíritu Santo era el cumplimiento. HTB032, 035-036

Padre celestial, te alabo por enviar el precioso don del Espíritu Santo. Lléname hoy con gran asombro, a fin de que pueda amarle más. Amén.

Antes de que te llenes

El que me ama obedecerá mi palabra y mi Padre lo amará;
vendremos a él y haremos nuestra morada en él.

JUAN 14:23

Antes de abordar esta pregunta sobre cómo ser llenos del Espíritu Santo, hay algunos asuntos que primero deben resolverse. Como creyentes hay que quitarlos de en medio, y justo aquí es donde surge la dificultad. He tenido miedo de que mis [lectores] pudieran haber tenido la idea de que yo tenía una doctrina de cómo ser lleno del Espíritu en cinco lecciones fáciles, que podría darles. Si tienen ideas tan vagas como esa, solo puedo [...] decir: «Lo siento», porque no es cierto; no puedo darles un curso así.

Hay algunas cosas, según mi opinión, que hay que quitarlas de en medio, resolverlas. Una de ellas es: Antes de ser lleno del Espíritu Santo debes *estar seguro de que puedes ser lleno* [...]

Así que tienes que estar seguro de que esto es para ti. Debes estar seguro de que es la voluntad de Dios para ti; es decir, que es parte del plan total, que [el don, el Espíritu Santo] se encuentra incluido y enmarcado dentro de la obra de Cristo en la redención. HTB037-038

Padre, anhelo ser lleno de tu Espíritu. Concédeme que elimine de mi vida los pecados que impiden que me llenes cada vez más.

Parte del plan total

Los que viven conforme al Espíritu fijan la mente
en los deseos del Espíritu.

ROMANOS 8:5

La vida llena del Espíritu no es una edición especial de lujo del cristianismo. Es parte integrante del plan total de Dios para su pueblo.

Debes estar complacido de que no sea anormal. Admito que es inusual, pues hay muy pocas personas que caminan a su luz o la disfrutan, pero no es anormal. Esta es inusual solo porque nuestras vidas espirituales están tan terriblemente enfermas y por debajo del nivel del que tendrían que estar.

Debes estar complacido, repito, de que en el Espíritu Santo no haya nada raro, extraño ni inquietante.

Creo que ha sido obra del diablo rodear a la persona del Espíritu Santo con un aura de rareza o extrañeza, de modo que el pueblo de Dios sintiera que una vida llena del Espíritu es una vida rara y peculiar, y hasta un poco misteriosa. ¡Eso no es cierto, mi amigo! Esto lo fabricó el diablo. HTB039

Padre misericordioso, perdóname por pensar que la vida llena del Espíritu no es la vida cristiana normal. Dame fuerza para apartarme de mis malos caminos, a fin de que sea lleno de tu Espíritu de nuevo en este día. Amén.

No hace falta la persuasión

Con fervor buscaron a Dios y lo encontraron; y el Señor
les dio descanso de sus enemigos en todo el territorio.
2 CRÓNICAS 15:15, NTV

No hay nada inquietante, nada [extraño], nada contrario a las operaciones normales del corazón humano acerca del Espíritu Santo.

Él es solo la esencia de Jesús impartida a los creyentes. Lee los cuatro Evangelios y comprueba por ti mismo cuán maravillosamente tranquilo, puro, sensato, sencillo, dulce, natural y amable era Jesús. Incluso los filósofos que no creen en su deidad tienen que admitir la hermosura de su carácter.

Debes estar seguro de todo esto hasta el punto de la convicción. Es decir, debes estar convencido hasta el punto en que no intentes persuadir a Dios.

No tienes que persuadir a Dios en absoluto. No hace falta la persuasión. [A.B.] Simpson solía decir: «Ser lleno del Espíritu es tan fácil como respirar; basta con inspirar y expirar». HTB039-040

Padre maravilloso, lléname con tu Espíritu en este día, a fin de que en mi vida abunde el amor tranquilo, puro, sensato, sencillo, dulce y natural de mi Señor Jesús. Amén.

¿El Señor de tu vida?

Nadie puede servir a dos señores, pues menospreciará a uno
y amará al otro o querrá mucho a uno y despreciará al otro.

MATEO 6:24

Antes de que puedas ser lleno del Espíritu, debes desear ser lleno [...] ¿Estás seguro de que quieres que te controle un espíritu que no sea el tuyo? ¿Aunque ese espíritu sea el puro Espíritu de Dios? ¿Aunque sea la esencia muy suave del dulce Jesús? ¿Aunque sea sensato, puro y libre? ¿Aunque sea la sabiduría personificada, la sabiduría misma, aunque posea un bálsamo sanador y precioso para destilar? ¿Aunque sea tan amoroso como el corazón de Dios?

Ese Espíritu, si alguna vez te posee, ¡será el Señor de tu vida!

Te pregunto: ¿Quieres que Él sea el Señor de tu vida? Sé que quieres sus beneficios. Lo doy por sentado. Sin embargo, ¿quieres que Él tome posesión de ti? ¿Quieres entregar las llaves de tu alma al Espíritu Santo? [...] ¿Estás dispuesto a entregarle la oficina de tu establecimiento comercial, tu alma, al Señor? [...] ¿Estás seguro de que quieres esto? HTB042-043

Oh Espíritu Santo, hoy me entrego a ti y reconozco que eres el Señor. Lléname y guíame. Toma el control de mi alma. Amén.

¿Estás seguro?

Porque el que muere queda liberado del pecado. Ahora bien, si hemos muerto con Cristo, confiamos en que también viviremos con él.

ROMANOS 6:7-8

¿Estás seguro de que quieres que Alguien que espera que seas obediente a la Palabra escrita y viva tome control de tu personalidad? ¿Estás seguro de que quieres que tu personalidad la tome Alguien que no tolera los pecados que exaltan el ego?

Por ejemplo, el amor propio. No puedes tener el Espíritu Santo y tener amor propio, como no puedes tener pureza e impureza en el mismo momento en el mismo lugar [...]

El amor propio, la confianza en ti mismo, el fariseísmo, el narcisismo, la vanagloria y la autocompasión están bajo la prohibición del Dios Todopoderoso, y Él no puede enviar su poderoso Espíritu a que posea el corazón donde existen estas cosas [...]

¿[Deseas] que se apodere de tu personalidad Alguien que se opone de manera tajante a los caminos fáciles del mundo? [...]

El Espíritu de Dios, si se apodera de ti, te pondrá en oposición al mundo. ¿Estás seguro, hermano? HTB044-045

Dios todopoderoso, líbrame del amor propio, el fariseísmo, el narcisismo, la vanagloria y la autocompasión, a fin de que tu Espíritu tome posesión total de mi alma y me conforme al Cristo crucificado y resucitado. Amén.

El momento previo al amanecer

El Espíritu y la novia dicen: «¡Ven!»; y el que escuche diga:
«¡Ven!». El que tenga sed, venga; y el que quiera,
tome gratuitamente del agua de la vida.

APOCALIPSIS 22:17

Tal vez sientas en tu corazón que no puedes seguir como estás, que el nivel de espiritualidad al que te sabes llamado está muy lejos de tu alcance. Si sientes que hay algo que debes tener o tu corazón nunca estará satisfecho, que hay niveles de espiritualidad, profundidades piadosas y alturas de comunión espiritual, pureza y poder que nunca has conocido, que existen frutos que sabes que deberías cultivar y no lo haces, victoria que sabes que deberías tener y no la tienes, te diría: «Date prisa», pues Dios tiene algo para ti [...]

Hay una soledad espiritual, una soledad interior, un lugar dentro de cada uno donde Dios lleva a quien está en búsqueda, donde está tan solo como si no hubiera otro miembro de la iglesia en ninguna parte del mundo.

Ah, cuando llegas allí, hay una oscuridad mental, un vacío de corazón, una soledad de alma, pero todo esto es el momento previo al amanecer. ¡Oh Dios, llévanos, de alguna manera, al amanecer!

HTB046

Padre, reconozco que hay lugares en mi camino espiritual que aún no están a mi alcance y, sin embargo, son lugares a los que quieres llevarme. Por tu Espíritu, llévame más cerca a esos lugares. Amén.

Cómo recibir al Espíritu Santo

¡Cuánto más el Padre celestial dará el Espíritu Santo
a quienes se lo pidan!
LUCAS 11:13

He aquí cómo recibir [el Espíritu Santo]. Primero, preséntale tu cuerpo (Romanos 12:1-2). Dios no puede llenar lo que no puede tener [...] ¿Estás listo para presentarle [...] tu mente, tu personalidad, tu espíritu, tu amor, tus ambiciones, tu todo? Esa es la primera cosa [...]

Ahora bien, la segunda cosa es pedir (Lucas 11:9-11) [...] Él podría darnos [el Espíritu Santo] sin que lo pidamos, pero elige que lo pidamos. «Pídeme, y te daré» [Salmo 2:8] es siempre el mandato de Dios; entonces, ¿por qué no pedir?

Hechos 5:32 nos muestra la tercera cosa que debemos hacer. Dios les da su Espíritu Santo a los que le obedecen. ¿Estás listo para [...] hacer lo que se te pide que hagas, a fin de vivir de acuerdo con las Escrituras tal como las entiendes? Sencillo, pero revolucionario.

Lo siguiente es tener fe (Gálatas 3:2). Lo recibimos por fe como recibimos al Señor en salvación por fe. Él viene como un don de Dios a nosotros en poder. ʜᴛʙ047-048

---

*Padre santo, hoy someto mi mente, personalidad, espíritu, amor
y ambiciones a tu Espíritu, pidiéndole que me llene y reine de
manera suprema en mí. Amén.*

Cómo cultivar el compañerismo del Espíritu

¿Pueden dos caminar juntos sin antes
ponerse de acuerdo?
AMÓS 3:3

Ahora bien, esto es lo que se conoce como una pregunta retórica; equivale a una declaración positiva de que dos no pueden caminar juntos a menos que estén de acuerdo, y para que dos caminen juntos deben ser en cierto sentido uno solo.

También tienen que estar de acuerdo en que quieren caminar juntos, y tienen que estar de acuerdo en que les conviene viajar juntos. Creo que te darás cuenta de que todo se resume en lo siguiente: *Para que dos caminen juntos por voluntad propia deben ser, de alguna manera, uno solo.*

Me refiero ahora a cómo podemos cultivar una relación de compañerismo con el Espíritu, cómo podemos caminar con Él día tras día y hora tras hora. Voy a darte [algunos] pequeños consejos, a fin de ayudarte a tener una vida mejor.

El primer punto es que el Espíritu Santo es una Persona viva. Es la tercera Persona de la Trinidad. Él es Dios mismo y, como Persona, se puede buscar cercanía y cultivar una relación con Él, al igual que con cualquier persona. HTB049, 055

Padre misericordioso, gracias por darme tu Espíritu. Concédeme hoy que cultive un dulce compañerismo con Él y que camine de acuerdo con Él. Amén.

Jesús debe ser glorificado

Entonces todos ustedes podrán unirse en una sola voz para dar
alabanza y gloria a Dios, el Padre de nuestro Señor Jesucristo.

ROMANOS 15:6, NTV

El segundo punto es: Enfócate en Jesucristo. Hónralo. Juan declaró: «Esto dijo del Espíritu que habían de recibir los que creyesen en él; pues aún no había venido el Espíritu Santo, porque Jesús no había sido aún glorificado» (Juan 7:39).

Les pido que tengan en cuenta que el Espíritu fue dado cuando Jesús fue glorificado. Ahora esto es un principio. Recuerden que [...] Él vino y se derramó como un diluvio sobre la gente debido a que Jesús fue glorificado. Él estableció un principio, y nunca jamás inundará la vida de ningún hombre excepto en la de quien Jesús es glorificado.

Por lo tanto, si te dedicas a la gloria de Jesús, el Espíritu Santo se convertirá en el emprendedor y procurará conocerte, elevarte, iluminarte, llenarte y bendecirte [...]

Glorificar a Jesús es tarea de la Iglesia, y glorificar a Jesús es obra del Espíritu Santo. HTB053-054

Jesús, te glorifico hoy, porque eres Señor y Salvador. Envía tu Espíritu con poder en este día, a fin de que yo sea lleno de Él y tenga el poder para adorarte y servirte más fielmente. Amén.

Espíritu Santo, camino santo

Todas las sendas del SEÑOR son amor y verdad para quienes
cumplen los mandatos de su pacto.

SALMO 25:10

El tercer punto es: Caminemos en justicia. La gracia de Dios que trae salvación también le enseña al corazón que debemos renunciar a la impiedad y a los deseos mundanos, y vivir en este siglo de manera sobria, justa y piadosa.

Aquí tienes las tres dimensiones de la vida. De manera sobria, ese soy yo. De manera justa, ese es mi prójimo. De manera piadosa, ese es Dios.

No cometamos el error de pensar que podemos ser espirituales y no ser buenos. No cometamos el error de pensar que podemos caminar con el Espíritu Santo e ir por un camino equivocado, sucio o injusto, ya que, ¿cómo pueden dos caminar juntos si no están de acuerdo?

Él es el Espíritu *Santo*, y si ando por un camino impío, ¿cómo puedo tener comunión con Él? HTB054-055

Padre amoroso, anhelo caminar en íntima comunión con el Espíritu Santo. Concédeme ser santo como Él es santo, y rechazar lo que le desagrada. Amén.

Decoraciones en el santuario

Examíname, oh Dios, y conoce mi corazón; pruébame y conoce mis
ansiedades. Fíjate si voy por un camino que te ofende y
guíame por el camino eterno.

SALMO 139:23-24

El cuarto es: Haz de tus pensamientos un santuario limpio. Para Dios, nuestros pensamientos son cosas. Nuestros pensamientos son las decoraciones dentro del santuario donde vivimos. Si nuestros pensamientos están purificados por la sangre de Cristo, vivimos en una habitación limpia aunque llevemos puesto un mono lleno de grasa.

Tus pensamientos prácticamente deciden el estado de ánimo, el clima y el ambiente dentro de tu corazón, y Dios considera tus pensamientos como parte tuya.

Pensamientos de paz, pensamientos de piedad, pensamientos de misericordia, pensamientos de bondad, pensamientos de caridad, pensamientos de Dios, pensamientos del Hijo de Dios: estas son cosas puras, buenas y elevadas.

Por lo tanto, si quieres cultivar la relación con el Espíritu, debes controlar tus pensamientos y no permitir que tu mente sea un desierto en el que deambule toda clase de bestias inmundas y en el que vuelen las aves. Debes tener un corazón limpio. HTB055-056

Padre santo, limpia hoy mi mente y confórmala a la mente de Cristo, a fin de que cultive un compañerismo más estrecho con tu Espíritu. Amén.

El Espíritu Santo está en el mundo

¡Cuán dulces son a mi paladar tus palabras! ¡Son más
dulces que la miel a mi boca! De tus preceptos adquiero
entendimiento; por eso aborrezco toda senda de mentira.

SALMO 119:103-104

El quinto punto: Busquemos conocerlo en la Palabra. En la Palabra es donde encontraremos al Espíritu Santo [...] porque el Espíritu Santo escribió este Libro. Él lo inspiró, y Él se revelará en sus páginas.

¿Cuál es la palabra cuando venimos a la Biblia? Es meditar. Debemos venir a la Biblia y meditar. Abramos la Biblia sobre la silla y meditemos. Se nos revelará, y el Espíritu de Dios vendrá y manará de ella.

Así que sé alguien que medita la Biblia. Te desafío: Pruébalo durante un mes y verás cómo da resultado. Deja a un lado las preguntas y respuestas, y el rellenar las líneas en blanco. Toma una Biblia, ábrela, arrodíllate y di: «Padre, aquí estoy. Empieza a enseñarme».

Él comenzará a hacerlo, y te enseñará acerca de Él mismo, de Jesús, de Dios, de la Palabra, de la vida y la muerte, del cielo y del infierno, y acerca de su propia Presencia. HTB056-057

Padre, concédeme una gran pasión por tu santa Palabra, que descubra más acerca de tu Espíritu y medite en su bondad. Amén.

Cultiva su presencia

Ya te lo he ordenado: ¡Sé fuerte y valiente! ¡No tengas miedo
ni te desanimes! Porque el Señor tu Dios te acompañará
dondequiera que vayas.

JOSUÉ 1:9

El sexto punto: Cultivar el arte de reconocer la presencia del Espíritu en todas partes. Familiarízate con el Espíritu Santo y, luego, comienza a cultivar su presencia. Cuando te despiertas por la mañana, en lugar de esconder tu cabeza detrás del periódico, ¿no podrías pensar solo en Dios mientras comes tu toronja?

Recuerda, cultivar la relación con el Espíritu Santo es un trabajo. Es algo que uno hace y, sin embargo, es muy fácil y agradable [...] ¿Es esto para ministros? De seguro que esto es para ministros. ¿Es para amas de casa? Sí, amas de casa, empleados y estudiantes. Si así lo ves, así lo crees y así te rindes a esta verdad, no habrá una piedra secular en el pavimento. No habrá un acto común y profano que jamás harás.

La tarea más insignificante puede convertirse en una ministración sacerdotal cuando el Espíritu Santo toma el control y Cristo se convierte en tu todo en todo. HTB057-058

Padre santo y misericordioso, dame la capacidad de reconocer al Espíritu y de conocer más su obra, a fin de cultivar una comunión más profunda con Él. Amén.

Donde se unen la vida y los labios

La gloria, Señor, no es para nosotros; no es para nosotros,
sino para tu nombre, por causa de tu gran
amor y tu fidelidad.

SALMO 115:1

«Engrandécete» (Salmo 21:13) es el lenguaje de la experiencia espiritual victoriosa. Es una pequeña llave que abre la puerta a grandes tesoros de gracia. Es central en la vida de Dios en el alma. Permite que el hombre que busca llegue a un lugar donde la vida y los labios se unen para decir continuamente: «Engrandécete», y mil problemas menores se resolverán de inmediato.

Su vida cristiana deja de ser lo complicada que había sido antes y se convierte en la esencia misma de la sencillez. Por el ejercicio de su voluntad habrá marcado el curso que desea seguir, y lo seguirá como si lo guiara un piloto automático. Si por algún momento un viento contrario lo desvía de su curso, de seguro que no tardará en volver al buen rumbo por una inclinación secreta de su alma.

Los movimientos ocultos del Espíritu obran a su favor, y «desde los cielos [...] las estrellas» (Jueces 5:20) pelean por él. En su alma está resuelto el problema de su vida, y todo lo demás se resuelve por el mismo camino. POG095

Santo Dios, engrandécete en mi vida hoy, ¡y no solo en mis palabras! Concédelo por el poder de tu Espíritu. Amén.

La eternidad hecha carne

Gloria a Dios en las alturas, y en la tierra paz a los que
gozan de su buena voluntad
LUCAS 2:14

¿Qué es lo que siempre has querido en realidad? No es religión. Si lo investigas, sabrás que es reciente. No es filosofía. No es civilización [...] Son cosas recientes y temporales.

Nos han traicionado todas las perspectivas que crea el hombre. Sin embargo, cuando sabemos que estamos pereciendo, a punto de fallecer, el Espíritu Santo de Dios es fiel y susurra: «En el principio era el Verbo, y el Verbo era con Dios, y el Verbo era Dios» (Juan 1:1).

Existe la eternidad, y la eternidad se hizo carne y caminó entre nosotros. Si hubieras visto a la eternidad caminando con piernas de bebé, tropezando, dando tumbos y cayendo de bruces entre las virutas de madera, habrías corrido a levantarlo y a sacudirle el polvo, susurrándole: «No pasó nada. ¡Sé un niño grande!».

Habría sonreído, se habría secado una lágrima y se habría ido dando tumbos para caerse de nuevo. Esa fue la eternidad caminando en la carne. Fue el Dios Todopoderoso que vino a vivir entre nosotros para redimirnos y salvarnos de lo reciente, lo temporal y lo transitorio, ¡y para darnos la eternidad! POG063-064

Padre celestial, el hecho histórico de tu visitación divina le da al mundo un motivo de esperanza y gozo. Te ruego que el significado de tu nacimiento repercuta en la vida de muchas personas que le buscan el sentido a la vida. Amén.

Dios en la carne

Así que fueron de prisa y encontraron a María, a José
y al niño que estaba acostado en el pesebre.

LUCAS 2:16

El misterio y el milagro de la Encarnación: Dios viene a tomar nuestra humanidad y nuestra carne, pero sin pecado. Lucas cita el mensaje del ángel Gabriel a María:

> Has hallado gracia delante de Dios. Y ahora, concebirás en tu vientre, y darás a luz un hijo, y llamarás su nombre JESÚS. Este será grande, y será llamado Hijo del Altísimo [...] El Espíritu Santo [...] vendrá sobre ti, y el poder del Altísimo te cubrirá con su sombra; por lo cual también el Santo Ser que nacerá, será llamado Hijo de Dios. (Lucas 1:30-32, 35)

La sombra del Altísimo, el Padre; el poder del Espíritu Santo; la encarnación del Hijo eterno; he aquí las personas de la Deidad cooperando en un acto de gracia en favor de los hombres y mujeres perdidos. JAFI 29-130

Padre amoroso, a medida que se acerca la Navidad, aumenta en mí el temor y la reverencia por la encarnación de tu Hijo, que se realizó por el increíble poder de tu Espíritu. Amén.

El mundo versus el Espíritu

*Pero ustedes sí lo conocen, porque vive con ustedes
y estará en ustedes.*

JUAN 14:17

¿Por qué dijo Jesús, cuando habló del Espíritu Santo, «el mundo no puede recibir, porque no le ve, ni le conoce» (Juan 14:17)? Hay un hecho que los cristianos deberían grabar en su mente: El mundo no sabe nada acerca del Espíritu Santo. El mundo no sabe nada del Espíritu, pero el mundo habla de sus hombres buenos. El mundo aprecia a un buen hombre cuando hace donaciones para universidades y hospitales. Se escriben libros sobre esa persona y se convierte en una celebridad si dirige una clínica para atender a los leprosos. El mundo conoce a los hombres buenos, pero el mundo no tiene ninguna afinidad con el Espíritu Santo, porque incluso los hombres buenos están bajo el juicio de Dios. Lo mejor que tenemos en el mundo, nuestras universidades, nuestras sociedades humanitarias, lo mejor que tenemos aparte del nuevo nacimiento, aparte de la presencia de Dios en la vida de un hombre, es solo corrupción, y la ira de Dios está sobre esto. ¡El mundo no puede recibir al Espíritu de Dios! cou169-170

Señor, perdóname por las formas en que he mirado al mundo en busca de sabiduría, aprobación y satisfacción. Sin embargo, anhelo el Espíritu. Permite que me separe del mundo en este día y me llene de tu Espíritu. Amén.

Un lugar privado

Mi pueblo habitará en un lugar de paz, en moradas seguras,
en serenos lugares de reposo.
ISAÍAS 32:18

Para los que quieran volver a aprender los caminos de la soledad y la sencillez, y alcanzar las riquezas infinitas de la vida interior […] les ofrezco un breve párrafo de consejo.

Retírate del mundo cada día a algún lugar privado […] Quédate en el lugar secreto hasta que los ruidos circundantes empiecen a desvanecerse de tu corazón y una sensación de la presencia de Dios te envuelva. Desconecta deliberadamente los sonidos desagradables y toma la decisión de no escucharlos. Escucha la Voz interior hasta que aprendas a reconocerla. Deja de intentar competir con los demás. Entrégate a Dios y, luego, sé lo que eres y quién eres sin importar lo que piensen los demás. Reduce tus intereses a unos pocos […]

Aprende a orar en tu interior a cada momento. Después de un tiempo, podrás hacerlo incluso mientras trabajas. Practica la sinceridad, la honestidad infantil, la humildad. Ora de manera individual. Lee menos, pero lee más de lo que es importante para tu vida interior […] Llama a casa a tus pensamientos errantes. Mira a Cristo con los ojos del alma. Practica la concentración espiritual.

OGM 128-129

Espíritu Santo, permíteme aquietar mi corazón y mi mente, y crea en mí una mayor conciencia de tu presencia, a fin de que me acerque a ti junto con el Padre y el Hijo. Amén.

Ayer, hoy y siempre

Ustedes ya son hijos. Dios ha enviado a nuestros corazones
el Espíritu de su Hijo, que clama: «¡*Abba*! ¡Padre!».
GÁLATAS 4:6

Las Escrituras son transparentes y claras. Jesucristo es nuestro Salvador y Señor. Él es nuestro gran Sumo Sacerdote, vivo y ministrando por nosotros hoy. ¡Su persona, su poder y su gracia son los mismos, sin cambios, ayer, hoy y siempre!

Él es el mismo Señor, porque Él es el mismo Dios. Él es el mismo, nunca ha cambiado en sustancia, en poder, en sabiduría, en amor, en misericordia. En su persona divina, Jesucristo nunca ha conocido la corrección ni el cambio. Él siente ahora como siempre ha sentido acerca de todos y de todo.

Jesús no cederá ante quienes le acusan de estar ausente, de que está lejos y de no estar disponible. Nuestra fe nos dice que Jesucristo está cerca, que Él es una fuerza viva en nuestras vidas hoy. Él está [por] el Espíritu Santo de Dios cumpliendo sus promesas momento a momento.

Debemos permanecer unidos en nuestra fe. Nuestro Señor es tan poderoso ahora, tan real ahora, tan cerca de nosotros ahora, tan amoroso ahora como siempre lo fue cuando caminó entre los hombres y mujeres en las costas de Galilea. JAF142-143

Señor, eres poderoso, real, amoroso y estás presente. Te alabo y te doy gracias por la obra que has hecho y estás haciendo en mí por tu Espíritu. Amén.

La verdad de Dios es eterna

Deténganse en los caminos y miren; pregunten por los senderos
antiguos. Pregunten por el buen camino, ¡y sigan por él!
Así hallarán el descanso anhelado.

JEREMÍAS 6:16

Hay dos errores bastante comunes con respecto a las cosas antiguas. El primero es que todo lo antiguo es bueno y todo lo nuevo es malo.

Esa idea [...] perjudica el progreso y desalienta todo pensamiento. También petrifica la imaginación y cava una fosa para toda expectativa. Me temo que [...] en lo que se refiere a la teología y al pensamiento espiritual, hemos adoptado la idea de que lo antiguo es bueno y que todo lo nuevo es malo [...] Tenemos que remontarnos [...] atrás para descubrir a un hombre con la suficiente imaginación espiritual incluso para plantear las cosas de manera diferente a lo que es común en su tiempo.

Les diré lo que me gustaría ver para esta época crítica [...] un número de personas comprometidas con la perpetuidad de la verdad tal como es dada desde el cielo, manifestada en la inspiración de la Escritura y en la fe de nuestros padres [...] de modo que es imposible retroceder teológicamente. El resultado sería la verdad relacionada de una manera creativa para nuestro tiempo. TSS162-163

---

*Espíritu de Dios, dame un compromiso renovado con la verdad
eterna que se encuentra en las Escrituras, a fin de que abunden
mi fe y mi adoración. Amén.*

Dios es suficiente

Obedézcanme. Así yo seré su Dios y ustedes serán mi pueblo.
Condúzcanse conforme a todo lo que yo ordene,
a fin de que les vaya bien.

JEREMÍAS 7:23

El error de que todo lo nuevo es bueno y todo lo antiguo es malo se da en el ámbito de la práctica y del culto y de la actividad religiosa en general. Esta es una visión [...] [que] puede conducir, por supuesto, a una gran rebelión en contra de la verdad [...]

Nunca estaremos donde debemos estar hasta que volvamos a esas sendas antiguas y aprendamos a encontrar a Dios. [Entonces] dejaremos de aburrirnos con Dios. Centraremos nuestros afectos en Dios y en Cristo [...] y nos convertiremos en especialistas y expertos en el ámbito de la vida espiritual.

Es asombroso lo poco que necesitamos el estímulo externo si tenemos ese estímulo interno. Es asombroso lo mucho que Dios suplirá nuestras necesidades. No será Dios y algo más. Dios será *todo*.

Y luego, sabiamente, nos adaptaremos a nuestros tiempos [...] y en un momento estaremos [...] alertas a las necesidades del mundo que nos rodea [...] Al mismo tiempo, nuestra gran ancla será Dios en lo alto [...] Dios [será] suficiente. TSS164-166

Padre santo, me arrepiento de las formas en que he buscado en las cosas externas el estímulo, la satisfacción y la relevancia. Permite que tu Espíritu me estimule hoy a nuevos niveles de vida espiritual. Amén.

En el peor de los casos

Pero el amor del Señor es eterno y siempre está con los que
le temen; su justicia está con los hijos de sus hijos.

SALMO 103:17

Si los cimientos del mundo se desmoronan, seguimos teniendo
a Dios, y en Él tenemos todo lo esencial para nuestros seres
rescatados para siempre.

[También] tenemos a Cristo, que [...] murió por nosotros y que
ahora está sentado a la diestra de la Majestad en los cielos intercediendo de manera constante y eficaz por nosotros.

Tenemos las Escrituras, que nunca pueden fallar.

Tenemos al Espíritu Santo para interpretar las Escrituras en
nuestra vida interior y ser para nosotros Guía y Consolador.

Tenemos la oración y tenemos la fe, y estas traen el cielo a la
tierra y vuelven dulce incluso el agua amarga de Mara.

Y en el peor de los casos, aquí abajo tenemos la casa de nuestro
Padre y la bienvenida de nuestro Padre. TWP025

---

*Padre, vengo a ti hoy, reconociendo que tienes todo lo que
necesito. Por tu Espíritu, aumenta mi fe, fortaléceme en la oración
y acércame a Cristo. Amén.*

CÓDIGOS DE REFERENCIA PARA LIBROS Y FOLLETOS DE A. W. TOZER

AOG	*The Attributes of God, Volume 1* (*Los atributos de Dios: Volumen uno*)
AOGII	*The Attributes of God, Volume 2* (*Los atributos de Dios: Volumen dos*)
BAM	*Born after Midnight* (*Nacidos después de medianoche*)
CES	*Christ the Eternal Son* (*Cristo, el Hijo eterno*)
COU	*The Counselor* (*El Consejero*)
EFE	*Echoes from Eden* (*Ecos del Edén*)
FBR	*Faith Beyond Reason* (*Fe más allá de la razón*)
GTM	*God Tells the Man Who Cares* (*Dios habla a quien le busca*)
HTB	*How to Be Filled with the Holy Spirit* (*Cómo ser lleno del Espíritu Santo*)
ICH	*I Call It Heresy!* (*Yo lo llamo herejía*)
ITB	*I Talk Back to the Devil* (*Yo replico al diablo*)
JAF	*Jesus, Author of Our Faith* (*Jesús, el autor de nuestra fe*)
JJJ	*John*
JIV	*Jesus Is Victor*
JMI	*Jesus, Our Man in Glory* (*Jesús, nuestro hombre en gloria*)
MDP	*Man: The Dwelling Place of God* (*El hombre: la morada de Dios*)
MMG	*Men Who Met God* (*Hombres que se encontraron con Dios*)

CONTINÚA JUNTO A TOZER A TRAVÉS DE SUS DEVOCIONARIOS QUE REVELAN SUS ENCUENTROS CON DIOS EL PADRE, DIOS EL HIJO Y DIOS EL ESPÍRITU SANTO

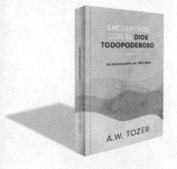

Dedica un año a reflexionar sobre la grandeza de Dios con A. W. Tozer. Expandirá tu fe en un Dios tan grande que las palabras se quedan cortas para describirlo. Te alimentará con la verdad. Descubre el corazón y la sabiduría de Tozer como nunca antes en esta nueva edición revisada.

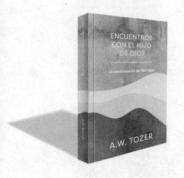

Dedica un año a la búsqueda del Hijo de Dios junto a A. W. Tozer. En este devocionario de 365 días, puedes buscar de manera deliberada a Cristo cada día. Descubre el carácter de Cristo, su obra en la cruz y su amor ilimitado por ti. Dios permita que cada página llene tu corazón y aumente tu adoración.

Dedica un año descubriendo la maravilla del Espíritu Santo junto a A. W. Tozer. Este devocionario explora muchas de las características que definen al Espíritu Santo. Cada día emprende la búsqueda para avivar el deseo interno del creyente a fin de tener hambre y sed del Espíritu de Dios.